国家社会科学基金重大委托项目
“蒙古族源与元朝帝陵综合研究”
（批准号 12@ZH014）
学 术 成 果

张久和　刘国祥　主编

中国古代北方民族史

柔　然　卷

袁　刚　著

科　学　出　版　社
北　京

内 容 简 介

柔然是魏晋南北朝时期见于汉文文献记载的中国古代北方游牧民族。5世纪初开始，柔然汗国雄踞漠北长达一个半世纪之久，建立了东胡系民族对蒙古高原的第一次长期有效的统治。柔然上承鲜卑、下启突厥，在北方民族史乃至中国古代史上均占有重要地位。本书在充分辨析文献史料和批判继承前人相关研究成果的基础上，对柔然的名称、来源、历史变迁、政治军事制度、经济和文化习俗进行了相对全面系统的考察，是一部专门研究柔然历史的学术文献。

本书适合于从事历史学、考古学、民族学等方面的专家、学者以及对北方民族史感兴趣者参考阅读。

图书在版编目（CIP）数据

中国古代北方民族史．柔然卷 / 张久和，刘国祥主编；袁刚著．—北京：科学出版社，2021.8

ISBN 978-7-03-069012-8

Ⅰ.①中… Ⅱ.①张… ②刘… ③袁… Ⅲ.①柔然－民族历史 Ⅳ.① K289

中国版本图书馆 CIP 数据核字（2021）第 104803 号

责任编辑：孙 莉 雷 英 李 茜 / 责任校对：邹慧卿
责任印制：赵 博 / 封面设计：张 放

科学出版社 出版
北京东黄城根北街 16 号
邮政编码：100717
http://www.sciencep.com
北京厚诚则铭印刷科技有限公司印刷
科学出版社发行 各地新华书店经销
*
2021 年 8 月第 一 版 开本：720 × 1000 1/16
2025 年 2 月第五次印刷 印张：13 3/4
字数：277 000

定价：128.00 元

（如有印装质量问题，我社负责调换）

国家社会科学基金重大委托项目“蒙古族源与元朝帝陵综合研究”（批准号12@ZH014）学术成果编辑委员会

《中国古代北方民族史》编辑委员会

《中国古代北方民族史》工作组

组　　长：刘国祥　白劲松

副 组 长：孙　莉　陈桂婷　王　珏　冯　科

成　　员（以姓氏笔画为序）：

于伯乐　于昊申　王　苹　王石雨　王东风

田彦国　白志强　邝漫华　任　翔　刘玉莹

刘旭东　刘江涛　孙　冰　宋岩金　张　宇

张克成　林　睿　哈　达　姜天华　栗媛秋

曹　磊　康准永　雷　英　燕云辉

作 者 简 介

袁刚，男，毕业于内蒙古大学。历史学博士。现为中国社会科学院考古研究所博士后流动站博士后。主要从事北方民族历史与考古研究。先后在国内外学术期刊上发表学术论文 10 余篇。主持完成内蒙古自治区教育厅科研创新项目暨内蒙古大学提升综合实力项目，参与国家社会科学基金重大委托项目“蒙古族源与元朝帝陵综合研究”、国家社会科学基金重大项目“东胡系民族历史文献整理与研究”、国家社会科学基金特别委托项目“草原文化研究工程”子课题“草原制度文化研究”。

北方民族史是中国历史的有机组成部分

——《中国古代北方民族史》（代序）

张久和　刘国祥

《中国古代北方民族史》（十卷本）经过策划、组织、研究和编辑工作，即将付梓。这是倡导者、组织者、研究者和编辑者诸同仁共同努力的结晶。面对多年来北方民族史领域丰富的学术成果，选择十个民族、按照大体一致的体例进行进一步的系统研究，力求在学术上有所推进，这对每一位研究者都具有很强的挑战性。今天，我们怀着惴惴之心把十部书稿呈送于学界，以求在学术难点、值得深度研讨的问题等方面引发更为深入的思考，探求更为全面、更为系统的学术研究途径，以期共同推进中国古代北方民族史的研究。

长期以来，前辈学者对中国古代北方民族史的研究取得了丰硕成果。中国国内，马长寿先生《乌桓与鲜卑》、林幹先生《匈奴通史》、田余庆先生《拓跋史探》、周伟洲先生《敕勒与柔然》、段连勤先生《丁零、高车与铁勒》、薛宗正先生《突厥史》等论著，基本都是以族别史体例研究北方民族史的力作，解决了许多悬而未决的问题，探寻出一些值得借鉴的研究方法，启迪着学者们的思路。1977 年由内蒙古自治区蒙古语文历史研究所历史研究室、内蒙古大学蒙古史研究室编写出版的《中国古代北方各族简史》，2003 年林幹先生的《中国古代北方民族通史》，在北方民族的通史性成果方面具有开创性。其他国家和地区的学者也向学界奉献了学术亮点独特的论著。法国汉学家德吉涅《匈奴、突厥、蒙古及其他西方鞑靼人通史》、英国学者巴克尔《鞑靼千年史》、法国史家勒内·格鲁塞《草原帝国》等著作，均涉及多个欧亚草原游牧民族的历史。

近些年来，随着改革开放各项文化事业的蓬勃发展，各族人民日益增长的物质文化、精神文化需求不断提高，对历史的关注度不断强化，北方民族史研究也越来越受到重视，促进了相关研究向前发展。学术成果的积累，科研团队的形成，研究出版经费的保障，为全面系统地研究中国古代北方民族史，编纂和出版北方民族史著作带来了机遇，提供了条件和保证。这部十卷本的《中国古代北方民族史》就是我们的一个初步尝试，付梓之际，诚待学界赐正，并期待对学术发展、社会文化进步有所裨益。

一

中国古代北方民族在广义上是对历史上曾经活动在中国古代北方地区的各个民族的总称；学界也有从狭义上专指以蒙古高原及周边地区为主要活动地域、以游牧业为主要生产生活方式、操阿尔泰语系诸语言的各民族的看法。国内学界一般将其简称为“北方民族”；国外研究者基于不同的认识，称其为“马背民族”“骑马民族”等。从狭义上讲，中国古代北方民族的历史，既包括蒙古族兴起以前的诸北方游牧民族史，又包括古代蒙古史。由于蒙古族兴起后，经过多个世纪的漫长岁月，已经由一个古代民族逐渐发展为现代民族，而且，早期蒙古史一般又与元史、北元—明代蒙古史、清代蒙古史及近现代蒙古史形成了比较完整的研究体系。因此，学界一般就将中国古代北方民族史的研究对象集中在公元前 3 世纪至公元 13 世纪活动在蒙古高原及周邻地区的各个民族，并形成了以族别史为特征又大体可以按照时间顺序研究的北方民族史研究体系。这些古代民族主要涉及匈奴、东胡、乌桓、鲜卑、柔然、敕勒—高车、铁勒、突厥、薛延陀、回鹘（回纥）、黠戛斯、契丹、库莫奚、室韦—达怛等各个游牧民族的历史。至今，学界针对这些民族的研究，已经涉及族源、政治、经济、风俗习惯、文化传承等各个方面，成果颇丰，学术争议点亦较多。而经过对各个民族历史的专题研究，努力寻求中国古代北方民族整体发展的历史规律仍然是有待突破的重点与难点。

中国历代汉文典籍中有关北方民族的历史记载是从事研究的基本史料。《史记》《汉书》《后汉书》《三国志》《晋书》《魏书》《北齐书》《周书》《隋书》《北史》《旧唐书》《新唐书》《旧五代史》《新五代史》《辽史》等纪传体史书，《资治通鉴》《续资治通鉴长编》等编年体史书，《通典》《通志》《文献通考》等典志体史书，《唐会要》《五代会要》等会要体史书，《元和郡县图志》《太平寰宇记》等地理总志以及《太平御览》《册府元龟》等大型类书以及其他体裁的古籍，均保留着与北方民族历史有关的史料。不过，由于各类史籍的成书年代不同，后出史书往往与先成史书有着抄录关系，内容也存在程度不同的沿袭继承；而且，随着历史的发展和情况的变化，后出史书又常常收录了为先成史书所不载的资料，增加了某些新的内容，加大了辨别取舍的难度。另外，各代史家对北方民族资料掌握的多寡不同，取舍角度有别，记述方式有异，所记内容与实际情况可能有一定出入，或存在误记错记等情况，也必须因时、因地、因人，因事详加考辨，方可在不断的研讨中逐步接近真实。尤其值得注意的是，由于历代中原史家不同程度地受到时代、民族、地域、立场和思想文化等诸方面的局限，也在相关文献中反映出对北方民族的歧视和偏见。基于上述，尽可能全面、系统地占有研究北方民族历史的汉文文献史料，并且进行详细比对、辨析，探明史源关系，明确史料价值，摒弃各种偏见，坚持客观评判的标准，在研究北方民族历史工作中显得格外重要。除了汉文史料以外，粟特文、突厥文、回鹘文、契丹文、西夏文、蒙古文、波斯文等文字的文献，多为北方民族记载的其自身的历史活动，有其不同的视角、内容、观点和方法，虽因文字的掌握与识读存在较大的难度，但对于全面深入研究北方民族历史文化却具有独特珍贵价值。中国学界不乏倡导和践行利用多语种文字史料进行综合研究的专家学者。

中国古代历史文献，记载内地王朝史一般都较为系统和丰富，相比之下，同一部古籍中有关北方民族史的史料则显得零散和匮乏。仅以记录北方各民族历史内容最多、最系统、相对可靠的正史即“廿四史”为例，与北方民族有关的史料主要是列传中的各族专传和纪、传、志、表当中的散见史料，系统性与涵盖面均存在误漏，甚至难以成章，形成研究中的诸多难题。因此，除了稽考、辨析、使用文献史料作研究以外，利用考古资料进行北方民族史研究也是学界传统。百余年来，北方民族的物质文化遗存有多少不等的发现，相关资料和研究成果相继发表，程度不同地为研究者提供了难得的研究依据。匈奴遗存主要集中在外贝加尔、蒙古国和中国境内的北方草原地带，发表的考古资料与研究性成果较多。其中，蒙古国境内的诺彦乌拉、高勒毛都，中国境内的桃红巴拉、阿鲁柴登等匈奴墓葬，为研究匈奴历史文化提供了珍贵的实物资料。乌桓的考古学文化虽然没有确论，但学界对夏家店上层文化、井沟子墓地、平洋墓葬、西岔沟墓群的探讨，对探究乌桓史有着重要的参考价值。拓跋鲜卑早期遗存主要集中发现于中国内蒙古呼伦贝尔地区，嘎仙洞遗址，扎赉诺尔、完工、孟根楚鲁、拉布达林墓葬等资料，为研究早期拓跋鲜卑史提供了重要依据。柔然考古学文化虽尚未被正式识别出来，但高昌文书等出土文献与《茹茹造像碑题记》《魏开府仪同长广郡开国高公妻茹茹公主闾氏墓志》等碑刻墓志丰富了柔然史资料。重要的突厥卢尼文碑有《暾欲谷碑》《阙特勤碑》《毗伽可汗碑》，与回鹘有关的碑铭有《磨延啜碑》《铁尔痕碑》《九姓回鹘可汗碑》等，在叶尼塞河流域发现的碑刻资料则多与黠戛斯有关。突厥、回鹘、黠戛斯的碑铭资料为研究提供了新的视角和维度，是研究北方民族历史文化的珍贵史料。此外，中蒙联合考古队确定了蒙古国的四方形遗址为回鹘贵族墓地，从而填补了回鹘考古学文化领域的空白，为研究回鹘历史文化提供了宝贵的考古资料。契丹的考古遗存早期以平民墓葬为主，辽朝建立后的耶律羽之家族墓、陈国公主与驸马合葬墓、吐尔基山辽墓、萧贵妃墓等资料，对契丹早期历史文化的研究也有重要参考作用。库莫奚考古目前可以确定的是《大王记结亲事碑》《奚国质子热瓌墓志》等十余通属于奚人的碑刻材料，内容或为史书所未载，或可与文献史料相印证，具有珍贵的史料价值。室韦考古学文化的发现、识别和研究，对于探索蒙古族族源具有重要学术意义。西乌珠尔、谢尔塔拉、岗嘎等墓葬资料的研究与运用，无疑使室韦历史文化的研究内容变得更加充实可靠和丰富多彩，并为蒙古族发祥、兴起于呼伦贝尔提供了确凿证据。总之，与北方民族相关的考古资料，在很大程度上有效地起到了与文献交互印证、补充文献记载之不足、纠正文献记载之错谬的作用。因此，充分结合运用考古资料研究北方民族史，将考古学与历史学密切结合是十分必要的。

先秦时期，北方民族已见载于史册。荤粥、猃狁、诸戎狄与商、周及春秋时期北方诸侯国，东胡、匈奴、林胡、楼烦与战国时期北方的燕、赵、秦诸国均有和战关系，东胡、匈奴、丁零等北方诸民族之间亦关系密切。秦末汉初，匈奴势力强大，东破东胡，西击月氏，北服丁零，控制蒙古高原及其周边，第一次建立了统一中国古代北方地区的游牧政权，与中原政权共同缔造着祖国的历史。东胡被击溃后，溃散的部众分别据保乌桓山和鲜卑山，因山名族，称乌桓、鲜卑。两汉时期，乌桓先后三次南迁，逐步进入中原北部，与汉、鲜卑、匈奴等融合。东汉时期，匈奴衰弱，南匈奴南迁入塞，北匈奴连续遭逢东汉联军攻击，最后远走西域，留下了值得重视的历史文化。蒙古高原上的匈奴余部并入鲜卑，鲜卑由此渐盛，继匈奴之后控制大漠南北，建立了地分东中西三部的部落军事大联盟。联盟瓦解后，鲜卑逐渐分化形成慕容、宇文、段、拓跋、秃发、乞伏诸部。魏晋南北朝时期，各支鲜卑渐次南迁，逐鹿中原，加入到民族大迁徙大融合浪潮之中。慕容、宇文、段、拓跋等部相互征伐，宇文战败，从中分化出契丹、库莫奚二部。同期，鲜卑后裔室韦见于文献著录，与契丹、库莫奚地分南北，活动于东胡及其后裔曾经往来驻牧的地区。吐谷浑自慕容鲜卑分离，迁徙甘青地区，后建立吐谷浑政权，史事绵延，直至唐代。慕容建立前燕、后燕、西燕、南燕，拓跋建立代，秃发、乞伏建立南凉、西秦等区域性政权。匈奴后裔建立有汉、前赵、北凉、大夏等政权。南迁的丁零也建立了翟魏政权。丁零后裔亦以“敕勒”“高车”“铁勒”等名称为史书所记载，分布于漠南漠北。最终拓跋鲜卑建立的北魏统一中国古代北方地区，形成了南北朝对峙格局。同期，东胡苗裔柔然兴起于大漠南北，建立柔然汗国。南北朝末期，随着柔然的衰败，突厥兴起并灭亡柔然，成为蒙古高原霸主，建立突厥汗国，强盛一时。唐初，突厥汗国被唐灭掉，大量突厥民众曾进入内地。后来突厥贵族重新建立游牧政权，再度控制蒙古高原。隋唐时期，铁勒分化出许多大大小小的部落。其中，铁勒部落中的薛延陀、回鹘在反抗突厥统治的过程中逐步强大起来，薛延陀一度建立政权，称雄漠北，后被唐灭亡。回鹘灭掉东突厥后汗国，建立回鹘汗国，与唐朝关系密切，9世纪中期被黠戛斯击溃。隋唐时期，进入中原的鲜卑逐渐融合于汉族以及各族之中。契丹与奚在突厥、回鹘不断衰落的过程中日益强大起来。唐末，契丹最终兼并奚、室韦等周边各族，随后在五代政权的更迭中得到燕云十六州之地，建立了与北宋对峙的辽朝政权。与蒙古族源关系密切的室韦各部，在唐代又被诸突厥语族部落称为达怛，并为唐朝中原人接受。蒙古族的祖先部落“蒙兀室韦”首见《旧唐书》记载，“蒙兀”是“Mongghol”（蒙古）的最早汉字译写形式。蒙古族发祥于今内蒙古额尔古纳河下游东南。唐朝中期以后，室韦—达怛诸部乘回鹘汗国衰亡之机，陆续西迁蒙古高原核心地带，或南迁至中原北部边塞。不难看出，在数千年的历史长河中，在中国古代北方地区，各个民族名号不断更换，政权轮番交替，与中原的往来绵延不绝、从未间断。辽金时期，与蒙古族有渊源关系的各部逐步壮大。至13世纪前后，在语言、地域、文化和经济生活上具有共同性的蒙古高原诸部具备了形成新的古代民族共同体的条件。1206年，铁木真统一蒙古高原诸部，在继承众多北方民族长期分化和融合历史的基础上，以室韦—达怛部落为核心和主要成分，吸收契丹等蒙古语族和回鹘等突厥语族部落，建立了大蒙古国（Yeke Mongghol Ulus）。至此，蒙古高原上大大小小的部落和民族兴衰演替的历史始告结束，各有名号的部落、民族统一在了“蒙古”名下[①]，古代蒙古民族共同体初步形成。蒙古族成为北方民族历史文化的集大成者，掀开了中国历史的新篇章。

北方民族以畜牧、狩猎为生业，“游牧”是其经济形态，“行国”是其政治表征。游牧经济比较脆弱，更多地依赖于自然环境和气候条件，迫切需要农副产品作为生产、生活的补充；农耕经济以定居为主，也十分需要游牧经济产品。游牧与农耕经济之间的差异性、互补性，导致双方谁也离不开谁，形成了互相依存、互相促进的格局。和平时期，官方、民间贸易交换频繁，各取所需；对峙争锋阶段，双方的战争也往往是经济因素在起着诱因和主导作用。许多时候，北方游牧民族及其政权更看重经济利益，更多地从经济角度出发制定策略，采取政治、军事行动；中原农耕民族及其政权包括入主中原的北族政权则常以中心、正统自居，更看重政治名分。经济发展的内在动力，使繁衍生息于蒙古高原及其周边地区的北方民族，掀起了一波又一波的向中原地区的南迁、南进运动，先后建立了统治区域大小不等的政权，与中原农耕民族发生了密切的政治、经济、社会和文化联系。匈奴、柔然、突厥、回鹘、契丹、蒙古等

① 亦邻真：《中国北方民族与蒙古族族源》，《内蒙古大学学报》1979年第3、4期。

建立的政权，打通了欧亚大陆草原世界，使得各民族之间的经济文化交流更为频繁，更为广泛，其历史不但是中国历史的有机组成部分，并且也成为亚洲史、欧洲史的研究内容。鲜卑、契丹、蒙古等民族更是建立了囊括中国古代北方地区和中原地区的政权，或统治中国古代北方，或实现了全国大一统，直接把游牧和农耕两种文化融汇在一起，你中有我，我中有你，互相认同，在深刻地改变和创造中国历史的同时，也在潜移默化地改变和重塑着自己。

史实证明，在中国历史上的各个时期，都有北方民族程度不同地参与到创造中国多元历史文化的进程之中，印证了中国的历史是由各民族共同创造的发展规律。

二

中国古代北方民族史历来备受国内外学术界的重视，论著颇丰。但是，由于研究者所处时代不同，立场、价值观、研究方法等有别，加之资料匮乏，今天看来，有些成果多带有时代的烙印，存在争议而尚未解决甚至难以解决的问题较多，在一些具体问题上形成了许多不同的观点，也构建了某些不同的话语体系。近代以来，由于中国陷入半封建半殖民地社会深渊，国家影响力大幅度降低，历史学研究的环境、条件、人才等均遭受到严重的桎梏与影响，在北方民族史研究领域的话语权逐步弱化。与此形成鲜明对比的是，19 世纪末以来，西方和日本学界对于中国古代北方民族史的研究日趋深入，其理论方法和研究成果迭出，形成了多种话语体系并存的局面。在试图阐释中国古代北方民族历史进程的时候，对国外学界的相关说法予以关注和述评，明确我们的初步认识和看法，是十分必要的。

（一）西方汉学与“内亚史观”

19 世纪末 20 世纪初，传统汉学在西方逐渐转化为一门独立学科。法国学者沙畹（Édouard Émmannuel Chavannes）将汉文文献与西方实证主义史学相结合，使汉学逐渐发展成为现代化的专门学科。伯希和（Paul Eugène Pelliot）结合文献学与历史比较语言学，发展了历史语言学考证法，沿用了欧洲早期汉学家惯用的“高地亚洲”（la Haute Asie）概念，并将地中海、印度与中国中原地区之间七八百万平方千米的广阔“弓形”地域统称为“中央亚细亚”（Central Asia），认为“中央亚细亚”既是地中海世界、印度与中国中原地区之间的地理屏障，又是这三个文明中心之间的联系纽带，彼此之间联系与影响的程度虽因历史变迁有所差异，但从未间断[①]。

塞诺（Denis Sinor）在“高地亚洲”概念基础上提出了大体相同于中央欧亚（Central Eurasian）的“内亚”（Inner Asia）理论，他将中央欧亚视为一个不同于周边文明板块的独立的文明区域，其中又可以根据自然环境、经济生活和语言文化的差异，划分出若干的亚文化类型。游牧生产生活方式是这些类型中最为成功的一种[②]，而不同的亚文化类型在历史进程中逐渐向趋同性发展。中央欧亚在大多数历史时期都是挑战欧亚各大文明的“蛮族”的活动舞台，“传统文明的承载者与来自内亚的蛮族之间的冲突对抗与交流互动，构成了理解人类历史发展的一条基本主线”[③]。

美国学者傅礼初（Joseph F. Fletcher）是内亚史观的代表人物之一。语言上的优势使他能够打破汉学、阿尔泰学与伊斯兰学之间的藩篱，站在“全史”（Integrative history）的角度来审视内亚在世界历史中的地位和作用，进而总结内亚游牧帝国演变转型的规律性问题。而对 20 世纪中后期现代社会学、政治学、人类学等社会科学理论的吸收，则进一步促使其从宏观上思考欧亚大陆各地区历史发展的趋同性与合流性问题。他认为，历史现象中存在“关联性”（interconnections）与“延续性”（continuties）现象，而要认识这两种现象，就必须先要对不同地域之间的社会、经济、文化等领域的平行性现象进行研究，考察其内在联系，

① 〔法〕伯希和：《高地亚洲》，耿世民译，《民族史译文集》第 6 辑，中国社会科学院民族研究所，1978 年，第 1—3 页。

② 〔美〕丹尼斯·塞诺：《论中央欧亚》，《丹尼斯·塞诺内亚研究文选》，中华书局，2006 年，第 5 页。

③ 钟焓：《重释内亚史——以研究方法论的检视为中心》，社会科学文献出版社，2017 年，第 3 页。

归纳出欧亚大陆人类社会的整体发展趋势[①]。

拉铁摩尔（Owen Lattimore）也是20世纪美国著名的内亚史学者，在塞诺提出“内亚”理论之前，拉铁摩尔已在对中国北方田野调查与文献研究的基础上形成了“中国边疆理论”。拉氏关注的“内亚”仅限于当时中国境内的蒙古、东北、新疆、西藏四个地区，并没有后来塞诺所认为的那样广阔。他将中国的这四个边疆地区视作各自具有独立地理环境、社会、经济和政治特征的有机整体，建立了一套历史学与历史地理学、社会生态学相结合的理论体系，用以探究每个边疆地区内部的机制特性，进而考察每个地区与中原地区的关系特征[②]。拉氏认为，特定的地理环境决定了每一边疆地区的经济形态，进而在经济形态上产生出不同的社会与政治形态。

“内亚史观”从北方民族和内陆边疆的视角来审视欧亚大陆历史的变迁与发展，对于习惯了从中原王朝视角看待内陆边疆与北方民族的中国传统史学来说具有启发和借鉴意义，从方法上讲，有助于推动北方民族史研究的发展。但“内亚史观”片面强调内陆亚洲在地理环境、经济生活、政治传统、文化习俗等方面的独特性、差异性和连续性，罔顾中国古代北方地区与中原地区、北方游牧民族与中原农耕民族之间长期密切的政治、经济、文化联系，淡化双方的共同性和相互影响、互相依存、彼此交融的历史事实，忽视北方游牧民族对中原地区的向心力与相互认同的历史事实，刻意构建“内陆亚洲”文化本位和独立的“内亚体系”“内亚传统”，一定程度上存在解构中华民族多元一体民族观和统一多民族国家观的意图。对此，我们应当有清醒认识。在研究中，要把握中国古代北方民族史与所谓“内亚”民族史的本质区别、中国古代北方民族史与中华民族多元一体格局历史发展的内在有机联系和多民族共同创造中国历史的大原则。

---

① Joseph F. Fletcher. Integrative history: parallels and interconnections in the early modern period, 1500-1800 [《全史：论早期近代（1500—1800）的平行化与关联性》]. Studies on Chinese and Islamic Inner Asia. Variorum Ashgate Publishing Limited, 1995, pp.1-35.

② 〔美〕拉铁摩尔著，唐晓峰译：《中国的亚洲内陆边疆》，江苏人民出版社，2010年，《译者的话》第2页。

（二）日本的“东洋史学”

日本明治维新后，国力迅速增长，在“脱亚入欧”思潮影响下，开始向西方列强学习，走上了对外侵略扩张的道路。为了服务其政治需求，以中国、朝鲜等东亚或东北亚国家的历史、地理、文化等为主要研究对象的所谓“东洋史学”应需而兴，而且，与军事侵略目标相关联，提出了一系列论调，在北方民族史研究领域形成了殖民色彩浓郁的“东洋史学”话语体系。

白鸟库吉等人以兰克学派的实证主义为指导，在研究过程中注重文献考证与实地调查有机结合，形成了“东洋史学东京文献学派”，其学术成果在一定程度上促进了北方民族史研究的进一步深入。然而，为日本帝国主义殖民扩张服务的主要目的，却使其论著体现出了强烈的政治意图和鲜明的殖民主义色彩。

白鸟库吉等人着意构建了“满鲜史观”，提出了“间空地论”与“南北二元对抗论”。“满鲜史观”的本质即“满鲜一体论”。认为“满洲”与朝鲜半岛在历史上种族相同，文化习俗与宗教信仰相近，是一个不同于中国内地的独立的历史地理单位[①]。“间空地”系指三方势力处于均衡态时的缓冲地带，一旦这种均衡态被打破，“间空地”便会被实力相对强大的一方所占据[②]。在“满洲”和朝鲜半岛的历史上曾多次出现过“间空地”，而这些“间空地”实质上是“无主之地”，不属于中国和朝鲜任何一方[③]。可以看出，所谓的“间空地论”实际上是在为日本侵占中国东北和朝鲜半岛提供“历史依据”和“学理依据”。

“南北二元对抗论”的核心含义，则是人为地将中国古代北方游牧民族与中原汉族割裂开来。认为历史上的匈奴、夫余、肃慎、乌桓、鲜

① 〔日〕旗田巍：《満鮮史の虚像》，《日本人の朝鮮観》，勁草書房，1969年，第138頁；〔日〕稲葉君山：《満鮮不可分の史的考察》，《支那社会史研究》，大鐙閣，1922年，第299頁。

② 张文静：《〈满洲历史地理〉的学术特征及观点倾向》，《史学集刊》2015年第4期。

③ 〔日〕白鳥庫吉：《白鳥庫吉全集》第十卷，岩波書店，1971年，第152、153頁；〔日〕白鳥庫吉監修，箭内亙、稲葉岩吉、松井等：《満州歴史地理》第一卷，南満洲鉄道株式会社，1913年，第44、45、81頁。

卑、室韦、柔然、突厥、契丹、蒙古都是与汉族敌对的“外族”或“外国”，整个东亚大陆的历史就是以长城为界的中原汉族与北方民族对抗的历史[①]。这种论调将“汉地”等同于“中国”,刻意突出南北民族间的对抗史，而对各族关系发展中在时间、空间占主要地位的封贡、和亲、互市等和平交流史视若不见。

日本的矢野仁一是“东洋史学京都学派”的代表性人物，主要致力于中国近现代史的研究，是日本中国近现代史研究的重要开创者。在为日本帝国主义侵华提供“理论依据”方面，矢野比白鸟等人更加积极，也走得更远。从20世纪20年代开始，他先后发表了《支那无国境论》《满蒙藏非支那本来领土论》《支那非国家论》《历史上满洲的支那主权无根据论》《日本在满蒙的正当地位》等一系列文章，公开鼓吹“满蒙非中国论”“长城以北非中国论”“中国非国论”等谬论。在矢野搭建的体系中，中国领土的形成是近代以来列强与清政府交涉的结果，古代中国并没有明确的领土和边境概念，中央政府实际能够控制的领土大多局限在长城以内。矢野的这套理论不仅为日本帝国主义侵华提供了“合理”依据，还妄图解构中国各族人民的国家认同，瓦解抗日斗志，进而达到分裂中国，各个击破的目的，可谓阴毒至极。

20世纪初期，日本史学界为了配合日本军国主义侵略扩张和殖民目的而形成的赤裸裸的话语表述，虽然已经随着时代变迁、社会进步而寿终正寝，但是其论调的变种仍不绝于世，应该引起学界的重视。

（三）泛突厥主义

19世纪后期，为反抗沙皇俄国的民族压迫并与“泛斯拉夫主义”运动相抗衡，“泛突厥主义”思潮在沙俄境内的突厥语族人群中兴起。克里米亚的鞑靼人伊斯梅尔·迦斯普林斯基（Ismail Gasprinskiy）将近代西方历史比较语言学概念中的“阿尔泰语系突厥语族”等同于“突厥民族”，人为创造出了一个在现实世界中并不存在的民族，并试图将沙俄境内的突厥语族人群联合起来。泛突厥主义思潮兴起后，很快传入面临崩溃边

① 〔日〕白鳥庫吉監修，箭内亙、稲葉岩吉、松井等:《滿州歷史地理》第一卷，第32、189、199、219、220頁。

缘的奥斯曼帝国。被称为“土耳其泛突厥主义之父”的兹亚·乔加勒普（Ziya Gokalp）设想将亚得里亚海至日本海这片广阔地域上的所有突厥语人群统一起来，建立一个“大图兰”国家，这便是所谓的“大图兰主义”。1923年，兹亚·乔加勒普的《突厥主义原理》问世，提出了“三步走实现突厥民族政治联合”的主张[①]。

泛突厥主义形成后不久，便与泛伊斯兰主义一道通过俄国鞑靼人和奥斯曼土耳其人传入中国新疆地区，催生出了新疆分裂主义。20世纪三四十年代，混乱的时局和外部势力的推波助澜使得泛突厥主义和分裂主义思想在新疆地区大行其道，不但产生了《东突厥斯坦历史》这种新疆分裂主义的代表作，还先后出现了“东突厥斯坦伊斯兰共和国”“东突厥斯坦共和国”两个分裂政权。虽然最终都归于失败，但是却扩大了新疆分裂主义的影响。中华人民共和国成立后，泛突厥主义和新疆分裂主义一度得到有效遏制，几乎销声匿迹。但是改革开放后，随着对外联系和交往的日益增多，泛突厥主义和新疆分裂主义再度沉渣泛起，而且呈现出一些新的现象[②]。在“理论”层面，《匈奴简史》《维吾尔人》《维吾尔古代文学史》等一系列宣扬“维吾尔斯坦一贯独立论”的著作陆续出版。在实践层面，“东伊运”“世维会”等恐怖组织先后组建，并在新疆等地制造了多起暴力恐怖事件，对中国国家安全和新疆各族人民的生命财产造成了严重危害。

历史上的“突厥”，主要是指6—8世纪活跃在中国古代北方地区的青突厥人，曾以蒙古高原为主要地域建立过东突厥汗国。但随着745年东突厥后汗国的灭亡，突厥人在之后的漫长岁月中逐渐与其他民族融合，“突厥”已经成为一个历史名词。9世纪以后，出现于欧洲、阿拉伯文献中的“Turk”（汉译为“突厥”）实际上泛指阿尔泰语系突厥语族游牧人，并无民族学上的确切含义[③]。泛突厥主义既无历史依据，又无现实基础，其人为制造的所谓“突厥民族”与中国古代北方地区的青突厥人没有任

① 张玉艳：《泛突厥主义在土耳其的由来与发展》，《国际政治研究》2019年第5期。

② 张玉艳：《新疆分裂主义中的突厥因素研究》，兰州大学博士学位论文，2015年，第225、226页。

③ 亦邻真：《成吉思汗与蒙古民族共同体的形成》，《内蒙古大学学报》1962年第1期。

何民族学上的联系和继承关系，维吾尔族祖先回鹘人与突厥人也没有直接历史源流关系。泛突厥主义完全是19世纪末以来俄罗斯、土耳其等国突厥语族人群中的所谓精英分子，基于唯心史观和历史虚无主义、民族沙文主义的痴心妄想，其“大图兰联邦”的诉求更与现代以主权国家为主体的国际社会格格不入，没有任何实现的可能性。泛突厥主义传入中国后，则演变为分裂主义分子用来谋求新疆独立的工具，并于20世纪90年代后呈现出日益极端化、恐怖主义化的特征。对于泛突厥主义及其各类衍生变种的巨大危害，我们务必要认识明确，高度警惕，并做好与其进行长期不懈斗争的准备。

（四）征服王朝论

1949年，美籍德裔学者魏特夫（Karl August Wittfogel）在与中国学者冯家昇合著的《中国辽代社会史（907—1125）》[History of Chinese Society, Liao（907-1125）] 总述中提出了“征服王朝论”。魏氏将中国历史上的王朝，按照社会文化形态划分为“典型中国朝代”和“征服与渗透王朝”。其中，“典型中国朝代”包括秦、两汉、魏、两晋、南朝、隋、唐、两宋、明。十六国诸政权、北朝、辽、金、元、清则被定性为“征服与渗透王朝”。而“征服与渗透王朝”又可根据其对汉文化的态度归为两类，第一类是以十六国诸王朝、北魏为代表的“渗透王朝”，这类王朝在华北地区通过以半和平的渗透而建立政权[①]，它们对汉文化的态度倾向于吸收；第二类为辽、金、元、清四个“征服王朝”，这类王朝以征服部分或全部汉族居住地而建立政权，其对汉文化的态度倾向于抵制。在“征服王朝”内部，又因对汉文化抵制程度的强弱再细分为三个类别，其中辽、元为文化抵抗型，金为文化让步型，清则介于二者之间，为文化过渡型[②]。在论述这些文化关系时，魏氏引入了人类学中的涵化（Acculturation）概念，认为“征服与渗透王朝”与汉地之间

① 郑钦仁、李明仁译著：《征服王朝论文集》（修订版），稻乡出版社，2002年，第1页。

② 〔美〕魏特夫、冯家昇：《中国辽代社会史（907—1125）总述》，苏国良等译，《征服王朝论文集》（修订版），第51页。

的文化接触会在各种不同的情况中发生，且其接触的程度（Degree）和强度（Intensity）不相同，只要社会没有实现完全融合，文化差异就会一直存在[①]。

征服王朝论经由田村实造等人传入日本之后，在日本史学界引起巨大反响，成为日本北亚史学界的主要研究课题。根据研究领域和观点的不同，大致形成了三种不同的概念。第一种以田村实造、护雅夫、吉田顺一等为代表，他们大体上赞同魏氏的理论，认为金、清与辽、元并列，都是征服王朝，但要将征服王朝放在北亚世界历史发展的进程中加以讨论[②]。北亚世界从游牧社会向农牧社会的体制变化，是游牧社会、国家发展为征服王朝的决定性因素。整个北亚游牧民族史以辽为界，可以划分为游牧国家和征服王朝两个时期，征服王朝是游牧社会、国家发展的一个归结[③]。由于征服部族的北亚属性，征服王朝在政治、军事、经济、文化等方面均呈现出“二元制”的特性。第二种以村上正二为代表。他认为“具有强烈的游牧民的自觉意识（self-consciousness），在其意识之下征服、并统治农耕社会的游牧民王朝”[④]，才能称之为“征服王朝”。而北匈奴、柔然等纯粹的游牧国家以及南匈奴、北魏等渗透王朝都不能发展为征服王朝，只有继承了突厥帝国和回鹘帝国基于同一语言文化意识的强烈的民族文化意识和游牧都城文化传统的辽、蒙古帝国、元等才能发展为征服王朝[⑤]，金、清两个王朝则被排除于征服王朝之外。在征服王朝中，辽朝是二元社会，元朝是更多元的复合社会。第三种的代表人物为岛田正郎。岛田对魏特夫的征服王朝论进行了批判，他认为辽朝不建郊

---

① 〔美〕魏特夫、冯家昇：《中国辽代社会史（907—1125）总述》，苏国良等译，《征服王朝论文集》（修订版），第 11 页。

② 〔日〕田村实造：《中国征服王朝——总括》，李明仁译，《征服王朝论文集》（修订版），第 74 页。

③ 〔日〕护雅夫：《内陆亚世界的展开·总说》，郑钦仁译，《征服王朝论文集》（修订版），第 169 页。

④ 〔日〕村上正二：《征服王朝》，郑钦仁译，《征服王朝论文集》（修订版），第 114 页。

⑤ 〔日〕村上正二：《征服王朝》，郑钦仁译，《征服王朝论文集》（修订版），第 120 页。

丘，不行郊祀，转而将“祭山仪”[①]作为国家最重要仪式的做法，是故意对中国王朝政教传统的排斥，故而应当将辽朝置于中国王朝系列之外，视为胡族国家[②]。

魏特夫试图对中国古代史上的王朝类型提出一种“合理”的解释，但其对中国历代王朝的分类明显是基于中原汉族文化立场的，出发点就是狭隘的，有悖于历史和现实的证据事实。在具体划分过程中，片面地夸大了北方民族王朝“渗透”或“征服”的主导性，与其双向涵化的观点自相矛盾[③]。故其结论必然是不科学和不能成立的。在日本，征服王朝论则发展出了新的倾向，日本学者更注重从北亚史的视角观察研究征服王朝，并将征服王朝的出现看作是北亚游牧社会历史发展的必然结果。这实际上人为地割断了历史上北方游牧民族与中原汉族之间的密切互动与联系，夸大了游牧社会和游牧经济在历史变迁中的独立性，是对中国社会多元性和统一多民族国家的国家性质的否定。

（五）蒙古地区一贯独立论

“蒙古地区一贯独立论”是20世纪中后期以来在蒙古国兴起的一种有关北方民族的认识和定位的话语体系。该理论认为，蒙古地区从公元前3世纪匈奴兴起时开始，直到21世纪的今天，一贯是独立于中国之外的[④]。宣扬蒙古地区一贯独立论的主要著作有《关于匈奴的社会制度问题》《匈奴人的经济、社会、文化和族源》等。一些蒙古国学者为了证明“蒙古地区自古以来便是独立的”观点，错误地将匈奴作为蒙古族的族源，认为匈奴、鲜卑、柔然、蒙古等北方民族从种族到经济文化都是一脉相承的，独立地在蒙古高原先后发展起来的。基于此，他们认为，从匈奴单于国、鲜卑部落军事大联盟、柔然汗国到大蒙古国等北方民族政权都

---

① （元）脱脱等：《辽史》卷四十九《礼志一》，中华书局点校本，1974年，第834页。

② 〔日〕岛田正郎：《征服王朝乎？胡族国家乎？》，李明仁译，《征服王朝论文集》（修订版），第232—234页。

③ 李志安：《民族融汇与中国历史发展第二条基本线索论纲》，《史学集刊》2019年第1期。

④ 林幹：《中国古代北方民族史新论》，内蒙古人民出版社，2007年，第52页。

是一贯独立的[①]。

众所周知，蒙古地区在历史上一直是中国的一部分，不同历史时期在蒙古高原上活动的匈奴、鲜卑、柔然、突厥、回鹘、蒙古等都属于中国古代北方民族，这是基本的历史事实。1921 年 7 月，外蒙古在苏俄的支持下事实独立；1946 年 1 月，国民政府承认外蒙古独立，蒙古国从法理上获得了独立地位。可见，蒙古的独立是 20 世纪才发生的事情。不能因为现在的蒙古国是一个独立国家，就认为蒙古地区是一贯独立的，数千年来活动于蒙古高原的北方民族所建立的政权也是一贯独立的。我们采用谭其骧先生确定的以 18 世纪 50 年代至 1840 年期间的清朝版图为历史上的中国范围，出现在漠南漠北的蒙古族及历史上的北方各民族，都是中国古代北方民族，不能因为曾在今天蒙古国之内活动就不算历史上中国的民族。但我们也不反对蒙古国在写他的历史时把这些北方民族写成他的先民[②]。

（六）“新清史”与“大元史”

20 世纪 90 年代以来，美国史学界兴起了反对“汉族中心论”、强调清朝统治与历代汉族王朝的区别为特征的“新清史”，其代表人物有路康乐（Edward Rhoads）、欧立德（Mark C. Elliott）、柯娇燕（Pamela K. Crossley）、罗友枝（Evelyn Rawski）等。欧立德曾对“新清史”的学术观点进行过总结，认为“新清史”最关键的学术主张有三条：一是清史研究必须重视清朝的“内亚维度”（Inner Asian Dimension），强调清朝统治的内亚性质[③]；二是清史研究必须利用满文、蒙古文、藏文、维吾尔文等非汉文资料，尤其是满文资料；三是清史研究必须要有全球视角，立足于全球史语境。从学术研究方法上来讲，“新清史”提倡的充分利用非汉文资料和全球视角是有利于清史研究发展的。但“新清史”片面强调清朝与蒙古、西藏、新疆等地区文化联系的重要性，有意或无意地忽视

---

① 林幹：《中国古代北方民族史新论》，第 53 页。

② 谭其骧：《历史上的中国和中国历代疆域》，《中国边疆史地研究》1991 年第 1 期。

③ 沈卫荣：《大元史与新清史——以元代和清代西藏和藏传佛教研究为中心》，上海古籍出版社，2019 年，第 214 页。

掩盖满族文化与汉地文化间的密切程度远超前者的历史事实[①]，从而构建清朝"内亚帝国"性质的做法，体现了西方学术界的意识形态偏见和西方的东方主义学术传统的话语霸权。与此同时，日本出现了力图将蒙古族建立的元朝从"古代中国王朝历史"的叙事框架中分离出来，转而把它置于全球史、欧亚史之中，从而形成一种比肩"新清史"的"大元史"叙事模式。元朝和清朝作为中国历史上的正统王朝，其政权和疆域以及多民族的历史文化是由蒙古族、满族、汉族和其他各族人民共同创造的，其统治中国的合法性也受到了当时和后世中国各族人民的普遍认可。因此，将元朝和清朝视为与中国王朝对立的"内亚帝国"缺乏充分的历史依据和法理依据。

通过梳理大略可知，关于19世纪末叶以来北方民族史领域的各种西方话语体系，要么是基于现代西方资产阶级立场和现代民族国家价值取向的认知偏差，要么是为帝国主义侵略中国或者分裂分子割裂中国提供的理论依据。虽然主观动机不同，但二者都是不符合历史事实的错误认识和观点。这些错误认识和观点，对中华民族多元一体的民族观和统一多民族国家的国家观形成了严峻挑战，对我国的民族团结和国家安全可能会产生负面影响，对部分研究北方民族史的学者的理论思维可能会带来一定偏差，对人民群众、高校学生学习和认识中国历史可能会形成一些误导，其危害性不可失防。因此，加强对中国古代北方民族史的全面系统性研究，构建客观科学的话语体系刻不容缓。

三

《中国古代北方民族史》（十卷本）研究的历史上的中国疆域范围和北方民族，按照1981年5月谭其骧先生在"中国民族关系史研究学术座谈会"上的讲话内容作为基本原则来把握[②]。即以几千年来历史发展所自然形成的中国为历史上的中国，以18世纪50年代至1840年这段时期的

① 李治安：《民族融汇与中国历史发展第二条基本线索论纲》，《史学集刊》2019年第1期。

② 谭其骧：《历史上的中国和中国历代疆域》，《中国边疆史地研究》1991年第1期。

清朝版图作为历史时期的中国范围。在这个范围内活动的匈奴、鲜卑、柔然、突厥、回鹘、契丹等民族，都是中国历史上的北方民族，这些民族建立的政权都是中国历史上的北方民族政权。

这次撰写的十个民族的历史，以中国历史上活动在蒙古高原及其周边地区的匈奴、乌桓、拓跋鲜卑、柔然、突厥、回鹘、黠戛斯、契丹、库莫奚、室韦为研究对象，以族别史体例为整体设计，每个民族自成一卷，史观、体例、内容安排等力求一致。各卷作者按照编写体例和要求，以唯物史观为指导，吸收借鉴前人研究成果，依据文献和考古资料，对诸民族的族名族源、历史变迁、政治制度、生产生活方式、文化习俗、民族关系、最后流向等尽可能作了较为全面的阐述，对一些具体问题作了较为深入的探讨，提出了自己的看法，对北方民族的历史作用、影响和贡献尽量作了客观的评价。各卷或多或少体现出以下特点：①既有相对一致的结构，又根据具体情况谋篇布局，尽可能完整地呈现各自的学术思路与逻辑特点；各族的历史内容既属于全书整体不可或缺的重要部分，又相对独立成书。②尽可能详细占有史料，注意充分辨析史料的史源关系，运用有价值史料进行研究。③各卷根据具体情况，充分结合运用考古资料，以达到用实物资料证史、补史、纠史的作用，突出历史学与考古学的综合研究。④运用古代民族文字史料，如突厥文、回鹘文、契丹文资料等进行研究。⑤利用汉语音韵学、民族史语文学方法进行研究，辨析相关说法。

《中国古代北方民族史》（十卷本）是作为国家社会科学基金重大委托项目“蒙古族源与元朝帝陵综合研究”子课题而开展研究、编写的一套书稿。选取的十个古代北方民族，既有内在的历史联系，又与古代蒙古族存在或近或远、或直接或间接的渊源关系。通过系统论述匈奴等十个北方民族的历史变迁，可以启发与蒙古族族源有关问题的思考，澄清一些错误认识。

长期以来，中外学界针对蒙古族族源开展了广泛研究，形成有匈奴、东胡、鲜卑、敕勒—高车、柔然、突厥、蒙汉同源、吐蕃、室韦、突厥、吐蕃混合、东夷等十余种观点。中国学界主流看法认为，蒙古族祖源东胡，鲜卑—室韦—蒙古有一脉相承的历史渊源。这一学术观点有着更为充分的历史文献学依据和考古学证据。《旧唐书·室韦传》记载有望建河

（即今额尔古纳河及黑龙江）"其河源出突厥东北界俱轮泊，屈曲东流"，"东经蒙兀室韦之北"。《史集》亦载，远古时期蒙古人居住在"额尔古涅·昆"一带。今内蒙古自治区额尔古纳河右岸是蒙古族发祥地。历史文献的相关记载和研究成果显示，室韦和鲜卑译名根据相同，与早期拓跋鲜卑活动地域相同、语言相通、有代表性风俗习惯相近等特征，可证室韦的主要部分应与早期拓跋鲜卑同源。室韦即南北朝时期入据中原的拓跋鲜卑统治者给予鲜卑后裔的新的汉字译写形式。内蒙古自治区呼伦贝尔市陈巴尔虎旗西乌珠尔墓地、海拉尔区谢尔塔拉墓地和陈巴尔虎旗岗嘎墓地，分别代表了7—8世纪、9—10世纪和8—10世纪的室韦遗存[①]。相关考古遗存的发掘和研究，也为蒙古族主体来源于室韦，以及呼伦贝尔是蒙古民族发源地提供了有力佐证。在呼伦贝尔地区系统开展田野考古调查和发掘工作，为蒙古族族源研究提供系列考古实证资料，同时开展历史学、考古学、民族学、人类学、民俗学、语言学等多学科综合研究，推出具有影响力的蒙古族族源研究领域的学术成果，确立内蒙古呼伦贝尔地区作为蒙古族发祥地的重要历史地位，有助于澄清学术界关于蒙古族族源研究的各种说法，推进相关学术研究的进展。

中国古代北方民族的历史绵延数千年，是中国历史的有机组成部分。中国历史不但包括汉族、北方民族建立的内地（中原）王朝史，也包括北方民族建立的政权史。在中国历史的不同时期，生活在不同地区、经济形态有别、风俗习惯有同有异的多民族之间的相互交往、彼此影响、吸收交融从来就没有停止过。北方民族与中原汉族建立起了密切的政治、经济、社会和文化联系，而建立在中原的北族王朝则无不以中原"正统"自居。北方民族史与内地王朝史有机的融合，不断地推动着中国历史的发展进程。中国古代各民族、各地区的历史共同构成了中国历史的有机整体。中华民族的悠久历史和灿烂文化，是包括北方民族在内的中国历史上各个民族交融共进共同创造的。北方民族是中华文明进程的重要参

① 中国社会科学院考古研究所、内蒙古自治区文物考古研究所、北京大学考古文博学院、呼伦贝尔民族博物院呼伦贝尔联合考古队：《内蒙古陈巴尔虎旗岗嘎墓地》，《考古》2015年第7期。

与者和推动者，对中国古代疆域、中西文化交流、中华民族多元一体格局的形成、中国历史文化的发展和进步做出了不可磨灭的贡献。近代以来，汉族和各少数民族的命运共同体更为牢固，共同建立了统一的多民族国家。研究中国古代北方民族史是北方民族历史与考古工作者义不容辞的责任。系统全面研究中国古代北方民族史，清晰梳理其来自哪里去向何方的历史变迁过程，深入探究其政治、经济、社会、文化的内涵及其发展规律，深刻阐释其与中国历史上汉族及其他民族建立的内地王朝政权的关系，充分认识其历史地位、作用与贡献，对深入学习和认识中国史，树立正确的历史观、民族观、国家观，维护民族团结、国家统一局面，铸牢中华民族共同体意识均具有重大的理论和现实意义。

前　言

柔然是魏晋南北朝时期见于汉文文献记载的中国古代北方游牧民族，亦称“蠕蠕”“蠕蠕”“茹茹”“芮芮”等。5世纪初，柔然首领郁久闾社崘在漠北兼并敕勒诸部及匈奴余部，建立柔然汗国，揭开东胡系民族在蒙古高原建立长期有效统治的崭新一页。柔然政治军事制度上承匈奴、鲜卑，下启突厥，对后世草原游牧民族影响深远。此外，柔然汗国还吸收借鉴了不少具有中原文化特色的典章制度，自诩“得华夏正统”。历史上，柔然与中原政权发生战和关系的同时，和敕勒、突厥、吐谷浑、契丹、高句丽等民族或政权建立了或疏或密的联系，并同西域诸国实现了不同程度的交往。可见，柔然在中国古代北方民族史、中国古代民族关系史乃至整个中国古代史上，均占有重要地位。

长期以来，中外研究者虽然对柔然历史及相关问题给予较多关注，取得不少研究成果，但时至今日整体研究工作却仍然比较薄弱。因此，有必要在充分吸收、借鉴前人研究成果的前提下，对柔然历史做进一步梳理、考察和研究。本书即在充分掌握研究资料和批判性吸收前人相关研究成果基础上，对柔然历史进行综合研究的史学著作。

全书共六章。第一章首先对柔然基本史料进行了对比辨析，指出南北诸史中柔然专传和部分典志体史书、地理总志、方志以及大型类书中的柔然专条等是研究柔然历史的基本资料，但由于成书年代的差异、对柔然史事的记载详略不一，它们的史料价值各异。继而归纳总结了中外学界的柔然史及相关问题研究成果，并对此做有比较详尽地介绍和评析。第二章对柔然的族名及来源问题做有考察。认为“芮芮”“蠕蠕”“茹茹”是对同一民族名号的不同汉字音写形式，“柔然”是这一名号的特殊表现形态。通过对史料的辨析以及对柔然的语言、有代表性风俗习惯、体质人类学特征等几方面因素的考察，进一步肯定了柔然来源于“东胡—鲜卑”说的主流观点，同时指出“塞外杂胡”说反映了柔然部众成分复杂以及处于柔然汗国统治下的民族众多等实际情况。第三章梳理了柔然始祖木骨闾从拓跋鲜卑分离后，柔然逐渐形成部落、建立政权和最终走向消亡的历史，对柔然的历史发展脉络做有比较明晰地考察和论述。第四章对柔然以可汗为中心的职官体系、君位继承制度、两翼分封制度和军事制度等一系列问题做有比较深入的探讨，并在吸收、借鉴前人研究成果的基础上，提出了柔然对“可汗”名号的定位是“得华夏正统”的皇帝，但其专属可汗号却体现了北方游牧政权的制度特色；柔然的君位继承制度以父死子继为主，其他继承形式的出现与内外局势的变化有关等观点。第五章以文献史料的记载为基础，结合相关考古资料，对柔然的游牧业、狩猎业、手工业、农业和商业等经济类型及其在柔然社会经济中的地位做有考察，认为游牧业始终是柔然最主要的经济生产类型，狩猎业是其游牧经济的重要补充，手工业、农业以及商品交换贸易也为柔然社会经济的发展发挥了作用。第六章论述了柔然的衣食住行、婚姻、语言、姓氏、原始信仰与宗教等文化习俗及其特点。

本书研究认为，历史上柔然与中原的南北朝诸政权和周邻各民族在政治、经济、军事和文化上发生了广泛而深刻的联系，不仅在制度文化方面对后世的中国北方民族及其政权的制度建设产生了一系列重要影响，而且还一定程度上直接或间接地影响了整个中国历史的发展进程。柔然是中国古代历史文化的创造者之一，柔然史是中国古代史的重要组成部分。

从 2017 年领受撰写任务，到 2019 年向出版社交付书稿，前后用时两年。由于时间仓促，加之学识有限，科研经验不足，书中一定存在着许多不足、疏漏甚至谬误，在此我们衷心恳请专家学者批评指正。

目　　录

第一章　柔然的研究资料和研究状况

柔然是魏晋南北朝时期见于汉文文献记载的中国古代北方游牧民族，发祥于今内蒙古阴山以北的乌兰察布高原。5世纪初，柔然贵族社崘在漠北建立以柔然族为主体，包括敕勒、匈奴、鲜卑、汉族等多个民族的中国古代区域性政权——柔然汗国，揭开了东胡系民族在蒙古高原建立长期有效统治的序幕。中国古代文献资料对柔然历史有不少反映，依靠这些资料，能够梳理柔然兴起、发展、衰亡的历史脉络，考察其政治、经济、军事、文化及与周边政权或民族关系的基本状况。虽然柔然的考古学文化尚未被分辨、识别出来，但近年来在蒙古高原发现的一些4—7世纪的墓葬遗迹为柔然时期蒙古高原草原游牧人群的生活状态研究提供了实物依据。此外，不少与柔然相关的碑刻资料和出土文献，也起到了证史、补史、纠史的作用，拓展了柔然历史研究的深度和广度。

11世纪以降，中外研究者依据历史文献的记载，从不同角度出发，运用各自的研究方法对柔然历史进行了探索，取得不少研究成果，但也存在一些不足，对很多问题的看法尚待进一步思考和完善。收集、整理和辨析柔然研究资料，并对相关研究成果进行归纳总结，是全面系统研究柔然历史的基础和前提。

第一节　基本文献史料与考古资料

柔然文献资料主要由基本史料、柔然历史人物专传和散见史料等几部分组成。其中，汉文基本文献史料对柔然历史的记载最为集中。中外学界对柔然历史中很多重要问题的认识存在较大分歧，至今尚未形成一致看法，主要原因之一就是对相关资料的研究不够深入，甚至没有对汉文基本文献史料做必要的对比、辨析。因此，详尽占有柔然基本史料，辨明史源关系，明确史料价值，无疑对进一步深入研究柔然史以及北方游牧民族史、中国古代史的相关问题具有重要意义。

柔然基本史料是指各类体裁史书对柔然历史的集中记载，主要包括《宋书》《南齐书》《魏书》《梁书》《南史》《北史》等六部正史里的柔然专传，和《建康实录》《通典》《太平寰宇记》《册府元龟》《通志》《文献通考》《朔方备乘》等典志体史书、地理总志、方志和大型类书中的柔然专条。由于史源、成书年代、编纂者立场、传抄流布等情况不同，这些材料的史料价值各异。

南朝齐、梁间沈约编纂的《宋书》，始撰于南齐永明五年（487），纪传部分成书于永明六年（488），诸志成书年代则在梁天监元年（502）以后，是记录刘宋一代历史的纪传体史书。卷95列传第55《索虏传》附《芮芮虏传》，是现存史籍所见最早的柔然专传，记述了柔然的地理方位、自然环境、经济生活、文化习俗，以及与南朝交通的道路里程等问题[①]。由于南朝史家缺乏对柔然早期历史的了解，故传文所载多为柔然汗国建立并向刘宋“岁时遣使诣京师”以后的史事，内容也远不及北朝史家的记述丰富。尽管该传记事简略且存在一定讹误，但不可否认，其中的不少内容可与北朝史书中的柔然资料互补，是研究5世纪80年代以前柔然及其与刘宋关系的重要一手资料。

南朝梁萧子显所撰《南齐书》卷59列传第40内有《芮芮虏传》[②]。该传除有对柔然地理方位、自然环境、经济生活、有无文字等与《宋书·芮芮虏传》史文相似的记载外，又增加不少关于柔然历史的新资料，具有较高史料价值。例如，对部分柔然使者或百姓发式的记载，揭示了柔然汗国人口构成和民族成分复杂的事实；对王洪轨出使柔然之事的记载，进一步充实了前代史书所载柔然与南朝交通问题的内容；对希利垔、邢基祇罗回两位柔然“国相”事迹的记载，丰富了人们对柔然汗国职官名号及其职权的了解。特别是传文中收录的柔然国相邢基祇罗回致南朝齐高帝萧道成的《劝进表》作为迄今所见唯一的柔然官方文书，展现了柔然统治贵族的政治观念及其对北魏、南齐的政策，其史料

---

① （南朝梁）沈约：《宋书》卷95《芮芮虏传》，中华书局点校本，1974年，第2357页。

② （南朝梁）萧子显：《南齐书》卷59《芮芮虏传》，中华书局点校本，1972年，第1023—1025页。

价值弥足珍贵。此外，该传对“高车国”建立后柔然势力衰退，以及“高车国”在西域部分地区的活动等问题的记载，亦可与北朝史籍记载的相关内容互为补充。

北齐魏收奉敕撰修的《魏书》成书于天保五年（554），是记录北魏及东魏历史的纪传体史书。卷103列传第91内有《蠕蠕传》[①]。据《魏书》成书的时代背景和流传过程可知，《魏书·蠕蠕传》是南北诸史中撰成时间较早和北朝史书中撰成时间最早的柔然专传。唐人在修撰《北史·蠕蠕传》及《通典》“蠕蠕”条时，即沿袭了该传的大部分内容，并根据需要对一些字词做了更替删削。但至北宋初年，该传原文内容多已散佚，今本《魏书·蠕蠕传》史文则系后人所补。对比可知，今本《魏书·蠕蠕传》中的绝大部分内容为后人根据《北史·蠕蠕传》补缀而成，主要包括柔然的起源、历史变迁及与中原政权或周边民族的关系等几方面的内容。从史料学的角度来看，今本《魏书·蠕蠕传》由《北史》补录的内容应该以《北史·蠕蠕传》为一手史料，今本《魏书·蠕蠕传》为可资参考的二手史料。但今本《魏书·蠕蠕传》与《北史·蠕蠕传》的部分异文，却表明今本《魏书》传文并非完全补录自《北史》，值得重视。内田吟风《柔然族研究》[②]认为，这种现象与今本《魏书·蠕蠕传》残存了部分魏收原书的内容有关。《太平御览》所引《后魏书》的部分内容，可证北宋初年尚有反映魏收所书的《魏书·蠕蠕传》残篇存世。《魏书·蠕蠕传》：“蠕蠕，东胡之苗裔也，姓郁久闾氏……木骨闾死，子车鹿会雄健，始有部众，自号柔然，而役属于国。后世祖以其无知，状类于虫，故改其号为蠕蠕。”[③]《北史·蠕蠕传》：“蠕蠕姓郁久闾氏……木骨闾死，子车鹿会雄健，始有部众，自号柔然。后太武以其无知，状类于虫，故改其号为蠕蠕。”[④]《太平御览》引《后魏书》曰：“蠕蠕，东胡之苗裔也。木骨闾死，子车庶会自号柔然，役属于魏。世祖以其无知，状类于虫，故改

---

① （北齐）魏收：《魏书》卷103《蠕蠕传》，中华书局点校本，1974年，第2289—2303页。

② 〔日〕内田吟風：《柔然族に関する研究》，《北アジア史研究·鲜卑柔然突厥篇》，同朋社，1975年，第307页。

③ 《魏书》卷103《蠕蠕传》，第2289页。

④ （唐）李延寿：《北史》卷98《蠕蠕传》，中华书局点校本，1974年，第3249页。

其号为蠕蠕。”[①] 对比三者史文，不难看出《太平御览》引文多与今本《魏书·蠕蠕传》同。今本《魏书·蠕蠕传》与《北史·蠕蠕传》相异部分的史料来源应较《北史·蠕蠕传》更为原始，是今本《魏书·蠕蠕传》最具价值的内容（图一）。

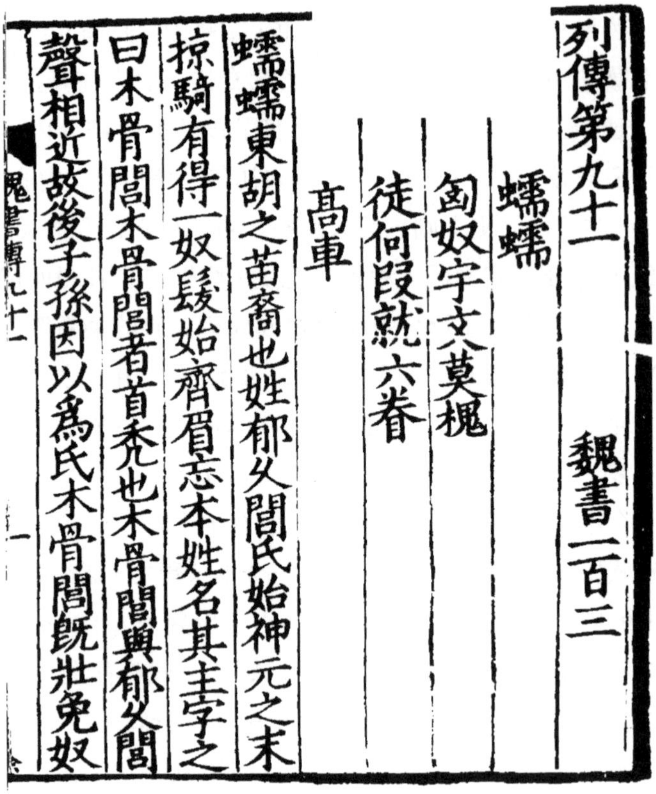
列傳第九十一　魏書一百三
蠕蠕
匈奴宇文莫槐
徒何段就六眷
高車
蠕蠕東胡之苗裔也姓郁久閭氏始神元之末
掠騎有得一奴髮始齊眉忘本姓名其主字之
曰木骨閭木骨閭者首禿也木骨閭與郁久閭
聲相近故後子孫因以爲氏木骨閭既壯免奴

图一　百衲本《魏书》卷 103“列传第九十一”首页

唐姚思廉《梁书》卷 54 列传第 48《诸夷传·西北诸戎》内有《芮芮传》[②]。该传关于柔然地理方位、自然环境、文化习俗等内容的记载，在抄录、改写《宋书》《南齐书》传文的同时，又补入了梁朝建立以后有关柔然的新材料。其中，传文将《南齐书·芮芮虏传》的“编发左衽”改作“辫发”；在柔然人的居住方式后，补入其“衣锦，小袖袍，小口袴，深

① （北宋）李昉等：《太平御览》卷 944《虫豸部一·虫》，中华书局，1985 年，第 4191 页。

② （唐）姚思廉：《梁书》卷 54《芮芮传》，中华书局点校本，1973 年，第 817 页。

雍靴”等内容；沿袭、改写《宋书》传文关于柔然地气寒凉的记载，并补入“七月流澌亘河”句；自“天监中，始破丁零，复其旧土”句以后至传末，则是《宋书》《南齐书》所无的新内容。该传最具价值的内容，是在前代史书基础上增补的关于柔然自然环境、文化习俗的部分，以及6世纪初柔然与萧梁交往的资料。

《南史》《北史》系唐代李延寿私撰史书，于显庆四年（659）正式被官方批准流传。《南史》卷79列传第69《夷貊传下》内有《蠕蠕传》①。对比可知，《南史·蠕蠕传》史文多取自《梁书·芮芮传》，部分内容节录自《南齐书·芮芮虏传》。由于《南齐书》《梁书》俱存，作为二手史料的《南史·蠕蠕传》并没有特殊的参考价值。与《南史》一样，由于《北史》大体以此前成书的《魏书》《北齐书》《周书》《隋书》为基础增删、改写而成，所以应将《北史》视作二手史料，但在此四史出现散佚或错讹后，后人尝取《北史》补缺。于是，《北史》的部分纪传相对北朝诸史及《隋书》中那些由后人补缀的篇目，反而成为一手史料。《北史》卷98列传86《蠕蠕传》即属此类。

《北史·蠕蠕传》对柔然始祖木骨闾的历史活动、柔然早期部落形成、柔然汗国兴衰、柔然政治军事制度、柔然人的经济生活、柔然文化习俗、柔然与周边诸政权或各民族关系等问题做了较为全面、系统地记述，是现存资料相对比较原始和内容最为完整的柔然专传②。如前所述，《魏书》卷103诸传久已散佚，今本《魏书·蠕蠕传》系后人所补。清代赵翼认为：“《北史》于元魏纪传则但有删减耳。”③《魏书·高祖纪》记载，延兴三年（473）七月，“蠕蠕寇敦煌，镇将乐洛生击破之。事具《蠕蠕传》”④；同书《拓跋云传》亦载有任城王拓跋云以中军大都督从时为“太上皇帝”的献文帝征讨柔然之事，“事具《蠕蠕传》”⑤。但《北史·蠕蠕

---

① （唐）李延寿：《南史》卷79《蠕蠕传》，中华书局点校本，1975年，第1986、1987页。

② 《北史》卷98《蠕蠕传》，第3249—3267页。

③ （清）赵翼：《陔余丛考》卷8《北史删魏书太简处》，中华书局，1963年，第155页。

④ 《魏书》卷7上《高祖纪上》，第139页。

⑤ 《魏书》卷19中《拓跋云传》，第462页。

传》及与之内容大体一致的今本《魏书·蠕蠕传》均无与此相应的记载。可见,《北史·蠕蠕传》确应删减了原本《魏书·蠕蠕传》的部分内容,后人补缀的今本《魏书·蠕蠕传》又主要抄录自《北史·蠕蠕传》。因此,除《魏书·蠕蠕传》《北史·蠕蠕传》互异的部分内容外,《北史·蠕蠕传》中的绝大部分史文相比于今本《魏书·蠕蠕传》成文年代更早,是研究北魏时期柔然历史的一手史料。此外,《北史·蠕蠕传》还补入了不少东、西魏分立以后有关柔然历史的资料。例如,东、西魏各自与柔然和亲、柔然可汗阿那瓌设立具有中原制度文化特色的职官,以及对阿那瓌败亡后柔然余部历史活动等史事,皆《北史·蠕蠕传》独有的内容,史料价值弥足珍贵①。

唐代许嵩所撰《建康实录》卷16《齐下》有“蠕蠕国”条②。对比可知,《建康实录》中柔然专条的史文主要抄录、改写自《南齐书·芮芮虏传》,史料价值不大。但值得重视的是,部分不见于前史记载的有关柔然遣使南朝的散见史料,有赖《建康实录》其他篇目的收录得以保存。

《通典》是唐代杜佑编撰的典志体史书,载有大量关于地志和民族的资料,历来备受史家重视。卷196边防第12内有“蠕蠕”条③。通过与前代史书的对比,可知其主要内容系删减、改写《魏书·蠕蠕传》和《北史·蠕蠕传》而成。但《通典》“蠕蠕”条的部分史文却与《北史·蠕蠕传》及今本《魏书·蠕蠕传》皆不相同,应与其一定程度上反映了原本《魏书·蠕蠕传》的风貌有关。例如,《通典》“蠕蠕”条所载5世纪初柔然汗国东、西所界分别是“焉耆之北”和“朝鲜故地之西”,即与《北史·蠕蠕传》及今本《魏书·蠕蠕传》所记“朝鲜之地”和“焉耆之地”异④;中华书局点校本《魏书》修订者认为:“征诸此传所述柔然活动情况,其东、西所界,《通典》所说更为准确,疑即出自《魏书·蠕蠕传》

① 《北史》卷98《蠕蠕传》,第3263—3267页。

② (唐)许嵩撰,张忱石点校:《建康实录》卷16“蠕蠕国”条,中华书局,1986年,第651页。

③ (唐)杜佑撰,王文锦、王永兴、刘俊文等点校:《通典》卷196“蠕蠕”条,中华书局点校本,1988年,第5378—5384页。

④ 《魏书》卷103《蠕蠕传》,第2291页;《北史》卷98《蠕蠕传》,第3251页;《通典》卷196“蠕蠕”条,第5378页。

原文，《北史·蠕蠕传》采录《魏书》而删削失当。”[①]此外，《通典》“蠕蠕”条所收元雍等关于分置阿那瓌、婆罗门所部的奏请中，有“蠕蠕代跨绝域，感化来归，阿那瓌委质于前，婆罗门归诚于后。何一呼韩，得同今美”等句[②]，亦为《北史·蠕蠕传》及今本《魏书·蠕蠕传》所无。由于《通典》成书于《魏书》尚未大量散佚以前的唐贞元十七年（801），则赖其抄录得以保存的原本《魏书·蠕蠕传》部分内容可为校勘、订正《北史·蠕蠕传》及今本《魏书·蠕蠕传》的重要参考资料。但杜佑未能充分参考南朝史书的相关内容，加之对《魏书·蠕蠕传》及《北史·蠕蠕传》删减过繁，致《通典》“蠕蠕”条所载柔然史事不够完整，且出现了一定讹误。

《太平寰宇记》为北宋地理总志，因乐史始撰于太平兴国年间（976—984 年），故名。该书卷 193《四夷》第 22《北狄》第 5 内有“蠕蠕”条[③]。对比前代史书，可知《太平寰宇记》“蠕蠕”条史文主要抄录自《通典》“蠕蠕”条，同时参考了《北史·蠕蠕传》及其他散见史料，并对个别字句做了调整和替换。《太平寰宇记》成书时柔然汗国已经灭亡 400 余年，中原政权对柔然的认识已相当模糊，加之北宋时期传世的柔然史料主要是南北诸史及《通典》中的基本史料和散见史料，而此前修撰的其他史书关于柔然历史活动的记述亦多出于此，所以乐史等编纂此书时已经难有前史不载的新材料补入。因此，《太平寰宇记》“蠕蠕”条的史料价值不大。

北宋王钦若等奉敕纂的《册府元龟》成书于真宗大中祥符六年（1013），全书计有 31 部，1104 门，900 余万字。该书《外臣部》中收录不少涉及柔然历史的内容，大多出自前代正史[④]。《册府元龟·外臣部》

---

① （北齐）魏收：《魏书》卷 103“校勘记［五］”，中华书局点校修订本，2017 年，第 2513、2514 页。

② 《通典》卷 196“蠕蠕”条，第 5381 页。

③ （北宋）乐史撰，王文楚等点校：《太平寰宇记》卷 193“蠕蠕”条，中华书局点校本，2007 年，第 3699—3705 页。

④ （北宋）王钦若等：《册府元龟》卷 956《种族一》、卷 961《土风三》、卷 978《和亲一》、卷 990《备御三》、卷 1000《强盛》，中华书局影印本，1960 年，第 11251、11312、11493、11627—11630、11732 页。

各门类中对柔然兼用“蠕蠕”“芮芮”“茹茹”称谓，不像前代史书那样统一，表明王钦若等著录的柔然史料基本反映了所参考史书的原貌。由于《册府元龟》成书时北宋官校本南北七史尚未刊刻，故而该书《外臣部》抄录的史料保留了不少这些史书早期写本的形态风貌，对校勘今本诸史传文有所裨益。

《通志》，南宋郑樵编著，成书于宋高宗绍兴三十一年（1161），记事始于“三皇”，终于隋唐。该书卷200《四夷传》第7内“蠕蠕”条，系摘录前代史文编次、改写的柔然专条①。《通志》“蠕蠕”条主要抄录《魏书·蠕蠕传》《北史·蠕蠕传》和《通典》“蠕蠕”条而成，同时参考了部分《魏书》《北史》中其他纪传的史文，仅做了个别字句的修改。但郑樵并未完全沿袭前代史文，而是根据自己的理解，对文字进行了增删、改写。据《北史·蠕蠕传》记载，北魏献文帝在女水之滨（今内蒙古自治区呼和浩特市武川县一带）大败柔然后，曾“逐北三十余里”②。《通志》“蠕蠕”条所录此事，则改作“逐北三千余里”。郑樵既以善校雠而闻名，《通志》成书以前《修文殿御览》《高氏小史》等文献尚未散佚，故不排除“逐北三千里”反映了这些现已散佚的史籍面貌的可能。20世纪60年代初，韩荫晟负责整理《柔然资料辑录》时，亦据《北史》及今本《魏书》后文有“往返六千余里”语，得出“三十里”应为“三千里”之误的结论③。可见，《通志》成书年代虽然晚于柔然汗国灭亡六个多世纪，不会有关于柔然的新资料补入，但是郑樵对柔然史料的择取和校勘成果却值得重视。

宋元之际马端临编撰的《文献通考》成书于元大德十一年（1307），是记述上古至宋宁宗嘉定（1208—1224年）末典章制度的专书。该书卷342《四裔考》19有“蠕蠕”条④。对比可知，此专条“自是边疆息警矣”

---

①（南宋）郑樵：《通志》卷200“蠕蠕”条，中华书局影印本，1987年，第3203—3206页。

②《北史》卷98《蠕蠕传》，第3255、3266页。

③ 中国科学院历史研究所史料编纂组：《柔然资料辑录》，中华书局，1962年，第18页。

④（元）马端临：《文献通考》卷342“蠕蠕”条，中华书局影印本，1986年，第2684、2685页。

句后至“献文帝皇兴中”句前44字出自《南史·蠕蠕传》，余皆出自《通典》“蠕蠕”条，仅做了个别字句的变化。14世纪初成书的《文献通考》是后出史书，由于它既没有也不可能补入关于柔然的新史料，并且在削删前代史文时还产生了一些讹误，故而参考价值不大。

清何秋涛《朔方备乘》卷31《汉魏北徼诸国传》内有《柔然传》[①]。《朔方备乘》作为研究清代边疆史地的重要资料，无疑值得珍视。虽然《朔方备乘·柔然传》系删削、改写《通典》“蠕蠕”条及《文献通考》“蠕蠕”条而成，不具备特别的史料价值，但该书其他部分对一些与柔然相关史事的考证作为清季西北边疆史地学研究的成果，值得参考。

大抵来说，《宋书》《南齐书》《魏书》《梁书》《北史》《通典》等史籍是记载柔然基本内容最多、资料最丰富的史书。其中，南朝宋、齐、梁诸史的柔然专传集中记载了柔然与南朝诸政权交往的历史，但对柔然内部事务及其与北朝、西域诸国和其他民族关系的记载缺乏完整性和连续性。《北史》成书虽然较晚，但其《蠕蠕传》是以原本《魏书·蠕蠕传》为基础进一步充实材料而成，是记述柔然历史活动相对较为全面和完整的基本史料。

需要指出的是，在上述诸史书和其他一些未能提及的各种体裁史书中，还存有不少柔然人物传记和散见史料。而且，有相当一部分人物传记和散见史料叙述的史实是基本史料所无或者不够翔实的，就某些具体问题而言，其价值有时基本史料也难以比拟。因此，部分可与基本史料互相印证或能够补基本史料之不足的散见史料，亦值得重视。

除传世文献外，不少出土文献与碑刻资料也对丰富柔然历史的研究工作有所裨益。20世纪以来，在今新疆维吾尔自治区吐鲁番地区出土的为数不少的高昌文书中，有不少内容反映了附属于柔然汗国的阚氏高昌王国的社会历史状况。其中，一些带有“永康”年号的5世纪以后的档案文书，显然是柔然受罗部真可汗在位时期的遗物。凭借这些资料，不仅能够进一步深入了解阚氏高昌王国与柔然政权的关系，还可发现一些传世史料中所未有的内容，因而备受研究者的重视。

---

① （清）何秋涛：《朔方备乘》卷31《柔然传》，清光绪七年（1881）畿辅通志局刊本，第9a—10b页。

20世纪30—80年代，山西大同云冈石窟所见《茹茹造像题记》，以及《闾伯昇暨妻元仲英墓志》《赫连子悦妻闾炫墓志》《郁久闾伏仁墓志》等与柔然有关的碑刻资料，已经进入研究者的视野，部分与之相关的研究成果相继问世。例如，冯家昇《蠕蠕国号考》[①]一文，即根据《茹茹造像题记》提出“茹茹”为柔然人在以汉字音写本民族名号时的“自择之字面”等新观点，颇具参考价值。20世纪70年代末80年代初以来，国内又发掘、发现了《虞弘墓志》《郁久闾肱墓志》《征虏将军兖州高平太守闾公墓志》《魏故齐献武高王闾夫人墓志》《魏开府仪同三司长广郡开国公高公妻茹茹公主闾氏墓志铭》《隋齐州刺史乞伏令和夫人郁久闾氏墓志》《郁久闾可婆头墓志》等多方与柔然历史或柔然人物密切相关的墓志资料[②]。这些墓志资料或可证文献史料所载之史事，或可补其缺漏，值得关注。

需要指出的是，上述《魏开府仪同三司长广郡开国公高公妻茹茹公主闾氏墓志铭》系20世纪70年代末在河北磁县茹茹公主墓葬中出土。该墓葬作为中国境内首次经过科学发掘的柔然贵族墓葬，具有重要意义[③]。虽然该墓葬的形制与东魏—北齐时期其他中原贵族墓葬差别不大，不能体现柔然墓葬的具体形态，但通过对该墓志的释读，以及对柔然邻和公主遗骨的体质人类学研究，有助于正确认识柔然汗国与东魏高欢集团的关系、柔然贵族的人种特征等问题。此外，该墓葬遗迹的发现和发掘，也为《北史·蠕蠕传》所载阿那瓌与高欢家族联姻的史事提供了实物证据，起到了证史和补史的作用。

柔然考古学文化尽管尚未被正式识别出来，但20世纪初以降，作为柔然汗国核心统治区域的漠北地区，屡有4—6世纪遗址遗迹的发现。早在1925年，苏联考古学家鲍罗夫卡（G. J. Brovoka）即在今蒙古国土拉河流域的诺颜歹斯穆地方的一座柔然时期贵族墓葬中，发现了为数不少的金银器、铁器及丝织品等陪葬器物[④]。2014年，由中国内蒙古自治区文

① 冯家昇：《蠕蠕国号考》，《禹贡半月刊》1937年第7卷第8、9合期。

② 周伟洲：《新出土柔然王族墓志汇释》，《新出土中古有关胡族文物研究》，社会科学文献出版社，2016年，第72—99页。

③ 磁县文化馆：《河北磁县东魏茹茹公主墓发掘简报》，《文物》1984年第4期。

④ 马长寿：《论突厥人和突厥汗国的社会变革（上）》，《历史研究》1958年第3期；马长寿：《论突厥人和突厥汗国的社会变革（下）》，《历史研究》1958年第4期。

物考古研究所和蒙古国游牧文化研究国际学院组成的中蒙联合考古队，分别发掘的蒙古国后杭爱省乌贵诺尔苏木和日门塔拉城址 IA-M1 墓葬和蒙古国布尔干省达欣其楞苏木詹和硕遗址 IM5 墓葬中，出土不少带有鲜卑风格的器物。通过对两座墓葬棺木板样本的 ^{14}C 测年和出土器物的综合分析，可知两座墓葬的所属年代应在柔然时期①。以上墓葬墓主人的族属问题尚待进一步研究，但出土器物有助于推动对柔然时期漠北游牧民族生产生活方式乃至社会形态的深入研究却是可以肯定的。相信随着更多遗址遗迹的发现、发掘和发布，柔然考古学文化终究会被识别出来，并使柔然历史相关问题研究变得更加充实可靠和丰富多彩。

第二节　研 究 状 况

11—19 世纪，中国古代史家对柔然历史的探究工作即已起步，并取得了一些比较显著的成果。而在西方，19 世纪以前亦有不少涉及柔然史的研究成果问世。19—20 世纪，西方及日本史学界对柔然史持续予以关注。20 世纪 30 年代以后，中国史学界关于柔然史研究的成果也日渐丰富。中华人民共和国成立后，特别是改革开放以来，国内学者相继发表或出版了很多优秀的研究成果。截至目前，已有为数不少的论文和著作，对柔然历史或做专题研究，或进行全面探讨，其内容涉及柔然的族名族源、历史变迁、与中原政权及周边民族关系、经济类型、生产生活方式和文化习俗等诸多方面。这些研究成果，无疑为更加全面深入地探讨柔然历史打下了良好的基础。因此，有必要对中外史学界的柔然史研究工作做一回顾和总结，以期有助于相关研究进一步深入。

一、11—19 世纪中外史家对柔然历史的探究

中国古代史家对柔然历史的探究工作，肇始于宋元时期。北宋司马

① 内蒙古自治区文物考古研究所、蒙古国游牧文化研究国际学院：《2014 年蒙古国后杭爱省乌贵诺尔苏木和日门塔拉城址 IA-M1 发掘简报》，《草原文物》2015 年第 2 期；内蒙古自治区文物考古研究所、蒙古国游牧文化研究国际学院：《蒙古国布尔干省达欣其楞苏木詹和硕遗址发掘简报》，《草原文物》2015 年第 2 期。

光编著的《资治通鉴考异》（以下简称《通鉴考异》）即对一些涉及柔然的史事做有考辨。宋元之际，胡三省又在其《资治通鉴音注》（以下简称《通鉴音注》）中，进一步辨析了不少涉及柔然历史的问题。《通鉴考异》和《通鉴音注》中对涉及柔然历史问题所做的考辨，分别分布在时代和具体年代不同的《晋纪》《宋纪》《齐纪》《梁纪》等篇目中①。由于《资治通鉴》本身系编年体通史，涉及年代较多且内容庞杂，所以《通鉴考异》《通鉴音注》中有关柔然的内容主题各不相同。对于治柔然史而言，司马光《通鉴考异》和胡三省《通鉴音注》中的相关内容，均值得重视。南宋史炤撰有《资治通鉴释文》30 卷。其中，卷 11 至卷 18 对与柔然有关的一些地名、人名、政治名号进行了解析②。元代耶律铸的《双溪醉隐集》在释涿邪山地名变化时，曾就柔然族名问题做了考察③。这些内容，亦属宋元史家对柔然历史及相关问题的探究之作。

明末清初，顾炎武《日知录》卷 26《汉书》中已经注意到了"《后周书》'蠕蠕'并作'茹茹'，惟《列传二十五》卷独作'蠕蠕'"的现象，但未从文献学的角度出发，对其原因进行深入剖析④；同书卷 27《通鉴注》还对胡三省关于"请敕蠕蠕主阿那瓌发兵东趋下口"史文中的"下口"指"飞狐口"的传统认识提出了不同的见解，认为"此即居庸关下口"⑤。另外，王夫之《读通鉴论》、顾祖禹《读史方舆纪要》等著述中，或对柔然历史问题阐发议论，或对与柔然有关历史地理问题做有考辨，亦值得后世研究者参考和借鉴⑥。

清代，素有"乾嘉考史三大家"之称的王鸣盛、钱大昕和赵翼，皆对与柔然历史相关的问题做有考辨。王鸣盛《十七史商榷》关于南北诸

---

①（北宋）司马光编著，（元）胡三省音注：《资治通鉴》，中华书局点校本，1956 年。

②（南宋）史炤：《资治通鉴释文》，清光绪五年（1879）《十万卷楼丛书》本。

③（元）耶律铸：《双溪醉隐集》卷 2《后凯乐歌九首·涿邪山》，清乾隆四十九年（1784）吴长元抄本，第 10a 页。

④（清）顾炎武：《日知录》卷 26《汉书》，清康熙三十四年（1695）潘耒遂初堂刻本，第 6a 页。

⑤《日知录》卷 27《通鉴注》，第 53b 页。

⑥（明）王夫之：《读通鉴论》，中华书局点校本，1975 年；（清）顾祖禹撰，贺次君、施和金点校：《读史方舆纪要》，中华书局点校本，2005 年。

史所载柔然名号的不同形式均取自其相近读音的认识，以及对《北史》抄录《魏书》过程中产生的部分讹误、脱文的归纳多能成立，结论也颇具参考价值[①]。赵翼《廿二史札记》亦就北魏献文帝拓跋弘曾以“太上皇帝”身份“躬御戎车”，讨伐柔然，以及高澄收继嫁予其父高欢的阿那瓌次女“蠕蠕公主”等史事进行了考察[②]；《陔余丛考》则对《魏书》《北史》记载柔然史事的差异，《北史》抄录、删减《魏书》中部分关于柔然历史的内容时出现错漏，以及《南史》《北史》皆立有《蠕蠕传》等现象做了辨析和评述[③]。钱大昕的很多著述亦不乏考证与柔然有关的内容。例如，钱氏在《廿二史考异》不同卷次中，分别就柔然名号的不同汉字音写形式、同一姓氏或人名的不同汉字音写形式、《北史·后妃传》中“蠕蠕”“茹茹”并用等现象做有辨析[④]；《十驾斋养新录》则运用汉语音韵学的手段，对诸史所载柔然族名的差异问题做有探讨[⑤]。此外，18 世纪中叶至 19 世纪以后，不少致力于西北史地学研究的清代学者在其著述中，亦对与柔然历史有关的边疆地理问题有或多或少的涉及。例如，沈垚《六镇释》即对北魏为防御柔然构筑的沃野镇（故址在今内蒙古自治区巴彦淖尔市境内）、怀朔镇（故址在今内蒙古自治区包头市固阳县城圐圙古城）、武川镇（故址在今内蒙古自治区呼和浩特市武川县境内）、抚冥镇（故址在今内蒙古自治区乌兰察布市四子王旗境内）、柔玄镇（故址今内蒙古自治区乌兰察布市察右中旗塔布胡同古城，一说在今内蒙古自治区

---

① （清）王鸣盛撰，陈文和、王永平、张连生等校点：《十七史商榷》卷 64《南史合宋齐梁陈书十二》“芮芮蠕蠕”条、卷 66《北史合魏齐周隋书二》“两处语皆未完”条，凤凰出版社，2008 年，第 406、423 页。

② （清）赵翼：《廿二史札记》卷 13《太上皇帝》、卷 15《北齐宫闱之丑》，上海古籍出版社，2011 年，第 251、286、287 页。

③ 《陔余丛考》卷 8《〈北史〉与〈魏书〉互异处》《〈北史〉删〈魏书〉太简处》、卷 9《〈南、北史〉复传》《〈北史〉叙事失检处》，第 153、155、165、166、172、173 页。

④ （清）钱大昕撰，陈文和、张连升、曹明升校点：《廿二史考异》卷 22《晋书五》“冯跋载记”条、卷 28《魏书一》“皇后传”条、卷 30《魏书三》“目录序”条，卷 38《北史一》“魏本纪二”“后妃下”条，卷 39《北史二》“袁翻传”条，凤凰出版社，2008 年，第 304、375、406、407、488、493、507 页。

⑤ （清）钱大昕著、杨勇军整理：《十驾斋养新录》卷 4《需有耎音》，上海书店出版社，2011 年，第 66、67 页。

乌兰察布市察右后旗白音察干古城）、怀荒镇（故址在今河北省张家口市张北县境内）等“六镇”的名称、自西向东次序及其各自大致所处地域等问题做了颇具影响力的考证，其结论至今仍为学界主流观点[①]。

综上所述，在11—19世纪的数百年时间里，中国古代史学家对柔然历史问题的探究工作取得了较好的成绩。但无论研究方法还是论证过程，此类成果皆属于中国传统史学的范畴，与近代意义上的史学研究还存在着比较显著的差异。

需要指出的是，至18世纪中叶以后，西方史学家对柔然及阿哇尔（Avar）历史问题的探究工作亦已起步。18世纪50年代，法国学者德经（Joseph De Guignes）的《匈人、突厥、蒙古人及其他西方鞑靼人的通史》一书，首次提出柔然即西方文献所载之阿哇尔的观点[②]。18世纪70—80年代，英国历史学家爱德华·吉本（Edward Gibbon）《罗马帝国衰亡史》一书探讨了突厥崛起前曾役属于Geaugen人，后来，在向Geaugen可汗家族求婚遭到拒绝后转而与中国中原王朝联姻，最终取代Geaugen称霸草原的历史[③]。通过与中国史籍的对比，可知Geaugen应为中国史籍所载之柔然。此后百余年间，西方史学界多有持阿哇尔即柔然论者，对19世纪末20世纪初以后西方乃至日本史学界的柔然史研究工作，产生了比较深远的影响。

二、20世纪中外研究者对柔然历史的研究

域外史学界运用近代史学研究的理论与方法对柔然历史问题进行研究的工作较国内学界起步为早。19世纪末20世纪初，西方汉学在法国汉学家沙畹（Edouard Chavannes）等的倡导下，逐渐走向语言学、文学、哲学、宗教学和历史学综合研究的发展道路，形成了现代化的专门学科。

---

① （清）沈垚：《落帆楼文集》卷1《前集·六镇释》，1918年《吴兴丛书》本，第1a—3b页。

② Joseph De Guignes. *Histoire générale des Huns, des Turcs, des Mongols et des aurtes Tartares occidentaux.* Avec Approbation Privilége du Roi. Chez Desaint & Saillant, 1758.

③ 〔英〕爱德华·吉本著，席代岳译：《罗马帝国衰亡史》（第4卷），吉林出版集团有限责任公司，2008年，第155—162页。

沙畹《西突厥史料》一书对“突厥帝国之建立及蠕蠕嚈哒之破灭”“西方载籍中之蠕蠕”等问题做了探讨，并认同真阿哇尔人源于柔然的观点[①]。德国汉学家马迦特（J. Marquart）亦从可汗的政治名号和东西方史书的相关记载出发，论证了阿哇尔即西迁柔然的观点[②]。英国汉学家巴克尔（E. H. Parker，汉名庄延龄），则对阿哇尔即柔然的观点提出了挑战，认为阿哇尔应为中国史籍所载之悦般[③]。伯希和（Paul Pelliot）撰写的不少文章对柔然历史有所涉及，很多见解颇为独到，值得关注。例如，在伯希和看来，柔然语是一种“蒙古语”，应存在名词以 -t 结尾表示“复数”现象，汉语“突厥”一词的对音“Dürküt”即“Türk”的复数形式，该词音译自柔然语[④]；柔然一词的原始读音应为与“Žüäžän”相类的读音[⑤]。俄裔美国学者卜弼德（Peter A. Boodberg）《胡天汉月方诸》《拓跋魏的语言》《北朝史旁注》等论文或学术著作，亦对一些涉及柔然历史的问题做了辨析和考证，具有较高参考价值[⑥]。

进入 20 世纪以后，白鸟库吉、藤田丰八、内田吟风等日本学者，均在柔然历史相关研究领域有所建树。白鸟库吉在 20 世纪初出版的《东胡民族考》下篇之《蠕蠕考》中，运用比较语言学和审音勘同的方法，对柔然的居地、族属以及部分人名、可汗号、职官名等做有考证[⑦]。1923 年，藤田丰八在《东洋学报》发表的《关于蠕蠕的国号及可汗号》一文，亦运用比较语言学和审音勘同等方法，就柔然名号及历代可汗的专属可

① E. Chavannes 著，冯承钧译述：《西突厥史料》，商务印书馆，1934 年，第 156—166 页。

② J. Marquart. *Eranšāhr nach der Geographie des Ps. Moses Xorenaci*. Berlin, 1901.

③ 〔英〕巴克尔著，向达、黄静渊译：《鞑靼千年史》，商务印书馆，1936 年，第 103—116 页。

④ 〔法〕伯希和著，冯承钧译：《汉译突厥名称之起源》，《西域南海史地考证译丛二编》，商务印书馆，1962 年，第 48—53 页。

⑤ 〔法〕伯希和著，冯承钧译：《库蛮》，《西域南海史地考证译丛二编》，第 14—18 页。

⑥ Compiled by Alnn P. Cohen, *Selected Works of Peter A. Boodberg*. University of California Press Berkeley and Los Angeles, California University of California Press, Ltd.1979.

⑦ 〔日〕白鸟库吉著，方壮猷译：《东胡民族考》下《蠕蠕考》，商务印书馆，1934 年，第 65—84 页。

汗号问题进行了研究[①]；此文后被收录于藤田丰八1943年出版的《东西交涉史研究》一书[②]。1950年，内田吟风在日本东洋史学会主办的《羽田博士颂寿纪念东洋史论丛》发表的《柔然史序说》（又名《柔然族研究》）就柔然族源、可汗号、文化习俗等问题进行了探讨，是从民族史的角度出发，相对系统、全面地研究柔然历史的开山之作；此后发表的《柔然族研究》《蠕蠕、芮芮传笺注》《关于蠕蠕侵入寄多罗月氏所领薄罗城》《关于柔然灭亡的年代》《柔然阿哇尔同族论考》等学术论文，对柔然的族名、族源、部分政治名号、山川地名，以及柔然与西域的关系、柔然在蒙古草原的最终消亡时间、柔然的去向等问题进行了考察，提出不少值得借鉴的观点。内田吟风关于柔然研究的著述，后多收录其所著《北亚史研究·鲜卑柔然突厥篇》一书[③]。此外，松田寿男《古代天山的历史地理学研究》[④]、前田正名《平城历史地理学研究》[⑤]、杉山正明《游牧民的世界史》[⑥]，以及护雅夫《古代突厥民族史研究Ⅰ》《古代突厥民族史研究Ⅱ》《古代突厥民族史研究Ⅲ》《古代游牧帝国》等著述[⑦]，亦对与柔然有关的部分历史问题做有探讨。

20世纪初，以梁启超发表《中国史叙论》《新史学》等著述为标志的“新史学”思潮的形成，被视作中国近代史学的开端[⑧]。然而，此间柔然历史及相关问题的研究却未能引起学界应有的重视，鲜有相关研究成

---

① 〔日〕藤田豊八：《蠕蠕の国號及び可汗號につきて》，《東洋学報》1923年第13卷第1号。

② 〔日〕藤田豊八：《東西交涉史の研究》卷下“西域篇及附篇”，荻原星文館，1943年，第187—209页。

③ 〔日〕内田吟風：《北アジア史研究·鲜卑柔然突厥篇》，同朋社，1975年。

④ 〔日〕松田寿男著，陈俊谋译：《古代天山的历史地理学研究》，中央民族学院出版社，1987年。

⑤ 〔日〕前田正名著，李凭等译：《平城历史地理学研究》，上海古籍出版社，2012年。

⑥ 〔日〕杉山正明：《遊牧民から見た世界史》，日本経済新聞社，1997年。

⑦ 〔日〕護雅夫：《古代トルコ民族史研究Ⅲ》，山川出版社，1997年；〔日〕護雅夫：《古代トルコ民族史研究Ⅰ》，山川出版社，1967年；〔日〕護雅夫：《古代トルコ民族史研究Ⅱ》，山川出版社，1992年；〔日〕護雅夫：《古代遊牧帝国》，中央公論社，1976年。

⑧ 张越：《论中国近代史学的开端与转变》，《史学理论研究》2017年第4期。

果问世。首倡“新史学”的梁启超在《中国历史上民族之研究》一文中即提出“柔然兴亡皆暂，于我民族之化合，影响盖细”的观点[①]。可见，这种局面的出现，应与当时的社会思潮有关。此间，仅恪守乾嘉考据之学研究方法与清季西北边疆史地学治史传统的丁谦对柔然历史及相关问题做了零星考证。在丁氏所撰69卷《蓬莱轩舆地丛书》（亦称《浙江图书馆丛书》）中，《梁书夷貊传地理考证》[②]及《魏书外国传补地理考证》[③]等篇目皆有关于柔然历史相关问题的研究成果，涉及柔然起源、族属、柔然汗国的疆界，以及与柔然有关的部分山川、河流、交通道路的地理位置及名号变迁等问题。

20世纪30—40年代，柔然历史及相关问题逐渐引起了中国史学界的重视。1937年，冯家昇在《禹贡半月刊》第7卷第8、9期合期发表《蠕蠕国号考》一文，对柔然族名的不同汉字音译形式做了系统考察，认为“芮芮”是南朝人对柔然的称谓，其余为北朝人对柔然的称谓，“茹茹”则为柔然的“自称之辞”[④]。此间出版的吕思勉《中国民族史》《吕著中国通史》《两晋南北朝史》《吕思勉读史札记》等著作，亦对柔然历史有所涉及，内容涵盖了柔然的族源、历史变迁、部众的来源，以及柔然与匈奴、鲜卑、敕勒诸族的关系等诸多领域[⑤]。需要特别指出的是，《吕思勉读史札记》中很多涉及柔然历史问题的内容，虽然与其他著述的文字相重合，但吕氏治史多从撰写札记入手，很多论文及著作都是在有计划阅读和撰写札记的基础上，进一步融会贯通而成，故而学术价值亦不可忽视。

---

① 梁启超：《国史研究六篇》卷2《中国历史上民族之研究》，中华书局，1944年，第28页。

② 丁谦：《梁书夷貊传地理考证》，《浙江图书馆丛书》（第1集），1915年浙江图书馆校刊，第19a页。

③ 丁谦：《魏书外国传补地理考证》，《浙江图书馆丛书》（第1集），第1a—7a页。

④ 冯家昇：《蠕蠕国号考》，《禹贡半月刊》1937年第7卷第8、9合期。

⑤ 吕思勉：《中国民族史》，中国大百科全书出版社，1987年，第66、67页；吕思勉：《吕著中国通史》，新华出版社，2016年，第327、328页；吕思勉：《两晋南北朝史》，上海古籍出版社，2005年，第316—322、784—792页；吕思勉：《吕思勉读史札记》（增订本）丙帙《魏晋南北朝》“柔然”“北族辫发”条，上海古籍出版社，2005年，第982、983页。

20世纪50—60年代初，中国学界对柔然史资料整理、汇集等领域的研究工作颇有进展。1959年出版的《历代各族传记会编》第二编《晋书南北史八书部分》中，收录了《宋书》《南齐书》《梁书》《南史》《北史》等书中的柔然专传，并以按语的形式注有诸史异同或历代史家对重要问题的看法[①]。1962年出版的《柔然资料辑录》，对历代正史中的柔然专传、各类体裁史书的柔然人物传记、柔然散见资料及柔然人物墓志等均有收录，同时对不同史文及相关重要历史事件做了必要的注释。

20世纪60—70年代，由于众所周知的原因，柔然历史及相关问题研究陷入停滞状态。

20世纪70年代末至90年代，中国史学界在柔然史研究领域取得了丰硕成果。1979年，亦邻真发表《中国北方民族与蒙古族族源》一文，全面系统考察了中国古代北方民族和蒙古族的历史源流、发展脉络等问题，并指出柔然可汗家族郁久闾氏虽然出自东胡系，但柔然汗国的大部分臣民却来自突厥语族各部[②]。目前,此观点已成为中外学界的主流观点。进入20世纪80年代以后，中国学界在柔然来源问题方面发表的专题论文，还有曹永年《柔然源于杂胡考》《关于柔然人的民族成分——答〈蒙古族源之新探〉》，苏日巴达拉哈《蒙古族源之新探》，陈发源《柔然族源探讨》等[③]。

20世纪八九十年代至2000年，中国学界发表涉及柔然史其他研究领域的专题论文较多，取得了不少新进展。其中，专门探讨或涉及柔然族名或其他专有名词方面的学术论文，主要有周伟洲《关于云冈石窟的〈茹茹造像铭记〉》，钟兴麒《丁零、高车、柔然、敕勒和铁勒考辨》，周

① 中央民族学院研究部编：《历代各族传记会编》，中华书局，1959年，第1578、1664—1666、1713、1884、2025—2043页。

② 亦邻真：《中国北方民族与蒙古族族源》，《内蒙古大学学报》（哲学社会科学版）1979年第Z2期。

③ 曹永年：《柔然源于杂胡考》，《历史研究》1981年第2期；苏日巴达拉哈：《蒙古族源之新探》，《内蒙古社会科学》1981年第5期；曹永年：《关于柔然人的民族成分——答〈蒙古族源之新探〉》，《内蒙古师大学报》1985年第2期；陈发源：《柔然族源探讨》，《学术月刊》1985年第11期。

建奇《释“木骨闾”》《柔然族名试释》，张久和《东胡系各族族名研究及其存在问题——兼谈译名研究的可行性条件》等[①]；柔然与中原政权关系研究的专题论文，主要有田建平《略论柔然与北魏的关系》、崔明德《柔然与中原王朝的和亲》、张金龙《北魏中后期的北边防务及其与柔然的和战关系》、周松《柔然与南朝关系探略》等[②]；涉及柔然与“高车国”及西域诸国关系研究的专题论文，主要有段连勤《我国历史上的高车族及其反抗柔然汗国统治的斗争》、余太山《柔然与西域关系述考》、何俊芳《高车与柔然关系新论》、王欣《麹氏高昌王国与北方游牧民族的关系》、薛宗正《柔然汗国的兴亡——兼论丁零、铁勒系族群的西迁与崛起》等[③]；涉及或专门探讨柔然政治、经济、文化的论文，主要有周伟洲《关于柔然社会经济和政治制度的初步研究》，张久和、傅宁《东胡系各族发式考辨》等[④]；柔然人物研究方面的专题论文，主要有田建平《论

① 周伟洲：《关于云冈石窟的〈茹茹造像铭记〉——兼谈柔然的名号问题》，《西北大学学报》（哲学社会科学版）1983 年第 1 期；钟兴麒：《丁零、高车、柔然、敕勒和铁勒考辨》，《青海民族学院学报》（社会科学版）1988 年第 2 期；周建奇：《释“木骨闾”》，《内蒙古大学学报》（哲学社会科学版）1987 年第 1 期；周建奇：《柔然族名试释》，《内蒙古大学学报》（哲学社会科学版）1988 年第 1 期；张久和：《东胡系各族族名研究及其存在问题——兼谈译名研究的可行性条件》，《内蒙古大学学报》（哲学社会科学版）1996 年第 1 期。

② 田建平：《略论柔然与北魏的关系》，《内蒙古大学学报》（哲学社会科学版）1986 年第 3 期；崔明德：《柔然与中原王朝的和亲》，《西北民族学院学报》（哲学社会科学版）1990 年第 4 期；张金龙：《北魏中后期的北边防务及其与柔然的和战关系》，《西北民族研究》1992 年第 2 期；周松：《柔然与南朝关系探略》，《青海民族学院学报》2000 年第 2 期。

③ 段连勤：《我国历史上的高车族及其反抗柔然汗国统治的斗争》，《西北大学学报》（哲学社会科学版）1982 年第 2 期；余太山：《柔然与西域关系述考》，《新疆社会科学》1985 年第 4 期；何俊芳：《高车与柔然关系新论》，《西北民族学院学报》（哲学社会科学版）1989 年第 2 期；王欣：《麹氏高昌王国与北方游牧民族的关系》，《西北民族研究》1991 年第 2 期；薛宗正：《柔然汗国的兴亡——兼论丁零、铁勒系族群的西迁与崛起》，《西域研究》1995 年第 3 期。

④ 周伟洲：《关于柔然社会经济和政治制度的初步研究》，《中国史研究》1982 年第 2 期；张久和、傅宁：《东胡系各族发式考辨》，《内蒙古社会科学》1990 年第 5 期。

阿那瓌》、陈元之《述论柔然族的社崘可汗》等①；柔然史综合研究方面的论文，主要有林幹《鲜卑族与柔然族》、周伟洲《柔然的兴起及其内部的氏族部落组成》、沁达木尼《[illegible]》、亦邻真《柔然拾零》等②；考古资料方面，磁县文化馆1984年发表的《河北磁县东魏茹茹公主墓发掘简报》公布了磁县东魏茹茹公主墓出土的大量器物，汤池《东魏茹茹公主墓壁画试探》、周伟洲《河北磁县出土的有关柔然、吐谷浑等族文物考释》等文分别就该墓壁画、墓志及出土器物做了探讨③。此外，余太山《柔然、阿瓦尔同族论质疑——兼说阿瓦尔即悦般》，在对柔然与阿哇尔同源的观点提出质疑和反对意见的同时，进一步论证了巴克尔关于阿哇尔系悦般的观点④。

除专题或涉及柔然历史研究诸领域的论文外，此间还出版了三部以柔然历史为主要研究对象的专著。1983年，周伟洲《敕勒与柔然》一书出版⑤。作为国内第一部以敕勒、柔然两个民族的历史为主要研究对象的学术著作，《敕勒与柔然》一书具有开创性意义，颇具参考价值。潘国键《北魏与蠕蠕关系研究》以北魏与柔然关系为主要研究内容，于1983年通过香港中文大学哲学博士学位论文答辩，1988年由台湾商务印书馆出版⑥。潘国键前揭书根据文献记载制作的反映北魏与柔然战争、朝贡、和亲、降附关系的"北魏与蠕蠕关系简表附帝纪资料录"，以及以时代为序、全面反映柔然历史脉络和兴衰演变的"蠕蠕兴衰简表"等

---

① 田建平：《论阿那瓌》，《内蒙古大学学报》（哲学社会科学版）1990年第3期；陈元之：《述论柔然族的社崘可汗》，《兵团党校论坛》1995年第4期。

② 林幹：《鲜卑族与柔然族》，《历史教学》1980年第12期；周伟洲：《柔然的兴起及其内部的氏族落组成》，《西北历史资料》1982年第1期；[illegible] 1986，3。[illegible] 1992，1。

③ 磁县文化馆：《河北磁县东魏茹茹公主墓发掘简报》，《文物》1984年第4期；汤池：《东魏茹茹公主墓壁画试探》，《文物》1984年第4期；周伟洲：《河北磁县出土的有关柔然、吐谷浑等族文物考释》，《文物》1985年第5期。

④ 余太山：《柔然、阿哇尔同族论质疑——兼说阿瓦尔即悦般》，《文史》（第24辑），中华书局，1985年，第97—114页。

⑤ 周伟洲：《敕勒与柔然》，上海人民出版社，1983年。

⑥ 潘国键：《北魏与蠕蠕关系研究》，台湾商务印书馆，1988年。

内容，多有助于后继的研究者参考和使用。但由于著者多站在北朝的立场上看待问题，有着明显褒北魏贬柔然的思想倾向，对柔然历史地位的评价有失公允。1997 年出版的陶克涛《毡乡春秋·柔然篇》一书，不仅在内容上对柔然族名、来源、政治、经济、军事、文化等诸多领域均有涉足，而且介绍了一些可资参考的前人相关研究成果，具有一定参考价值。但由于著者试图证实匈奴、柔然、蒙古之间存在渊源关系，在论述史事的过程中有时刻意选择有利于己的部分研究资料，并忽视或否定不利于己的史料，故而提出的很多观点都自相矛盾，难以自圆其说，有些甚至是缺乏依据或毫无根据的臆测[①]。另外，20 世纪 80—90 年代出版的翁独健主编《中国民族关系史纲要》，周伟洲《中国中世西北民族关系研究》，周清澍主编《内蒙古历史地理》，张碧波、董国尧主编《中国古代北方民族文化史·民族文化卷》《中国古代北方民族文化史·专题文化卷》等著述，也在有关章节对柔然历史相关问题做了详略不等的考察和论述[②]。

三、21 世纪以来中国史学界对柔然历史的研究

21 世纪以来，中国史学界对柔然史的研究在继承 20 世纪以来的题目与方法的基础上又有所突破，步入了一个崭新的阶段，呈现出研究资料日渐丰富、研究领域进一步拓展、研究成果大量涌现等趋势。

中国学界此间在柔然史研究诸领域取得的主要成果，仍多集中在柔然与中原政权及周边各族关系方面。黄泽纯《浅议降附北魏的柔然人》，徐美莉《柔然与北魏的外交礼仪》《论柔然与北魏的外交之礼》，赵晓燕《略论柔然与中原政权的关系》，胡玉春《从柔然汗国与北魏的关系看北魏北边防务的兴衰》《拓跋鲜卑与柔然的关系》，何建国、郭建菊《北魏六镇与柔然关系探析》等，是此间发表的涉及柔然与北朝关系研究的专

---

① 陶克涛：《毡乡春秋·柔然篇》，内蒙古人民出版社，1997 年。

② 翁独健主编：《中国民族关系史纲要》，中国社会科学出版社，2001 年；周清澍主编：《内蒙古历史地理》，内蒙古大学出版社，1994 年；张碧波、董国尧主编：《中国古代北方民族文化史·民族文化卷》，黑龙江人民出版社，1993 年；张碧波、董国尧主编：《中国古代北方民族文化史·专题文化卷》，黑龙江人民出版社，1995 年。

题论文[①]。曹永年《关于柔然自号“皇芮”并宣称“光复中华”——兼论十六国时期北方各族豪酋“俱僭大号，各建正朔”的潮流》一文，不仅对柔然与南朝交往的一些史事做了考察，还就柔然自我政治定位为“得华夏正统”的封建王朝的思想根源进行了剖析，认为此当与魏晋南北朝时期我国北方各族豪酋“俱僭大号，各建正朔”政治潮流的影响有关[②]。2007年，荣新江发表的《阚氏高昌王国与柔然、西域的关系》一文，探讨了阚氏高昌对柔然汗国控制丝绸之路和南北交通发挥的重要作用等问题[③]。国家提出“一带一路”倡议以来，中国史学界掀起了研究“丝绸之路”历史文化的热潮，王欣《柔然与西域》、刘宁《北燕、柔然与草原丝绸之路——从冯素弗墓出土的玻璃器谈起》、袁刚《柔然与西域相关的几个问题》《柔然经略西域的若干史事探讨》等多篇对柔然与西域及“丝绸之路”关系的专题论文相继发表[④]。此外，冯立君《高句丽与柔然的交通与联系——以大统十二年阳原王遣使之记载为中心》、李爽《高句丽与柔然关系研究》就柔然与高句丽的关系问题做了探讨[⑤]。

---

① 黄泽纯：《浅议降附北魏的柔然人》，《求索》2004年第4期；徐美莉：《柔然与北魏的外交礼仪》，《甘肃民族研究》2007年第3期；徐美莉：《论柔然与北魏的外交之礼》，《北朝研究》（第6辑），科学出版社，2008年，第29—38页；赵晓燕：《略论柔然与中原政权的关系》《烟台大学学报》（哲学社会科学版），2009年第1期；胡玉春：《从柔然汗国与北魏的关系看北魏北边防务的兴衰》，《内蒙古社会科学》（汉文版）2012年第4期；胡玉春：《拓跋鲜卑与柔然的关系》，《北魏六镇学术研讨会论文集》，内蒙古人民出版社，2015年，第197—202页；何建国、郭建菊：《北魏六镇与柔然关系探析》，《山西大同大学学报》（社会科学版）2015年第4期。

② 曹永年：《关于柔然自号“皇芮”并宣称“光复中华”——兼论十六国时期北方各族豪酋“俱僭大号，各建正朔”的潮流》，《中华文史论丛》2015年第2期。

③ 荣新江：《阚氏高昌王国与柔然、西域的关系》，《历史研究》2007年第2期。

④ 王欣：《柔然与西域》，《西北民族论丛》（第14辑），社会科学文献出版社，2016年，第27—37页；刘宁：《北燕、柔然与草原丝绸之路——从冯素弗墓出土的玻璃器谈起》，《北方民族考古》（第2辑），科学出版社，2015年，第213—220页；袁刚：《柔然与西域相关的几个问题》，《内蒙古社会科学》（汉文版）2018年第3期；袁刚：《柔然经略西域的若干史事探讨》，《东洋学》（第76辑），韩国檀国大学东洋学研究院，2019年7月。

⑤ 冯立君：《高句丽与柔然的交通与联系——以大统十二年阳原王遣使之记载为中心》，《社会科学战线》2016年第8期；李爽：《高句丽与柔然关系研究》，《地域文化研究》2018年第5期。

随着发掘或发现的碑刻资料日渐增多，以此为研究对象的专题论文数量显著增加。1999 年 7 月，山西省太原市晋源区隋代虞弘墓出土的《虞弘墓志》中蕴含着大量关于魏晋南北朝至隋代中亚及蒙古高原的历史信息，备受学界的关注[①]（图二、图三）。张庆捷《〈虞弘墓志〉中的几个问题》探讨了虞弘父子在柔然担任过的莫何去汾、莫贺弗、莫缘等官职[②]。罗丰《一件关于柔然民族的重要史料——隋〈虞弘墓志〉考》认为，虞弘家族的来源与族属应与柔然存在密切联系[③]。罗新《虞弘墓志所见的柔然官制》对志文中的莫何去汾、达官、莫贺弗、莫缘等柔然“官号”或“官称”的源流、含义、影响做有考证[④]。周伟洲《隋〈虞弘墓志〉释证》考证了虞弘出使北齐的时间、在北齐的任职情况等问题[⑤]。另外，此间还有不少以其他柔然碑刻资料为研究对象的成果问世，如张乃翥《闾伯昇墓志所见的北魏柔然》，周伟洲《新出柔然王族墓志汇释》，刘连香《东魏献武高王闾夫人茹茹公主墓志考释》，王萌、杜汉超《隋代〈郁久闾伏仁墓志〉考释》等文，皆属此类[⑥]。

此间关于柔然起源、名号、姓氏及民族流向等问题研究方面的专题论文，主要有那顺乌力吉《尼鲁温蒙古与柔然》，李树辉《尉犁地名和柔然源流考》，聂鸿音《西夏文献中的“柔然”》，任崇岳《漫话茹姓》，范正生《“楼兰”与“柔然”考辨》，乔凤岐《柔然王族迁居中原后籍贯与

---

① 山西省考古研究所、太原市考古研究所、太原市晋源区文物旅游局：《太原隋代虞弘墓清理简报》，《文物》2001 年第 1 期。

② 张庆捷：《〈虞弘墓志〉中的几个问题》，《文物》2001 年第 1 期。

③ 罗丰：《一件关于柔然民族的重要史料——隋〈虞弘墓志〉考》，《文物》2002 年第 6 期。

④ 罗新：《虞弘墓志所见的柔然官制》，《北大史学》（第 12 辑），北京大学出版社，2007 年，第 50—73、516、517 页。

⑤ 周伟洲：《隋〈虞弘墓志〉释证》，《新出土中古有关胡族文物研究》，第 103—124 页。

⑥ 张乃翥：《闾伯昇墓志所见的北魏柔然》，《河南科技大学学报》（社会科学版）2006 年第 3 期；周伟洲：《新出土柔然王族墓志汇释》，《新出土中古有关胡族文物研究》，第 72—99 页；刘连香：《东魏献武高王闾夫人茹茹公主墓志考释》，《华夏考古》2016 年第 2 期；王萌、杜汉超：《隋代〈郁久闾伏仁墓志〉考释》，《草原文物》2017 年第 1 期。

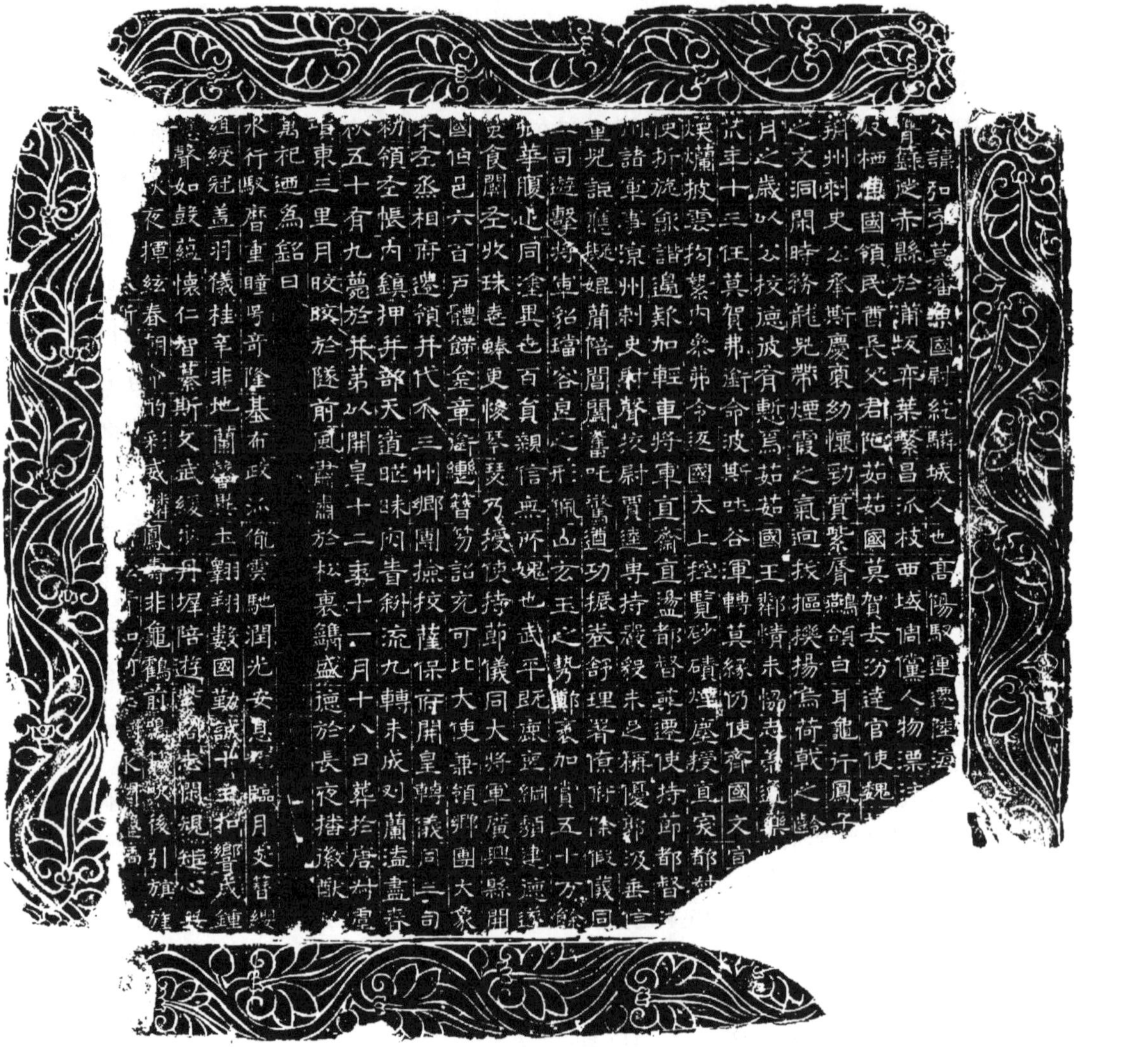

0　10厘米

图二 《虞弘墓志》拓片

（山西省考古研究所：《太原隋虞弘墓》，文物出版社，2005年，第91页，图129）

图三　山西太原隋虞弘墓部分椁壁浮雕（组图）

（山西省考古研究所：《太原隋虞弘墓》，文物出版社，2005 年，图版 20、图版 36、图版 48、图版 50）

族属的认同》等[①]；政治、经济及宗教文化研究方面的专题论文，主要有秦坚、张勇《群队：柔然汗国的滥觞》，肖爱民《试析柔然汗位的继承制度》，罗新《柔然官制续考》《高昌文书中的柔然政治名号》，杜晓宇《柔然官号中的“军将幢帅大人使人与国相国师”》，才吾加甫《柔然时期的新疆佛教》《丝绸古道上的柔然佛教研究》等[②]；综合研究方面，则有田建平《论柔然族历史及其文明》一文[③]。另外，张少珊、索雅杰《柔然史［1889—2008］研究索引》收录了百余条1889—2008年出版或发表的柔然史研究论著目录，王禹浪、寇博文《柔然研究综述》对20世纪初以来的柔然史研究成果做了较为系统的概括与评述[④]。

综上所述，中外学界长期以来在柔然史研究领域取得了不少有价值的成果。但是，对于像柔然这样一个历史影响较大，建立的政权存续时间长达150年的游牧民族而言，已有研究者和研究成果的数量相对较少，显得极不匹配。就现有状况来看，不仅全面系统的研究著作相对较少，而且一些专题研究亦存在研究深度不够、观点有失偏颇等现象。因此，可以说柔然史研究中的很多问题还有待进一步思考和完善。

---

① 那顺乌力吉：《尼鲁温蒙古与柔然》，《内蒙古民族大学学报》（社会科学版）2006年第4期；李树辉：《尉犁地名和柔然源流考》，《新疆大学学报》（哲学·人文社会科学版）2007年第2期；聂鸿音：《西夏文献中的“柔然”》，《宁夏师范学院学报》（社会科学）2010年第5期；任崇岳：《漫话茹姓》，《寻根》2016年第4期；范正生：《“楼兰”与“柔然”考辨》，《泰山学院学报》2017年第1期；乔凤岐：《柔然王族迁居中原后籍贯与族属的认同》，《江汉论坛》2017年第7期。

② 秦坚、张勇：《群队：柔然汗国的滥觞》，《中央民族大学学报》（哲学社会科学版）2006年第2期；肖爱民：《试析柔然汗位的继承制度》，《内蒙古民族大学学报》（社会科学版）2009年第4期；罗新：《柔然官制续考》，《中华文史论丛》2007年第1期；罗新：《高昌文书中的柔然政治名号》，《吐鲁番学研究》2008年第1期；杜晓宇：《柔然官号中的“军将幢帅大人使人与国相国师”》，《内蒙古社会科学》（汉文版）2010年第5期；才吾加甫：《柔然时期的新疆佛教》，《西北民族研究》2002年第4期；才吾加甫：《丝绸古道上的柔然佛教研究》，《青海民族大学学报》2017年第1期。

③ 田建平：《论柔然族历史及其文明》，《中华文明的历史与未来国际学术研讨会论文集》，河北大学出版社，2010年，第21—31页。

④ 张少珊、索雅杰：《柔然史［1889—2008］研究索引》，《赤峰学院学报》（汉文哲学社会科学版）2010年第5期；王禹浪、寇博文：《柔然研究综述》，《大连大学学报》2014年第5期。

第二章　柔然的名称与来源

中外史学界对柔然历史的关注已有时日，并取得了不少值得称道的研究成果。然而，时至今日，研究者对于柔然的名号、来源等问题的看法仍然众说纷纭、莫衷一是。因此，有必要在充分辨析文献史料和批判吸收前人研究成果的基础上，对上述问题做一考察。

第一节　柔然的名称

除“柔然”外，汉文史籍所载柔然的名称还有“芮芮”“蠕蠕”“蝚蠕”“茹茹”等多种形式。不同时期，中外研究者就各种形式的柔然名称、来历及其含义等问题各抒己见，提出了不少看法，但许多都是需要斟酌和谨慎对待的。

一、“柔然”“蝚蠕”“芮芮”“蠕蠕”“茹茹”等称号及其来历、含义

“柔然”称号始见于《魏书》的记载[①]。成书年代较此为早的《宋书》《南齐书》等南朝史籍著录的柔然称号则是“芮芮”。由于柔然始祖木骨闾出自拓跋鲜卑，加之车鹿会“始有部众”以后复又役属于拓跋鲜卑，双方之间关系密切，故而北魏方面关于“柔然”系车鹿会以后其部落“自号”的记载应属可信。《魏书·蠕蠕传》原本久已散佚，但据《太平御览》所引《后魏书》的相关记载[②]，可知今本《魏书·蠕蠕传》关于“柔然”称号及其来历的记载，是能够反映魏收原书风貌的。但南朝史书却并未记述“芮芮”称号的来历及含义，《魏书·蠕蠕传》亦未明确著录“柔然”称号的具体含义。

---

① 据《魏书·蠕蠕传》：“木骨闾死，子车鹿会雄健，始有部众，自号柔然，而役属于国。”参阅《魏书》卷103《蠕蠕传》，第2289页。

② 《太平御览》卷944《虫豸部一·虫》，第4191页。

“蠕蠕”是目前已知来历和含义都比较明确的柔然民族名号。《魏书·蠕蠕传》：“世祖以其无知，状类于虫，故改其号为蠕蠕。”[①]可见，表示“状类于虫”之义的“蠕蠕”，系北魏太武帝拓跋焘给予柔然的侮辱性称号，属族他称。此外，在《晋书》中，柔然的称号被记作“蝚蠕”[②]；在《北齐书》《周书》《隋书》等史籍中，柔然的称号则被记作“茹茹”[③]。伯希和认为，见诸史乘的各类柔然称号，大抵“在北魏作柔然同蠕蠕，在南朝作芮芮同茹茹”[④]。查阅相关史籍可知，此部族在北魏的确作“柔然”或“蠕蠕”，但称其“在南朝作芮芮同茹茹”却有错讹，因为南朝宋、齐、梁诸史在言及柔然时，仅有“芮芮”一种称谓。鉴于从拓跋鲜卑分离的柔然人的语言应属东胡后裔诸语言的一支，可知车鹿会用作部落“自号”的“柔然”并非汉语固有词汇，而是音译的外来词。诚如冯家昇所言，“自号之音似柔然”，却“非能用‘柔然’之字面耳”[⑤]。唐代以后，不同时期成书的史籍在记录柔然称号时，或因袭南朝诸史作“芮芮”，或遵循北朝史书的记载作“蠕蠕”“茹茹”“柔然”等[⑥]。

早在清朝乾隆、嘉庆时期（1736—1820年），“芮芮”“蠕蠕”“茹茹”等系中原史家使用不同汉字对同一非汉语词汇注音的观点已为学界共识[⑦]。

---

① 《魏书》卷103《蠕蠕传》，第2289页。

② （唐）房玄龄等撰：《晋书》卷125《冯跋载记》，中华书局点校本，1974年，第3130—3133页。

③ 《北齐书》《周书》中亦有散见史料称柔然为“蠕蠕”者，多系由《北史》补缀的二史散佚篇目。

④ 〔法〕伯希和著，冯承钧译：《库蛮》，《西域南海史地考证译丛二编》，第17页。

⑤ 冯家昇：《蠕蠕国号考》，《禹贡半月刊》1937年第7卷第8、9合期。

⑥ 其中，《册府元龟》因卷次、门类及史料来源等方面的差异，分别作“蠕蠕”“芮芮”；以《魏书》《北史》《通典》中的柔然资料等为史源的《太平寰宇记》《通志》《文献通考》等文献中的柔然基本史料或散见史料多作“蠕蠕”；而司马光编纂《资治通鉴》除抄录自前代文献的直接引语外，皆作“柔然”。

⑦ 王鸣盛认为：“蠕蠕即芮芮，其本号自为柔然，魏人改称为蠕蠕。周、隋多作茹茹，宋、齐、梁则作芮芮，盖皆取其音近。”钱大昕认为：“蝚蠕即柔然也。《魏书》作‘蠕蠕’，《宋》《齐》《梁书》皆作‘芮芮’，《周书》作‘茹茹’，《北史》有《蠕蠕传》，而诸《传》间有作‘茹茹’者，盖译音无定字。”并指出，“擩”“抰”“柔”“然”“蠕”“芮”“茹”等，“皆一声之转”。《十七史商榷》卷64《南史合宋齐梁陈书十二》“芮芮蠕蠕”条，第406页；《廿二史考异》卷22《晋书五》“冯跋载记”条，第304页；《十驾斋养新录》卷4《需有耎音》，第66、67页。

通过构拟“芮芮”“柔然”“蠕蠕”“蝚蠕”“茹茹”等几组汉字在魏晋南北朝时期的音值①，可发现它们之间的确存在着内在的联系。按照王力关于先秦至隋唐日母皆读［ȵ］的观点②，柔、蝚（《广韵》俱为“耳由切”），魏晋南北朝音值可构拟为 *ȵi̯u；蠕（《集韵》“汝朱切”），魏晋南北朝音值可构拟为 *ȵi̯o；芮（《广韵》“而锐切”），魏晋南北朝音值可构拟为 *ȵi̯uæi；茹（《广韵》“人诸切”），魏晋南北朝音值可构拟为 *ȵi̯ɔ；然（《广韵》“如延切”），魏晋南北朝音值可构拟为 *ȵi̯æn。《晋书》及北朝诸史所载柔然名号的各种形式，除第二个音节为以 -n 收尾的“柔然（*ȵi̯u-ȵi̯æn）”外，“蝚蠕（*ȵi̯u-ȵi̯o）”“蠕蠕（*ȵi̯o-ȵi̯o）”“茹茹（*ȵi̯ɔ-ȵi̯ɔ）”等，皆属韵腹为后元音的汉字，应该是基于魏晋南北朝时期汉语语音特点选用的音译形式。可见，“芮芮”“蠕蠕”“茹茹”等称号应是同一词汇的不同汉字音译形式。至于南朝方面选用汉字“芮芮（*ȵi̯uæi-ȵi̯uæi）”来译写柔然名号，或与南北方言的差异有关。

高本汉（Bernhard Karlgren）认为，日母汉语的上古音［ȵ］，中古应为颚化鼻塞擦音［ȵʑ］③。据此，见诸魏晋南北朝时期汉文文献记载的各种柔然称号音值应分别构拟为：柔然（*ȵʑi̯ə̯u-ȵʑi̯ɛn）、蝚蠕（*ȵʑi̯ə̯u-ȵʑi̯u）、蠕蠕（*ȵʑi̯u-ȵʑi̯u）、茹茹（*ȵʑi̯wo-ȵʑi̯wo）和芮芮（*ȵʑi̯wɛi-ȵʑi̯wɛi）。除日母读音的［ȵʑ］、［ȵ］之别外，与依据王力《汉语语音史》构拟音值的差异，主要体现在“蠕”“茹”二字开合口上。事实上，日母读［ȵ］反

---

① 我们所采用的古汉字音值构拟，主要以《宋本广韵》（中国书店影印张氏泽存堂本，1982 年）及王力《汉语音韵学》（中华书局，1956 年）、《汉语语音史》（中国社会科学出版社，1985 年）为依据，同时参照高本汉《汉文典》（修订本，潘悟云等编译，上海辞书出版社，1997 年）、郭锡良《汉字古音手册》（增订本，商务印书馆，2010 年）及林联通、郑张尚芳《汉字字音演变大词典》（江西教育出版社，2012 年）等著录古汉字音值的著作。以下所见古汉字音值，若无特殊说明，均以王力拟音系统为准，不再赘注。

② 王力：《汉语语音史》，第 494 页。

③ 20 世纪 50 年代，王力犹认为：“在我们未能寻出一个新的韵母系统以前，自应暂用高说。”王力：《汉语音韵学》，第 47 页。在王力看来，日母从上古到中古应发生了“ȵ → ȵj → ȵʑ”的变化（王力：《汉语史稿》，中华书局，1980 年，第 50，75 页）。但王力后来又改变了自己看法，认为日母自先秦至隋唐的读音皆读作［ȵ］，五代以后则转变为［r］（王力：《汉语语音史》，第 458 页）。

映了魏晋南北朝时期南方汉语语音的规律，北方汉语语音则与此存在差异①。这与语音自身的发展演变规律和 4 世纪以后中原地区的社会环境密切相关。西晋末年的“永嘉之乱”以后，黄河流域陷入“十六国”割据称雄局面，不少中原人随晋室南迁。因此，南方汉语语音保留了一些上古音的余绪，而北方方音则在多民族交融的时空背景下发生嬗变却不无可能。

亦邻真在对比南北朝时期传入日本的南方汉语语音“吴音”、唐代传入日本的长安和洛阳一带汉语语音“汉音”的基础上，结合长庆三年（823）所立唐蕃会盟碑用藏文 r 表示日母和禅母汉字等语言现象，推定“蠕蠕、茹茹、芮芮三者其实是同一种东西。可能性最大是 *zhuzhu（ǰüǰü），可能性稍次的是 *rürü，可能性最小的是 *nünü”②。聂鸿音则基于《晋书音义》的相关记载，认为“蝚蠕”的读音应为“nyunyuen”，与“柔然”的读音“nyunyen”仅第二个音节有开合口之别，“茹茹”与“蠕蠕”（《集韵》汝朱切）的读音是完全相同的“nyunyu”；并指出，目前已知的阿尔泰语言里并无作为音位的“ñ［-ɳ］”，北朝时期与日母对应的柔然语音应为“n-”，“茹茹”读若“nyunyu”或“nyonyo”③。考虑到“芮芮”属于南朝方面的记载，则在不违背其时南方方音特点的情况下，日母不能读作［ɳʑ］，“芮芮”亦难构成 *ɳʑi̯wɛi-ɳʑi̯wɛi 形式。况且，“从北朝鲜卑人与柔然同族、地缘相近、语言相通等看，应以北朝史书所记接近柔然名号原音”④。

由于柔然屡与北魏发生军事冲突，故北魏君臣多以拓跋焘所取之“蠕蠕”名号来称谓柔然。“柔然”之名仅见于《魏书·蠕蠕传》及《北

---

① 亦邻真著，希都日古译：《柔然拾零》，《元史及民族与边疆研究集刊》（第 23 辑），上海古籍出版社，2011 年，第 179 页。按：亦邻真蒙古文原文载《内蒙古大学学报》（蒙文版）1992 年第 1 期（[illegible] 1992 · 1 ‥）；本书引述此文，皆取希都日古汉译文。

② 亦邻真著，希都日古译：《柔然拾零》，《元史及民族与边疆研究集刊》（第 23 辑），第 179 页。

③ 聂鸿音：《西夏文献中的“柔然”》，《宁夏师范学院学报》（社会科学）2010 年第 5 期。

④ 张久和：《东胡系各族族名研究及其存在问题——兼谈译名研究的可行性条件》，《内蒙古大学学报》（哲学社会科学版）1996 年第 1 期。

史·蠕蠕传》各一次，其余纪传皆作“蠕蠕”。20世纪30年代，冯家昇据云冈石窟《茹茹造像题记》所见“大茹茹国”字样，指出“茹茹国上加大字，必茹茹人自称之辞”，“茹茹一名乃北魏以后，蠕蠕进化而自择之名称，殆无可疑矣”[①]。20世纪80年代以后，北魏后期柔然人以“茹茹”为自己的称号或姓氏的观点几成定论[②]。20世纪90年代，在山西省灵丘县发现载有北魏文成帝时期史事的《皇帝南巡之颂》中[③]，有“征东大将军驸马都尉□□郡王茹茹常友”“扬烈将军内三郎灵开男茹茹命以斤”等官爵、姓名[④]。北魏时期，内迁柔然多有以“茹茹”或“茹”为姓氏者[⑤]，茹茹常有、茹茹命以斤应即以“茹茹”为姓氏的“投化蠕蠕”或者他们的后裔。此可证5世纪60年代以前，柔然已有以“茹茹”为姓氏者。但就迄今所见的文献资料和碑刻材料来看，“茹茹”作为柔然民族及政权名号出现则在6世纪初以后。可见，“茹茹”应为北魏根据柔然名号原音给予“投化蠕蠕”的不像“蠕蠕”那样具有侮辱性的汉字音写形式，后来成为柔然人用以书写本民族和政权名号时选用的汉字。北齐时期修撰的《魏书》采用“蠕蠕”这一汉字音写形式，多半由于编纂是书用时短促、未及修订所致；《北史》《南史》在涉此民族及政权名号时亦皆用“蠕蠕”这一音写形式，或与李延寿的华夷观念、政治立场等因素不无关系。

饶有趣味的是，车鹿会虽“自号柔然”，但选用这两个汉字音写的部族及政权称号所反映的并非其原始形态，而是“芮芮”“蠕蠕”“茹茹”的特殊形式。汉语音韵学研究认为，“阳阴对转”是古代汉语语音变化中的常见现象[⑥]。鉴于以“-n”收尾的阳声字多可直接变成阴声，则按

---

① 冯家昇：《蠕蠕国号考》，《禹贡半月刊》1937年第7卷第8、9合期。

② 周伟洲：《敕勒与柔然》，第84、85页。

③ 靳生禾、谢鸿喜：《北魏〈皇帝南巡之颂〉碑考察报告》，《山西大学学报》（哲学社会科学版）1994年第2期；靳生禾、谢鸿喜：《北魏〈皇帝南巡之颂〉碑考察清理报告》，《文物季刊》1995年第3期。

④ 山西省考古研究所、灵丘县文物局：《山西灵丘北魏文成帝〈南巡碑〉》，《文物》1997年第12期。

⑤ （唐）林宝：《元和姓纂》卷2《茹茹氏》、卷8《茹氏》，中华书局，1994年，第225、1206页。

⑥ 王力：《汉语音韵学》，第79页。

照“切韵系统”构拟的“柔然”读音（*ȵʑi̯əu-ȵʑi̯ɛn 或 *ȵi̯u-ȵi̯æn），以及按照《晋书音义》构拟的“蝚蠕”读音（*ȵʑi̯əu-ȵʑi̯ɛn 或 *ȵi̯u-ȵi̯uæn）和“蠕蠕”读音（*ȵʑi̯ɛn-ȵʑi̯ɛn 或 *ȵi̯uæn-ȵi̯uæn）等，理论上也可以在某些因素的作用下使“-n”尾音逐渐消失。但这种变化即便发生，也是一个长期、缓慢的过程，而“芮芮”“茹茹”两种译写形式出现的时间与“柔然”“蝚蠕”“蠕蠕”等形式出现的时代相去并不久远，以此解释柔然名号的变迁问题不免牵强。况且，即便此间“柔然”“蝚蠕”等名号第二个音节的汉字读音发生阴阳对转，却也仅能代表汉语语音单方面的变化，柔然语未必会同时发生转变。“柔然”称号既为汉字对阿尔泰语系语言词汇的音译，则其发展演变规律，以及与“芮芮”“蝚蠕”“蠕蠕”“茹茹”等形式的关系应从阿尔泰语系语言本身的特点出发加以考量。亦邻真推定，“柔然”二字所反映读音形式“可能性最大是 *zhuzhen（ǰüǰen），可能性稍次的是 *rüren，可能性最小的是 *nünen”。此外，他还通过考察古蒙古语中所见“火儿赤（qorči）”与“火儿趁（qorčin）”、“客失克秃（kešigtü）”与“怯薛丹（kešigten）”等用“-n”尾音来表示复数的现象，指出“古蒙古语的这个语法形式，或许在与蒙古语属于同一语系的柔然语中曾存在也未可知”①。聂鸿音则认为，“柔然”“蝚蠕”是在“茹茹”这一音译形式的元音词尾加上具有阿尔泰语系语言属格附加成分“-n”的基础上构成的，具有“茹茹的”“茹茹人”之义②。上述两种意见均值得参考、借鉴。据此，则“柔然”表现的是“茹茹”“蠕蠕”等的特殊形态，应殆无疑义。

二、柔然称号释义诸说评析

长期以来，中外研究者关于柔然称号释义问题的看法，仁者见仁，智者见智。具体而言，大约有虫蛇说、异族说、贤明说、达怛说、法则说、艾草说、燕然—尼伦—山脊说、北域说、“长发不髟”说、尉犁说、楼兰说等十余种观点。

---

① 亦邻真著，希都日古译：《柔然拾零》，《元史及民族与边疆研究集刊》（第 23 辑），第 179 页。

② 聂鸿音：《西夏文献中的“柔然”》，《宁夏师范学院学报》（社会科学）2010 年第 5 期。

（一）虫蛇说与异族说

20世纪初，沙畹提出拜占庭史书中的“kermichions”或“Hermichions”为“Massagetes”的波斯语读法，是来源于回鹘并假阿哇尔名义的乌罗浑人；并接受马迦特关于“kermichions”由“kerm与Hyaonas二字结合而成”的观点，用伊兰语解释“Kerm”为“虫”，把“Hyaonas”视作“蠕字之对音，而虫字之训”，将之与汉文史书关于拓跋焘“改其号为蠕蠕”的记载联系起来，认为：“夫蠕蠕应为真阿哇尔族……则乌罗浑至欧洲之时，既假阿哇尔之名，亦得假用波斯人所称蠕蠕之kermichions一名也。”[①]1958年，联邦德国出版的刘茂才《东突厥汉文史料》一书，著录了舍德尔（Schaeder）未公开发表的阿哇尔名号的词根意为“蛇”或者“蛇的蒙古语abarga”的观点[②]。20世纪60年代以后，内田吟风亦承此说，认为阿哇尔、柔然皆有“虫”“蛇”义并非偶然，拓跋焘称柔然为“蠕蠕”与其称号本来就有abarga（蛇）、qut（虫、狼）的寓意有关[③]。

《魏书·蠕蠕传》关于拓跋焘因厌恶柔然而改其名号用字的记载，使“蠕蠕”成为目前唯一已知来历和释义都比较明确的柔然称号；但“柔然”本身既为族自称，则其原始含义显然应不会带有“无知”“状类于虫”等侮辱性寓意。因此，用“虫”“蛇”等来解释柔然称号的真正含义，缺乏直接的史料依据和足够的语言学证据，结论并不可靠。至于阿哇尔是否确与柔然存在渊源关系，以及阿哇尔称号有无“虫”“蛇”之义等问题，则应另做讨论。豪西希（H. W. Haussig）即认为，“Kerm”虽然确实有波斯语“虫”的含义，但“kermichion”所指应系阿姆河以北的阿尔泰语系各民族[④]。此外，见诸唐代文献的乌罗浑又作乌罗护，“是北朝

① E. Chavannes著，冯承钧译述：《西突厥史料》，第165、166页。

② Liu Mau-tsai., *Die chin. Nachrichten zur Gesch. d. Ost-Türken*, 1958.

③ 〔日〕内田吟風：《柔然（蠕蠕）アヴァール同族論考》，《北アジア史研究・鮮卑柔然突厥篇》，第403、404页。

④ H. W. Haussig, Die Quellen über die zentralasiatische Herkunft der europäischen Awaren, *CAJ*. II(2).

乌洛侯的延续”[①]，沙畹关于乌罗浑为假阿哇尔人的观点亦难以成立。

豪西希主张，“柔然”为阿尔泰语言“ǰoǰin”的音译，意为“异族人”“异国人”，非柔然人自称，而是北魏统治者给予的称号[②]。但这与《魏书·蠕蠕传》关于“柔然”是柔然人之“自号”的明确记载明显相悖。况且以“异族”或“异国人”来解释柔然人用作“自号”的含义，也难以取信于人。

（二）贤明说和达怛说

白鸟库吉认为，“柔然”称号系车鹿会“自命”，则“其取意嘉好，不待言也”，遂将“柔然”“芮芮”“茹茹”“大檀”“檀檀”一律解释为蒙古语“čečen（sečen）”的对音，言此“原为车鹿会个人自称之尊号，后遂移为国号者也。又柔然第三代君主名大檀者，亦与蠕蠕、柔然等同为tsetsen一语之转讹也”，有“贤明”“聪明”之义[③]。白鸟库吉主要的依据是《宋书·芮芮虏传》关于“芮芮一号大檀，又号檀檀”的记载[④]。然而，“大檀”是柔然可汗的名字[⑤]，《宋书·芮芮虏传》的记载显然存在将人名与民族或政权等同起来的讹误。白鸟库吉既知“大檀”系人名，却仍将两者等同起来，是缺乏文献依据的大胆发挥。

白鸟库吉随意将“大檀”“檀檀”“柔然”“芮芮”与“čečen（sečen）”勘同，在语言学上也是站不住脚的。魏晋南北朝时期大檀（*da-dan或*dai-dan）、檀檀（*dan-dan）读音和芮芮（*ȵi̯uæi-ȵi̯uæi）、柔然（*ȵʑi̯ə̯u-ȵʑi̯ɛn或*ȵi̯u-ȵi̯æn）并无必然联系。而且，畏兀体蒙古文、八思巴字资料和汉字代字都揭示“sečen”一词在元代有s和c两个辅音，“čečen”则是明代以后出自蒙古卫拉特方言的读法[⑥]。

---

① 张久和：《原蒙古人的历史：室韦—达怛研究》，高等教育出版社，1998年，第53、54页。

② H. W. Haussig, Theophylaktes Exkurs über die Skythischen Völker, *Byzantion*. XXIII,1953.

③〔日〕白鸟库吉著，方壮猷译：《东胡民族考》下《蠕蠕考》，第67—71页。

④《宋书》卷95《芮芮虏传》，第2357页。

⑤《北史》卷98《蠕蠕传》，第3252页。

⑥ 亦邻真著，希都日古译：《柔然拾零》，《元史及民族与边疆研究集刊》（第23辑），第180页。

达怛说亦以《宋书·芮芮虏传》关于柔然“一号大檀，又号檀檀”的记载为依据，将“大檀”“檀檀”等看作“达怛”的不同音译形式。20世纪30年代，方壮猷《鞑靼起源考》一文提出“鞑靼民族为柔然之苗裔”“鞑靼为大檀之异译”“柔然之号大檀，号檀檀，必始于大檀在位以后矣”等主张，认为柔然汗国灭亡后，部分柔然部众东迁至室韦人的活动地域，因依附室韦而被突厥人称为“大檀室韦”“大室韦”“大檀”等①。20世纪80年代出版的《室韦史研究》承袭此说，认为“大室韦应是柔然的一部，原称‘檀檀’，或‘大檀’，取其首音而称‘大室韦’”，又称“鞑靼起源甚早，盖源于南北朝柔然之别称‘檀檀’”②。但以达怛为大檀、檀檀的同音异译以及以大室韦为东迁柔然余部等观点并不可靠，据此将达怛族源与柔然联系起来的做法，亦值得商榷。

“达怛”音译自古代突厥文的“Tatar”一词，始见于唐开元二十年（732）所立《阙特勤碑》。“Tatar”的某些汉字译音形式确与大檀（*da-dan或*dai-dan）、檀檀（*dan-dan）音形接近，但以此论证它们寓意相等的前提，必须是史书对柔然“一号大檀，又号檀檀”的记载真实可靠，并且有充分证据证明柔然与达怛之间确实存在同源关系。然而，《宋书·芮芮虏传》所载的这种说法却被证明是错误且缺乏明确来源的孤证，况且以大檀（*da-dan或*dai-dan）、檀檀（*dan-dan）译写“Tatar”，也与汉字译写外来语虽可用清齿音来译写浊齿音，但词中应夹有浊音的译音规律不符③。

---

① 方壮猷：《鞑靼起源考》，《国学季刊》1932年第3卷第2期。

② 孙仁秀、孙进己、郑英德等：《室韦史研究》，北方文物杂志社，1985年，第87、110页。

③ 对此，伯希和早已指出：“至若大檀同檀檀，要为柔然一个可汗的名，或其有几种史文误以之为民族的称号。然而还有一种不能将大檀同檀檀与鞑靼对比的理由，因为中国人虽然时常将突厥语的浊齿音发声的字写作清音（若将tarqan听作达干，darqan，将türküt听作突厥，dürküt，将tatar听作鞑靼，datar之类），我还不知道在中间用清音译法的例子。考嗢昆河突厥碑，业已著录Tatar。中国译写的鞑靼对音，应读若datar。质言之，用一个清齿音发声，可是中间夹杂着一个浊音。至若大檀同檀檀两字的中间，是一个清音，所以我以为不能将大檀或檀檀同鞑靼对比。”以上内容，参阅〔法〕伯希和著，冯承钧译：《库蛮》，《西域南海史地考证译丛二编》，第17、18页。

（三）燕然 - 尼伦 - 山脊说

周建奇认为，今蒙古国境内的杭爱山即古燕然山，杭爱山的蒙古语形式为“Хангай Нуруу”，“尼伦”（又作“尼鲁温”等，niruγun）的含义与“Нуруу（н）”同，柔然是“Нуруу（н）”的对音，意为“脊背”“山脊”“山脉”，试图借此“使柔然与成吉思汗所从出的蒙古尼伦部有了联系”①。陶克涛亦认为，柔然“或者是蒙古语‘也柔然’（lrogol）的简化，义为山腹、地盘、台等”，“柔然”这一译写形式是对“燕然”一词的窜改②。近年来，那顺乌力吉又试图从“历史语言学和文化学的角度”出发，论证尼鲁温（niruγun）蒙古勒与柔然（蠕蠕）木骨闾之间可能存在一定联系③。此外，从20世纪80年代末90年代初开始，部分蒙古国研究者亦持柔然即尼伦蒙古之说，意在将柔然与蒙古历史联系起来④。虽然车鹿会至社崙以前，柔然已在大漠南北间迁徙游牧，但此间杭爱山一带是敕勒诸部及部分匈奴余部的活动地域，直到北魏天兴五年（402）以后才被纳入柔然势力范围。由于柔然得名远早于其国土囊括杭爱山之时，所以“柔然名号与杭爱山并无关系”⑤，况且燕然山是否即杭爱山还有待商榷⑥。

5世纪中叶，与蒙古起源密切相关的室韦部落始与中原王朝建立联系，其时柔然汗国早已雄踞漠北。而室韦蒙兀部作为“蒙古（Mongγol）”一词最早的汉字译写形式出现在唐代时，柔然汗国早已灭亡。此外，也没有直接证据表明柔然余部有大规模东迁并融入室韦部落的现象。可见，言柔然即尼伦（或尼鲁温）、木骨闾即蒙古，亦属无稽之谈。“尼伦”是指成吉思汗十世祖母阿阑豁阿的“贞洁之腰”，尼伦蒙古系阿阑豁阿“感光而生”的三子的后裔组成的部落和氏族，迭儿列勤（darakīn-derlgin）

---

① 周建奇：《柔然族名试释》，《内蒙古大学学报》（哲学社会科学版）1988年第1期。

② 陶克涛：《毡乡春秋·柔然篇》，第46页。

③ 那顺乌力吉：《尼鲁温蒙古与柔然》，《内蒙古民族大学学报》2006年第4期。

④ Г. Сүхбаатар, Монгол Нирун улс(330-555), Улаанбаатар, 1992 он.

⑤ 张久和：《东胡系各族族名研究及其存在问题——兼谈译名研究的可行性条件》，《内蒙古大学学报》（哲学社会科学版）1996年第1期。

⑥ 辛德勇：《发现燕然山铭》，中华书局，2018年，第88—123页。

蒙古是指不在此列的普通蒙古人；尼伦蒙古与部分依附尼伦蒙古的迭儿列勤则合称合木黑（qamuγ，意为“全”“一切”）蒙古——“全体蒙古人”[①]。生活年代不超过10世纪的阿阑豁阿与4—6世纪的柔然风马牛不相及，仅凭并不严谨的对音就将两者等同起来的说法显然没有任何说服力。

（四）法则说、艾草说、北域说及其他诸说

藤田丰八认为，柔然即“ju-jen”，是蒙古语“jušun”的对音，意为“礼义”“法则”[②]。卜弼德将“柔然”与“ǰavčan”勘同，认为此原系一种艾草的名字，或有颜色、紫色之义[③]。20世纪50年代初，内田吟风曾一度赞同艾草说，认为可能是出于牧草、牧地等因素的影响，鲜卑系民族名号常与草、土等名物相关[④]；但后来为了论证“柔然与阿哇尔同族”，又转而认同虫蛇说[⑤]。由于缺乏可靠的文献依据，对音也不够严整，这些观点均难以令人信服[⑥]。

沁达木尼将柔然视作蒙古语“ᠠᠷᠤ ᠣᠷᠣᠨ”（aru oron）的对音，意为“北域”[⑦]。这种做法与该文将车鹿会解释为蒙古语“ᠴᠢᠯᠠᠭᠤ”（čilaγu，意为“石头”）等做法如出一辙，都是没有任何科学依据的臆测之词，不足为信。虽然柔然语与原蒙古语都源自古东胡语，但柔然的语言早已消失，原蒙古语则在经历“突厥化”过程以后，逐渐发展为与现代蒙古语关系

---

① 〔波斯〕拉施特著，余大钧、周建奇汉译：《史集》第一卷第一分册，商务印书馆，2014年，第152页。

② 〔日〕藤田豊八：《蠕蠕の国號及び可汗號につきて》，《東西交渉史の研究》卷下“西域篇及附篇”，第205、206页。

③ Peter A. Boodberg, Marginalia to the Histories of the Northern Dynasties, *Selected Works of Peter A. Boodberg*, 297. University of California Press Berkeley and Los Angeles, California University of California Press, Ltd.1979.

④ 〔日〕内田吟風：《柔然族に関する研究》，《北アジア史研究・鮮卑柔然突厥篇》，第275、276页。

⑤ 〔日〕内田吟風：《柔然（蠕蠕）アヴァール同族論考》，《北アジア史研究・鮮卑柔然突厥篇》，第403、404页。

⑥ 亦邻真著，希都日古译：《柔然拾零》，《元史及民族与边疆研究集刊》（第23辑），第180页；张久和：《东胡系各族族名研究及其存在问题——兼谈译名研究的可行性条件》，《内蒙古大学学报》（哲学社会科学版）1996年第1期。

⑦ ᠴᠢᠩᠳᠠᠮᠤᠨᠢ · ᠠᠷᠤ ᠣᠷᠣᠨ [illegible] · 1986 · 3 ··

密切的中古蒙古语。因此，用蒙古语词汇或读音来随意训释没有明确释义的柔然词汇并不可取[①]。

20世纪80年代以来，又有研究者认为柔然有“长发不彨”之义[②]，或认为柔然是“尉犁”地名即乌古斯部落“Yrægir”的同名异译[③]，或认为是西域古国楼兰的同名异译[④]，或认为是“襜褴”即“颠连”“丁零”“狄历”的音变[⑤]等。由于这些观点多凭借主观臆测和并不严正的对音，就在没有任何可靠的文献证据的情况下，随意将柔然称号与几个部族、政权的名号或历史联系在一起，强作训释，其结论自然不能取信于人。

总的来看，从19世纪末20世纪初以来，中外研究者从不同的角度出发，依据不同的材料、研究视角、理论、方法，对柔然称号的含义做了考释。但由于历史文献仅著录了多种柔然名号的汉字译写形式，却多未明确记述其含义，致使这一问题至今仍没能得到令人信服的解释。应该指出，柔然语言应属东胡后裔诸语言的一支，从阿尔泰语系语言中探求柔然称号的含义有其合理因素。但“在没有明确的直接的释义记载的情况下，对汉字音译资料作任意的训释和构拟，常常要出笑话”[⑥]，释读柔然称号的含义要持慎重和严谨的态度，不宜轻率做出结论。

第二节　柔然来源诸说述评与考察

族源研究是民族史研究的重要内容之一。柔然的来源问题至今仍是学界关注较多、研究成果较为丰硕，但又争论不休的话题之一。由于史料零散匮乏，近百年来中外研究者见解不一，产生了东胡—鲜卑说、匈奴说、塞外杂胡说、丁零说、Yrægir说、东夷说和楼兰说等多种等说

① 亦邻真著，希都日古译：《柔然拾零》，《元史及民族与边疆研究集刊》（第23辑），第179页。

② 陈发源：《柔然族源探讨》，《学术月刊》1985年第11期。

③ 李树辉：《尉犁地名和柔然源流考》，《新疆大学学报》（哲学·人文社会科学版）2007年第2期。

④ 范正生：《“楼兰”与“柔然”考辨》，《泰山学院学报》2017年第1期。

⑤ 苏日巴达拉哈：《蒙古族族源新考》，民族出版社，1986年，第41页。

⑥ 亦邻真：《中国北方民族与蒙古族族源》，《内蒙古大学学报》（哲学社会科学版）1979年第Z2期。

法。对柔然来源诸说加以归纳总结和评述，并在辨析文献史料的基础上，运用多学科手段做进一步探讨，或将有助于柔然来源问题的研究进一步深入。

一、柔然来源诸说辨析

见诸史乘记载的柔然来源诸说，有东胡—鲜卑说、匈奴说、塞外杂胡说等三种。其中，东胡—鲜卑说最早见诸《魏书·蠕蠕传》的记载[①]，是目前学界关于柔然来源问题的主流看法。但是，东胡—鲜卑说主要针对作为木骨闾后裔的柔然统治贵族郁久闾氏而言的，并不完全适用于民族成分复杂的柔然部众。事实上，其他史书所载柔然来源的情况亦不无道理，不宜全盘否定。20 世纪 80 年代以来，部分研究者又先后提出蒙古说、Yrægir 说、东夷说和楼兰说等多种“新论”，从而使问题变得更加复杂。因此，有必要对柔然来源诸说做一评析，以溯本源、明是非、正视听。

（一）匈奴说

在刘宋史官看来，拓跋鲜卑和柔然起源均与匈奴有关。《宋书·芮芮虏传》记载：“自索虏破慕容，据有中国，而芮芮虏有其故地，盖汉世匈奴之北庭也。芮芮……亦匈奴别种。”[②]《宋书》传文的这种认识对后世史家影响深远，唐姚思廉《梁书》即沿袭此说，认为：“芮芮国，盖匈奴别种。魏、晋世，匈奴分为数百千部，各有名号，芮芮其一部也。”[③] 此后，李延寿《南史·蠕蠕传》亦言柔然是“匈奴别种”[④]；《北史·蠕蠕传》则删减了原本《魏书·蠕蠕传》关于柔然来源的记载，并在史评中称柔然为“匈奴之裔”[⑤]。宋初，王钦若等编纂的《册府元龟》亦称柔然为“匈奴别种”[⑥]。直到 19 世纪末至 20 世纪以后，仍有部分研究者坚持匈奴说。英

① 《魏书》卷 103《蠕蠕传》，第 2289 页。

② 《宋书》卷 95《芮芮虏传》，第 2357 页。

③ 《梁书》卷 54《芮芮传》，第 817 页。

④ 《南史》卷 79《蠕蠕传》，第 1986 页。

⑤ 《北史》卷 98“论曰”，第 3277 页。

⑥ 《册府元龟》卷 956《种族一》，第 11251 页。

国汉学家巴克尔即认为，柔然是“匈奴之别支，其分野与高车同”[①]。20世纪以后，中国亦有坚持此说者。陶克涛认为，柔然“族出匈奴”，并将《魏书·蠕蠕传》关于柔然始祖木骨闾曾为拓跋鲜卑奴隶的记载说成是魏收等人的诟病之词[②]。20世纪下半叶以来，蒙古族源匈奴说成为蒙古国学界的主流观点，并为政界所接受。于是，不少蒙古国研究者在这种思想氛围的影响下，试图将匈奴、拓跋鲜卑、柔然与蒙古解释成具有渊源关系且前后相继的民族。1974年，乌兰巴托出版的《游牧民在中亚文明中的作用讨论会论文集》中发表了苏和巴特尔《关于蒙古人的民族起源问题》一文，认为“某些学者关于匈奴人是原始蒙古人的观点是正确的”，并指出应将柔然视作“是一支与匈奴人同源的民族”[③]。这种观点与其后来将柔然与尼伦蒙古联系起来的做法[④]，均属欲将蒙古起源的历史上限前推的尝试。事实上，匈奴说不能真正完全反映柔然的来源问题。早在20世纪初，丁谦即对匈奴说提出驳斥，认为《梁书·芮芮传》所载“乃饰词也”，“至谓魏晋世匈奴有百十部，芮芮其一，尤属臆造，全无其事”[⑤]。吕思勉亦指陈：“柔然：《南史》云：‘匈奴别种。’殊误。”[⑥]

对待史乘所载柔然来源于匈奴的问题，既不能一味盲从，亦不可轻率否定，须做必要的辨析。《北史·蠕蠕传》记载了社崘在漠北弱洛水（今蒙古国土拉河）流域“始立军法”、建立政权之际，处其西北“国尤富强”的“匈奴余种”在“尽为社崘所并”以后，柔然汗国“号为强盛”的历史[⑦]。据此，则柔然汗国属民应有不少来自此“匈奴余种”。可见，《宋书·芮芮虏传》认为柔然来源与匈奴有关有一定合理因素，但这种说法是基于柔然汗国兼并了匈奴余部的事实提出，还是出自南朝史官的臆测，则又该另当别论。《梁书·芮芮传》关于柔然系魏晋时期由匈奴诸部

---

① 〔英〕巴克尔著，向达、黄静渊译：《鞑靼千年史》，第103页。

② 陶克涛：《毡乡春秋·柔然篇》，第59、82页。

③ 〔蒙〕Г·苏和巴特尔著，陈弘法译：《关于蒙古人的民族起源问题》，《民族译丛》1985年第2期。

④ Г. Сүхбаатар, Монгол Нирун улс(330-555), Улаанбаатар, 1992 он.

⑤ 丁谦：《梁书夷貊传地理考证》，《浙江图书馆丛书》（第一集），第19a页。

⑥ 吕思勉：《中国民族史》，第66页。

⑦ 《北史》卷98《蠕蠕传》，第3250页。

中分离出来的记载，则与《魏书》及《北史·蠕蠕传》所载柔然由拓跋鲜卑分离之事明显不合，应属臆测之词，毋庸讳言。当然，拓跋鲜卑迁徙至阴山、河套一带以后，民族成分已经相当复杂，木骨闾“收合逋逃”所得“百余人”中存在部分有匈奴血统者，或此后柔然部由于在与北方诸族长期的交往中与具有匈奴血统的部族通婚而受到匈奴后裔语言、体质特征及文化习俗等方面的影响，而被视作匈奴后裔，皆不无可能。但民族间相互同化和融合是古代北方游牧社会的常见现象，据此不足以说明匈奴是柔然的主要来源。另据史书记载，冒顿自立为单于后曾“北服浑庾、屈射、丁零、鬲昆、薪犂之国”①，苏武在北海（今俄罗斯贝加尔湖）一带牧羊时又有“丁令盗武牛羊”事②，可证源自丁零（丁令）的敕勒（高车）诸部并非“匈奴之别支”。而5世纪以后柔然与敕勒及匈奴余部则属统治者与被统治者、征服者与被征服者的关系③，巴克尔关于柔然“分野与高车同”并源自匈奴的观点亦难以成立。

至于部分研究者将匈奴、柔然、蒙古视为不同历史时期的同一民族的做法，更属无稽之谈。亦邻真早已指出，探寻蒙古族族源，应从额尔古纳河的蒙兀室韦（*Moŋ-ŋuet-ɕi̯et-ɣi̯uəi）与呼伦贝尔的塔塔儿等开始，而“这是柔然几百年以后的事情”，所以没有必要将柔然置于“特殊地位”④。

（二）塞外杂胡说

塞外杂胡说是柔然来源诸说中又一影响颇巨的观点，此说最早见诸于《南齐书·芮芮虏传》的记载⑤。魏晋时期，中国北方各族的情况极为复杂，“杂胡”是按照当时的惯例，用以称谓“与匈奴有关的各部”的称号⑥。

---

① （西汉）司马迁：《史记》卷110《匈奴列传》，中华书局点校本，1982年，第2893页。

② （东汉）班固：《汉书》卷54《苏武传》，中华书局点校本，1962年，第2463页。

③ 《北史》卷98《蠕蠕传》《高车传》，第3250—3261、3273—3275页。

④ 亦邻真著，希都日古译：《柔然拾零》，《元史及民族与边疆研究集刊》（第23辑），第181、182页。

⑤ 《南齐书》卷59《芮芮虏传》，第1023页。

⑥ 唐长孺：《魏晋杂胡考》，《魏晋南北朝史论丛》，武汉大学出版社，2013年，第320页。

作为“一般是在辨别匈奴系某一少数民族部落的族源族属时使用”的概念,“杂胡”通常有多个民族杂居一处时构成的部落和“国”,或者多个民族间相互通婚后形成“血统上的同化”两种含义[①]。囿于史料的匮乏,《南齐书·芮芮虏传》将柔然记作“塞外杂胡”是否为南朝史家因无从知道柔然的确切来源而制造的模糊概念已难以考稽。但从南朝与柔然建立联系的时间,以及《南齐书》的成书年代均晚于柔然建立政权的时间来看,南朝史臣所知关于柔然的讯息应多在柔然兼并匈奴余部、统一漠北草原以后,因而不能否认将柔然称作“杂胡”或与此存在一定的关联。这一点,从《南齐书》卷59“赞语”称“芮芮、河南,同出胡种”中即可窥见端倪[②]。

从20世纪初开始,已有不少研究者认同或论证过柔然源自塞外杂胡的观点。清末民初的舆地学家丁谦认为,柔然“《齐书》谓‘塞外杂胡’,颇得其实。盖初本元魏逃奴,聚集亡命为盗,驯致强盛,并无真正种类”[③]。曹永年《柔然源于杂胡考》一文认为,柔然部并非“以血缘为纽带的原始部落组织的自然发展”,“杂胡”反映了柔然和当时蒙古高原很多部落的“真实面貌”;同时指出,无论木骨闾本人出身于何种民族,通过其早年曾被拓跋鲜卑掠为奴隶之事,可知其语言与生活习俗已经鲜卑化应无疑义,因而作为其后世子孙的郁久闾氏成员亦多认同自己是拓跋鲜卑人[④]。可见,曹永年虽然将柔然视作来源复杂的“杂胡”,却并不否认柔然统治贵族郁久闾氏与鲜卑拓跋氏的渊源关系。潘国键论及柔然来源问题时,所持观点与曹永年前揭文略同[⑤]。肖爱民亦认为,从柔然始祖木

① 曹永年:《关于柔然人的民族成分——答〈蒙古族源之新探〉》,《内蒙古师大学报》1985年第2期。

② 《南齐书》卷59“赞曰”,第1033页。

③ 丁谦:《梁书夷貊传地理考证》,《浙江图书馆丛书》(第一集),第19a页。

④ 曹永年:《柔然源于杂胡考》,《历史研究》1981年第2期。

⑤ 通过北朝史书对于木骨闾早年经历的记载,至少可以得出以下三点认识:第一,“蠕蠕先祖在东胡鲜卑族的部落长大。所以,他的语言、生活习惯,极可能受鲜卑人影响”。第二,“木骨闾一名,乃其鲜卑主人所改,不一定和他本人的种族有关”。第三,“蠕蠕种落本由‘收合逋逃得百余人’而来,亦即由役属鲜卑的各种类奴隶并集成部,未必‘纯种’”。潘国键:《北魏与蠕蠕关系研究》,台湾商务印书馆,1988年,第27、28页。

骨间的早年经历来看，“柔然为东胡鲜卑之后裔有一定道理”，但因柔然部众中有不少匈奴、鲜卑和乌桓等民族成分的人口，将其视作塞外杂胡的说法应更为确切①。

《南齐书·芮芮虏传》将柔然称为“塞外杂胡”，较匈奴说对柔然部众及柔然汗国属民来源的认识更为全面，客观上反映了柔然人口构成情况复杂的事实。但由于持塞外杂胡说的研究者在核心观点的内涵以及对待文献史料的态度上有所不同，致使相关研究著述的参考价值各异。丁谦既未对魏晋时期“杂胡”的含义做出辨析，又没有考据匈奴说与塞外杂胡说的区别和联系，即冒然宣称柔然“并无真正种类”，不仅论证过程不够严密，而且所持观点也缺少足够的资料支撑，难以令人信服。曹永年《柔然源于杂胡考》一文的要旨，在于论证“柔然部是多民族杂居的地域部落，柔然国是多民族杂居的国家”，并对历史文献中关于柔然来源问题的相关记载做了比较细致的辨析工作，颇具参考价值②。肖爱民关于柔然来源问题的看法属基于柔然部落和政权实际情况得出的结论，亦值得重视。

（三）蒙古说、“Yrægir”说、东夷说和楼兰说

除史书记载的东胡鲜卑说、匈奴说和杂胡说外，20 世纪 80 年代以来，部分研究者又基于不同的角度，提出了一些关于柔然来源的所谓“新论”。

苏日巴达拉哈认为，“木骨间”即“蒙古勒”，是拓跋鲜卑贵族掠夺的“高车部落儿童”，高车各部自称“蒙古勒”，“柔然始祖出身于蒙古部族，是木骨间家族源于蒙古，而不是蒙古源于柔然”③。将“木骨间”与“蒙古勒”联系在一起的做法却早已有之，但以往的部分研究者只是将蒙古（特别是尼伦蒙古）的起源与柔然联系在一起，而这种将柔然的来源说成是蒙古的所谓“新探”则比认为尼伦蒙古源自柔然的说法走得更远。与匈奴等

---

① 肖爱民：《中国古代北方游牧民族两翼制度研究》，人民出版社，2007 年，第 84 页。

② 曹永年：《关于柔然人的民族成分——答〈蒙古族源之新探〉》，《内蒙古师大学报》1985 年第 2 期。

③ 苏日巴达拉哈：《蒙古族源之新探》，《内蒙古社会科学》1981 年第 5 期。

早已在历史上消失的古代民族一样，如果一定要说柔然与后世的蒙古族有所联系的话，那么，唯一能够想见的情况，恐怕只能是柔然汗国灭亡后留在蒙古地区的部众在多个世纪漫长历史岁月里逐渐同化到了别的民族或部落中，而这些人的后裔在13世纪以后又成为以唐代见诸汉文文献记载的“蒙兀室韦”为核心逐渐形成的蒙古民族共同体的成员[①]。

李树辉认为，北朝史书关于柔然郁久闾氏姓氏来源的记载“显系传闻附会之说，不足为据”，柔然名号及“尉犁”“于娄”“于赖”“於尼讙”“预龙”“诸洛固”等地名或部族、政权名号，皆乌古斯部族“Yrægir/Jyrægir”的对音，柔然即来源于“Yrægir”，并称“该部初居东部天山地区，西汉末或东汉时徙居漠北，故有‘东胡之苗裔也’之谓；曾依附于匈奴，故有‘匈奴别种’之称；晋以后逐渐强盛，兼并漠北诸部，故有‘塞外杂胡’之说”[②]。但据唐司马贞《史记索引》引东汉服虔关于东胡“在匈奴东，故曰东胡”之说[③]，可知“东胡”称号系人们据其所处地域在“胡”（匈奴）之东而给予的他称，其原居地应为今内蒙古自治区东部昭乌达松漠至额尔古纳河流域的广大地区。由于历史上的乌桓、鲜卑、契丹、室韦—达怛等东胡系民族多起源于此，该区域遂有“东胡及其后裔历史民族区”之称[④]。虽然柔然并非起源于东胡及其后裔历史民族区的古代民族，但与柔然起源有着密切联系的东胡系北支后裔拓跋鲜卑起源于该区域却有据可查[⑤]。况且史书对柔然4世纪初兴起于今内蒙古自治区阴山以北地区的记载也非常明确[⑥]。因此，柔然因Yrægir“初居东部天山地区”而有“东胡苗裔”之说不能成立，以此论证柔然来源于Yrægir的观点势必显得苍白无力。唯言柔然“晋以后逐渐强盛，兼并漠

---

① 亦邻真：《中国北方民族与蒙古族族源》，《内蒙古大学学报》（哲学社会科学版）1979年第Z2期。

② 李树辉：《尉犁地名和柔然源流考》，《新疆大学学报》（哲学·人文社会科学版）2007年第2期。

③ 《史记》卷110《匈奴列传》“索引”，第3490页。

④ 亦邻真：《中国北方民族与蒙古族族源》，《内蒙古大学学报》（哲学社会科学版）1979年第Z2期。

⑤ 《魏书》卷1《序纪》，第1、2页。

⑥ 《北史》卷98《蠕蠕传》，第3249页。

北诸部，故有‘塞外杂胡’之说”，相对来说比较符合客观事实。

陈发源认为，柔然既不是匈奴后裔，亦非东胡余绪，而“是东夷秽族的分支”，柔然统治贵族郁久闾氏则是“东夷秽王南闾的后裔”[①]。范正生则认为，“楼兰”与“柔然”上古汉语的读音相同或相近，历史脉络“藕断丝连”，族群区域“相互叠加”，“‘楼兰’政权与‘柔然’政权一脉相承”[②]。由于东夷说和楼兰说并未见于任何历史文献的记载，也没有拿出令人信服的证据，论证过程又存在不少谬误，结论明显与史实相悖，故而影响不大。

二、柔然来源之考察

一般来说，民族史研究应以文献史料对于某一民族来源问题的记载作为辨识其族源最直接的证据。与此同时，还需要借助并充分利用语言学、人类学及考古学等学科的研究方法和手段，进行综合研究。特别是在文献依据相对匮乏、相关记载矛盾较多的情况下，多学科综合研究的方法和手段显得尤为重要[③]。在我国文献史料中虽然不乏涉及柔然的内容，但就柔然起源问题而言，不同史书的记载不仅详略不一、相互矛盾，而且成书年代、成书过程和史料价值各异。因此，探讨柔然的来源问题，既要在充分分析文献史料的基础上，辨析诸家史书中相关记载的异同，又要结合语言资料、考古学和体质人类学的研究成果进行综合考察。另外，柔然最初出现时同与之地域相同或相邻的民族或部落之间可能存在的关系，柔然汗国内部诸民族或部落之间的关系，以及柔然人有特征性和稳定性的风俗习惯等，对于判定柔然的来源问题均具有重要意义，亦值得重视。

（一）两晋及北朝史书记载柔然来源于东胡鲜卑系民族

据《魏书·蠕蠕传》记载：“蠕蠕，东胡之苗裔也，姓郁久闾氏。”[④]

---

① 陈发源：《柔然族源探讨》，《学术月刊》1985 年第 11 期。

② 范正生：《“楼兰”与“柔然”考辨》，《泰山学院学报》2017 年第 1 期。

③ 亦邻真：《中国北方民族与蒙古族族源》，《内蒙古大学学报》（哲学社会科学版）1979 年第 Z2 期。

④ 《魏书》卷 103《蠕蠕传》，第 2289 页。

《魏书》成书年代较《宋书》《南齐书》为晚，但从北朝鲜卑人与柔然同族，加之地域相邻，语言及风俗文化相近，互相交往活动频繁等因素考虑，北朝方面对柔然来源的记载应更为翔实准确。《北史·蠕蠕传》虽未著录今本《魏书·蠕蠕传》所见关于柔然为“东胡之苗裔”的史文，但此句见诸北宋初年成书的《太平御览》所引《后魏书》史文[①]，却使我们有理由相信，此句应反映了其时抄本形态的魏收原书风貌。另据阿那瓌言“臣先世源由，出于大魏”得到北魏孝明帝元诩认可的史事[②]，亦可知柔然与出自东胡系北支的拓跋鲜卑存在渊源关系绝非空穴来风。唐代房玄龄等撰修的《晋书》及成书年代更早的北魏崔鸿《十六国春秋》均有将柔然视作鲜卑的记载，可证北朝史书所载柔然为东胡系鲜卑后裔并非孤证[③]。

《晋书·赫连勃勃载记》载有“河西鲜卑杜崘献马八千匹于姚兴”，被赫连勃勃劫掠之事[④]；《太平御览》所引崔鸿《十六国春秋·夏录》中亦载有此事，史文与《晋书》略同[⑤]。《十六国春秋》虽早已散佚，但通过《太平御览》《通鉴考异》等史籍中曾多次提及或引述《十六国春秋抄》，以及宋修《崇文总目》尚著录有“《十六国春秋略》二卷”，可知“自隋唐以至北宋皆有《十六国春秋》节本存在”[⑥]。因此，《太平御览》引文或为李昉等摘录其时所见之《十六国春秋》抄本或节抄本中的字句，能够在较大程度上反映崔鸿原书的风貌。查清汤球《十六国春秋辑补》与《晋书·赫连勃勃载记》及《太平御览》引文略同[⑦]，应系汤书乃据唐宋史

---

① 《太平御览》卷944《虫豸部一·虫》，第4191页。

② 《北史》卷98《蠕蠕传》，第3259页。

③ 《晋书》虽然是始撰于唐贞观二十年（646）的晚出史料，但撰修时所依据资料却多为内容相对比较原始的两晋南北朝时期“正典与杂说”及“伪史十六国书”。在此前修撰的两晋及十六国史书至今多已散佚的情况下，《晋书》作为研究两晋历史的一手史料的价值不容小觑。（唐）刘知几著，（清）浦起龙通释：《史通通释》卷12《古今正史》，上海古籍出版社，2009年，第325页。

④ 《晋书》卷130《赫连勃勃载记》，第3202页。

⑤ 《太平御览》卷127《偏霸部十一·夏赫连勃勃》，第615页。

⑥ 陈高华、陈智超等：《中国古代史史料学》，北京出版社，1983年，第139页。

⑦ （清）汤球：《十六国春秋辑补》卷64《夏录一》，商务印书馆，1936年，第464页。

家著录的史文辑补而成所致。史称，崔鸿“以刘渊、石勒、慕容儁、苻健、慕容垂、姚苌、慕容德、赫连屈孑、张轨、李雄、吕光、乞伏国仁、秃发乌孤、李暠、沮渠蒙逊、冯跋等，并因世故，跨僭一方，各有国书，未有统一，鸿乃撰为《十六国春秋》，勒成百卷，因其旧记，时有增损褒贬焉。”① 可见，《十六国春秋》系崔鸿据“十六国”诸割据政权“国书”等资料增损、改写而成。据此，《太平御览》所引崔鸿《十六国春秋》乃至《晋书·赫连勃勃载记》所载关于“河西鲜卑杜崘”向姚兴献马事亦当有所本，其史料来源可能是资料相对比较原始、可信度较高的后秦方面的相关记载②。另据《魏书·贺狄干传》所载“后蠕蠕社崘与兴和亲，送马八千匹”③，可知“河西鲜卑杜崘”应即柔然社崘，“杜崘”当为“社崘”在史料的传抄过程中产生的讹误。正因如此，《资治通鉴》著录此事时，径作“柔然可汗社崘献马八千匹于秦”④。然而，20 世纪 70 年代出版的点校本《晋书》“校勘记”却对此存有异议，认为：“《北史·蠕蠕传》（即《柔然传》）不载此事，河西鲜卑亦不得云即柔然，不知《通鉴》何据。但其名当是‘社崘’，故《通鉴》以为与柔然可汗为一人，疑‘杜’字讹。”⑤ 对此，曹永年据前引《魏书·贺狄干传》所见“有力证据”，指出《晋书》点校者“怀疑《通鉴》无据则不然”⑥。

从东晋十六国至南北朝时期的各民族的分布地域及其相互之间的关系来看，北方诸政权对柔然历史的熟知程度是南方诸政权无法比拟的，加之南朝与柔然建立直接联系又在 5 世纪以后的柔然汗国时期，故而北方史官对于柔然早期历史问题的记述，显然比以刘宋、南齐、萧梁等南朝政权的历史资料为史源修撰的南朝诸史更具说服力。因此，基于

---

① 《魏书》卷 67《崔鸿传》，第 1502 页。

② 鉴于赵思群等撰《夏国书》北魏初期已“多见焚烧”，而姚和都《秦纪》“初唐犹存”，可以不无根据地认为：“《晋书·赫连勃勃载记》关于社崘献马的记载，当直接或通过《十六国春秋》转引而间接来源于姚和都《秦纪》等书。因而，把社崘叫作‘河西鲜卑’，在当时至少是后秦和铁弗匈奴的习惯。”曹永年：《柔然源于杂胡考》，《历史研究》1981 年第 2 期。

③ 《魏书》卷 28《贺狄干传》，第 685 页。

④ 《资治通鉴》卷 114《晋纪》安帝义熙三年，第 3597 页。

⑤ 《晋书》卷 138《赫连勃勃载记》“校勘记［四］”，第 3214 页。

⑥ 曹永年：《柔然源于杂胡考》，《历史研究》1981 年第 2 期。

“十六国”诸政权“国史”资料撰成的《十六国春秋》、根据北魏及东魏“国史”等资料撰成的《魏书》及唐初依据晋代史料修撰的《晋书》皆不乏将柔然视作“东胡苗裔”或鲜卑支庶的记载，可证东胡鲜卑系民族是柔然的重要来源之一的说法具有确凿可信的史料依据。

（二）柔然的语言与东胡鲜卑系民族相通

语言的共同性是“民族特征的第一要素”[①],对于判定民族的来源问题具有重要参考价值。一般来说，持相同或相近语言的民族或部落，往往可能有着共同的来源。因此，来源和族属越是接近的民族，语言的共同性特征就越是明显。柔然汗国灭亡后，由于不同去向的柔然部众分别融入了流向地的民族之中，语言、风俗习惯等均因之发生了较大变化，使柔然的语言大部分逐渐湮没在了历史的长河中。因此，要想明确断定柔然语所属还有一定难度。但通过中原史家对柔然语言及相关问题的一些零星记载，仍然可以大致地判断出对柔然人持何种语言，以及这种语言与哪些民族的语言属于亲属语言。

王沈《魏书》言鲜卑“言语习俗与乌丸同”[②],揭示东胡系各族之间语言相通的现象早已有之。法国国家图书馆藏 P. T. 1283 号敦煌写卷《北方若干国君之王统叙记文书》记载,契丹语言“与吐谷浑大体相通”[③]。吐谷浑与鲜卑慕容氏同源，契丹与吐谷浑语言相通，亦可表明东胡系各族语言的共同性特征比较明显。另据《魏书·失韦传》关于室韦“语与库莫奚、契丹、豆莫娄国同”的记载[④]，可知与拓跋鲜卑同源的室韦—达怛人语言“与鲜卑语理应相通”，且“室韦语与拓跋鲜卑语的关系应比室韦语与东部鲜卑语更为近切”[⑤]。史书既然明确将以郁久闾氏为核心的柔然部落共同体称作“东胡苗裔”“河西鲜卑”，说明其语言应与古东胡语存在渊源关系，属东胡后裔诸语言的一支。柔然始祖木骨闾幼年即被拓跋鲜

① 亦邻真:《中国北方民族与蒙古族族源》,《内蒙古大学学报》(哲学社会科学版)1979 年第 Z2 期。

② （晋）陈寿撰，陈乃乾校点:《三国志》卷 30《乌丸鲜卑东夷传》注引《魏书》,中华书局点校本，1982 年，第 836 页。

③ 王尧、陈践译注:《敦煌吐蕃文献选》，四川民族出版社，1983 年，第 162 页。

④ 《魏书》卷 100《失韦传》，第 2221 页。

⑤ 张久和:《原蒙古人的历史：室韦—达怛研究》，第 32 页。

卑贵族掠为奴隶并在拓跋部中长大成人的经历，亦可证其语言当与东胡鲜卑系的语言具有相同或相近的特征，或者说是鲜卑语的某种方言。《宋书·索虏传》及所附《芮芮虏传》关于拓跋鲜卑和柔然起源于匈奴的记载虽然存在着比较明显的讹误[①]，但将两者视作来源相同或相近的民族，却表明南朝史家已经注意到了两者在风俗文化上存在着不少共性特征的现象，这也可从另一个侧面证实两者的语言应该相通。柔然从拓跋鲜卑分离后，尽管又融合了不少来自突厥语族部落的人口成分，但从柔然部帅均出自郁久闾氏家族成员的情况来看，柔然部的通用语言应该还是这种鲜卑语方言。柔然语与鲜卑语相通，特别是和拓跋鲜卑的语言比较接近，亦可说明柔然与东胡鲜卑系民族具有同源关系。

鲜卑诸部南下进入中原以后，蒙古高原的大部分区域成为突厥语族游牧部落的牧场。由于柔然政权是社崘在漠北吞并为数不少的突厥语族部落（尤其是敕勒—高车部落）的基础上创建的，所以柔然汗国绝大部分百姓应该是持突厥语族语言的游牧人群。在此后百余年的时间里，柔然部众不无可能会在语言上受到突厥语族语言的影响，但柔然官方语言却应是与拓跋鲜卑语言比较接近的东胡系民族语言。

（三）柔然有代表性的风俗习惯与部分东胡系民族相同或相近

一般来说，来源相同或相近的民族，在生产生活方式和社会结构未发生重大变革的前提下，代表性风俗习惯多相对接近或一致。在各类风俗习惯中，发式因在特定人群中具有稳定性和特异性，多用来作为区别于其他部族的标识之一[②]。

史书记载："始神元之末，掠骑有得一奴，发始齐眉，忘本姓名，其主字之曰'木骨闾'。'木骨闾'者，首秃也。'木骨闾'与'郁久闾'声相近，故后子孙因以为氏。"[③]可见，柔然始祖系拓跋部贵族"掠骑"所

① 《宋书·索虏传》："索头虏姓托跋氏，其先汉将李陵后也。陵降匈奴，有数百千种，各立名号，索头亦其一也。"《宋书》卷95《索虏传》，第2321页。同传附《芮芮虏传》："芮芮一号大檀，又号檀檀，亦匈奴别种。"《宋书》卷95《芮芮虏传》，第3257页。

② 张久和：《原蒙古人的历史：室韦—达怛研究》，第33页。

③ 《北史》卷98《蠕蠕传》，第3249页。

得，以其发式特征被拓跋贵族赐名为“木骨闾”（魏晋南北朝时期读若*mok-kuɐt-li̯ɔ），柔然统治贵族的姓氏“郁久闾”（魏晋南北朝时期读若*ʔok-ki̯u-li̯ɔ）即由此音转变而来。一般认为，木骨闾之“首秃”，即部分东胡系民族的髡发习俗[①]。但部分研究者对此持反对意见，认为木骨闾的“首秃”所指应为“发方覆额，还未在额上总发成角，就像牛犊还没有长出角一样”,而“与柔然人的‘髡头’或‘辫发’都是没有关系的”[②]。据王沈《魏书》记载，乌丸、鲜卑风俗习惯相近，其发式“父子男女……悉髡头以为轻便”[③]。考古资料显示,“髡发”系“剃去除头顶以外的全部头发,所留发不长,多随其自然”[④]。从力微时期拓跋部已迁至阴山一带与乌桓、鲜卑杂居的局势来看，木骨闾应即从这些“异族”中掠来的“不知姓名”的孩童，但其原本所属民族和部落已却难以知晓[⑤]。被称作“东部鲜卑”的南支鲜卑人多在婚嫁时“髡发”，乌桓人则有妇女婚嫁前髡发、婚嫁时蓄发的习俗[⑥]。则这种以婚嫁为显著界限的发式变化，事实上体现了“一个人即将进入不同生活阶段而举行的一种人生仪式或将婚和已婚的标志”[⑦]。木骨闾幼年即沦为拓跋部奴隶,成年后又“免奴为骑卒”,则其发式以后当会遵从拓跋鲜卑人的“索头”习俗。因此，无论木骨闾“首秃”是否指髡发，皆无助于解释柔然人的发式问题。

胡三省在注释《资治通鉴》“索头郁鞠帅众三万降于赵”史文时指出：“索头，鲜卑种。言索头，以别于黑匿郁鞠；以其辫发故谓之索头。”[⑧]但《南齐书·魏虏传》却称拓跋鲜卑因有“被发”习俗,“故呼为索头”[⑨]。另据《晋书·秃发利鹿孤载记》，与拓跋鲜卑同源的秃发部祖先发

---

① 曹永年:《柔然源于杂胡考》,《历史研究》1981年第2期。

② 周建奇:《释“木骨闾”》,《内蒙古大学学报》(哲学社会科学版)1987年第1期。

③ 《三国志》卷30《乌丸鲜卑东夷传》注引《魏书》，第832、836页。

④ 张久和、傅宁:《东胡系各族发式考辨》,《内蒙古社会科学》1990年第5期。

⑤ 曹永年:《柔然源于杂胡考》,《历史研究》1981年第2期。

⑥ 《三国志》卷30《乌丸鲜卑东夷传》注引《魏书》，第832、836页。

⑦ 张久和、傅宁:《东胡系各族发式考辨》,《内蒙古社会科学》1990年第5期。

⑧ 《资治通鉴》卷95《晋纪十七》“成帝咸康二年”条“胡注”，第3007页。

⑨ 《南齐书》卷57《魏虏传》，第983页。

式亦为“被发”[①]。可见,“索头”即“被发”有确凿可信的文献依据,胡三省对“索头”含义的解释不足为据。参考各类资料可知,“被发”与髡发不同,应为“蓄留全发后披,有的长到一定程度则以绳索在发端扎系”的样式[②]。代王拓跋猗卢时期(308—316年),“刘聪、石勒倾覆晋室。帝将平其乱,乃峻刑法,每以军令从事。民乘宽政,多以违命得罪,死者以万计”,遂现“国落骚骇”的局面[③]。柔然始祖木骨闾即因“穆帝时,坐后期当斩”,被迫逃亡[④]。此后,木骨闾“收合逋逃”所得百余人中,绝大部分应该也是拓跋鲜卑所属诸部的士卒、平民或奴隶[⑤]。因此,这些人的发式应亦多与拓跋鲜卑的“索发”形式相近。《北史·西域传》记载,悦般与柔然交好时,其王曾亲见柔然人“不绊发”[⑥];《魏书》其他散佚或未散佚诸传、志亦不乏关于柔然披发习俗的记载[⑦]。《南齐书》称柔然人“编发”[⑧],《梁书》则谓柔然人“辫发”[⑨],“编发”即“辫发”。可见,《南文

---

① 《晋书》卷126《秃发利鹿孤载记》,第3145页。按:秃发(魏晋南北朝时期读若 *t‘ak-buɐt)即拓跋(魏晋南北朝时期读若 *t‘ok-pi̯uɐt),两者系汉语对同一外来词汇的不同音译形式,不能用汉语“秃发”一词的字面意思随意训释。对此,清钱大昕早已指出:“秃发之先,与元魏同出,‘秃发’即‘拓跋’之转,无二义也。古读清唇如重唇,……‘发’从‘犮’得声,与‘跋’音正相近。魏伯起尊魏而抑凉,故别而二之,晋史亦承其说。”参阅《廿二史考异》卷22《晋书五》“秃发乌孤载记”条,第304页。

② 张久和:《原蒙古人的历史:室韦—达怛研究》,第32、33页。

③ 《魏书》卷111《刑罚志》,第2873页。

④ 《北史》卷98《蠕蠕传》,第3249页。

⑤ 曹永年:《柔然源于杂胡考》,《历史研究》1981年第2期。

⑥ 《北史》卷97《西域传》,第3220页。

⑦ 北魏方面常以“髦头之兵”“髦头之国”“髦头之域”来指代柔然。史书记载,崔浩曾向北魏太武帝拓跋焘进言:“臣观天文,比年以来,月行掩昴,至今犹然。其占:‘三年,天子大破旄头之国。’蠕蠕、高车,旄头之众也。”《魏书》卷35《崔浩传》,第816页。“旄头”,亦作“髦头”。东汉应劭《汉官仪》称:“旧选羽林为旄头,被发先駈。”(宋)范晔撰,(唐)李贤等注:《后汉书》卷1下《光武帝纪下》注引《汉官仪》,中华书局点校本,1965年,第79页。可见,“旄头”即披发。根据崔浩所言,则不仅柔然的发式为披发,而且作为柔然汗国属民的漠北敕勒诸部也有披发习俗。至于敕勒诸部是本来就有披发习俗,还是在柔然人的影响下也开始接受了这种发式,需另做考察。

⑧ 《南齐书》卷59《芮芮虏传》,第1023页。

⑨ 《梁书》卷54《芮芮传》,第817页。

书》《梁书》所述柔然发式一致，但与北朝史书的记载迥异。一般来说，“从地域的远近，关系的疏密，语言、习俗的异同等方面考虑”，“北朝人的记载应属可靠”[①]。当然，也不排除南朝所见民族构成复杂的柔然汗国使者或臣民中确有“辫发”者。

总之，披发是柔然、拓跋鲜卑以及与拓跋鲜卑具有渊源关系的室韦等民族和部落的共有习俗。同为东胡系民族，柔然人的发式不同于大部分南支鲜卑及其后裔的“髡发”样式，而是与拓跋鲜卑的披发形式大体相同，表明柔然在风俗习惯上同拓跋鲜卑的关系应更为近切。

（四）柔然人的体质人类学特征与东胡鲜卑系民族接近

作为能够有效揭示人类群体自然体质特征和遗传因素的研究手段，体质人类学资料与研究成果对于辨别特定人群的来源、族属问题具有很高的参考价值。亦邻真曾就如何择取有价值的匈奴人类学资料问题，提出颇具参考意义的见解，认为：“匈奴最主要的统治集团人物的人类学资料更有助于说明匈奴人的族属，因为他们是道地的匈奴人。”[②] 鉴于柔然汗国也是一个由多个来源不同、族属各异的部落或民族构成的草原游牧政权，亦邻真的这一见解对于柔然汗国同样适用，即作为柔然统治集团最主要的人物的郁久闾氏成员的人类学资料，更有助于正确认识柔然的来源和族属问题，因为只有这些人才是“道地的柔然人”。

20 世纪 70 年代末，在河北省文物考古工作者发掘的磁县北朝贵族墓葬中，发现了包括头骨、肢骨、肋骨等在内的少年女性尸骨残骸。据墓中出土《魏骠骑大将军开府仪同三司长广郡开国公高公妻茹茹公主闾氏墓志铭》（以下简称《茹茹公主叱地连墓志》），可确认墓主人是与东魏高欢家族和亲的柔然可汗阿那瓌孙女、谙（菴）罗辰之女“邻和公主”[③]。查阅相关文献，可知叱地连即《北史·蠕蠕传》所载东魏兴和四年（542）阿那瓌“请以其孙女号邻和公主妻齐神武第九子长广公湛”者[④]。体质人

① 张久和、傅宁：《东胡系各族发式考辨》，《内蒙古社会科学》1990 年第 5 期。

② 亦邻真：《中国北方民族与蒙古族族源》，《内蒙古大学学报》（哲学社会科学版）1979 年第 Z2 期。

③ 磁县文化馆：《河北磁县东魏茹茹公主墓发掘简报》，《文物》1984 年第 4 期。

④ 《北史》卷 98《蠕蠕传》，第 3265 页。

类学测定结果显示，墓葬内人骨残骸属 13 岁左右的女性[①]。《茹茹公主叱地莲墓志》称叱地连“以武定八年四月七日薨于晋阳，时年十三”[②]，表明这些送检的人骨遗骸标本应属墓主人本身。作为“道地的柔然人”，邻和公主的体质人类学特征无疑有助于进一步说明柔然的来源和族属问题。

通过与中国北方地区其他人群的人类学资料对比发现，柔然邻和公主“上面部的扁平度与北亚蒙古人种和东北亚蒙古人种较为接近”，并且多项体质特征“以接近南杨家营子组的项目最多”，表明“邻和公主的体质特征与南杨家营子组的关系最为密切”[③]。宿白《东北、内蒙古地区的鲜卑遗迹——鲜卑遗迹辑录之一》一文认为，今内蒙古自治区赤峰市巴林左旗南杨家营子一带发现的汉代居址及墓葬应为拓跋鲜卑南迁时的遗迹[④]。但近年，学界对宿白关于拓跋鲜卑迁徙路线问题的考察又提出了不同看法[⑤]，使南杨家营子的汉代遗迹是否属于与拓跋鲜卑有关的遗址遗迹问题变得复杂起来。甚至宿白本人亦在前揭文中指出：“南杨家营子东北距张穆《蒙古游牧记》卷一所记‘（科尔沁部右翼旗）西三十里有鲜卑山’的鲜卑山不远。这个鲜卑山，可能是东部鲜卑早期居住地，因此南杨家营子遗迹，或许也和东部鲜卑有关。”[⑥]

史书明确记载，柔然始祖木骨闾是拓跋力微时期“掠骑”所得，则郁久闾氏的祖先最初应与拓跋氏并无血缘关系。但后来郁久闾氏屡与拓跋氏贵族通婚，则据此尚不能完全排除南杨家营子遗存及柔然与拓跋鲜卑存在渊源关系的可能。何况拓跋鲜卑与东部鲜卑同为东胡后裔，两者或有非常近似的体质人类学特征也未可知。可以肯定的是，无论南杨家营子汉代遗存属于拓跋鲜卑还是东部鲜卑，均不能否认柔然郁久闾氏成员体质人类学特征与东胡鲜卑系民族接近的事实。

---

① 潘其风：《柔然邻和公主遗骨的人类学研究》，《考古》1991 年第 5 期。
② 磁县文化馆：《河北磁县东魏茹茹公主墓发掘简报》，《文物》1984 年第 4 期。
③ 潘其风：《柔然邻和公主遗骨的人类学研究》，《考古》1991 年第 5 期。
④ 宿白：《东北、内蒙古地区的鲜卑遗迹——鲜卑遗迹辑录之一》，《文物》1977 年第 5 期。
⑤ 倪润安：《拓跋南迁匈奴故地研究述评》，《东北史地》2012 年第 1 期。
⑥ 宿白：《东北、内蒙古地区的鲜卑遗迹——鲜卑遗迹辑录之一》，《文物》1977 年第 5 期。

值得注意的是，柔然可汗家族郁久闾氏尽管与拓跋鲜卑存在密切关系，但在柔然部落的形成过程中，民族成分已经相当复杂，以柔然部为主体的柔然汗国则是由包括柔然、鲜卑、匈奴、敕勒、汉族等多个民族成分的人口构成的草原游牧政权。换言之，作为“许多原始部落经过多次打碎、重组，最后由它们的碎片按地域原则组合的产物”，柔然部与原始的血缘部落有着本质上的区别[①]。因此，应将柔然部视作以拥有东胡—鲜卑血统的郁久闾氏为核心，具备共同的语言、地域、经济生活以及民族文化和心理素质等民族学共同体特征的地域部落为宜。至402年社仑在漠北建立柔然汗国以后，所统辖的部众已经不仅再是具有民族学共同体特征的地域部落，而是一个“几乎相当于匈奴、鲜卑，包括众多部族的大国”，而柔然部也自此成为了“在柔然国中占统治地位的、具有共同语言的民族共同体”[②]。

① 曹永年:《柔然源于杂胡考》,《历史研究》1981年第2期。

② 亦邻真著，希都日古译:《柔然拾零》,《元史及民族与边疆研究集刊》(第23辑)，第176页。

第三章　柔然的历史变迁

从4世纪初始见诸汉文文献记载，到6世纪中叶最终走向消亡，柔然历史经历了三个发展阶段。第一阶段始于4世纪初柔然始祖木骨闾在拓跋鲜卑中分离，止于5世纪初社崘远徙漠北建立草原游牧政权。该阶段是柔然早期历史阶段，大体上相当于中原地区的西晋晚期、东晋十六国时期和北魏早期。第二阶段始于北魏天兴五年（402）社崘在漠北建立柔然汗国，止于北齐天保三年（552）柔然可汗阿那瓌兵败自杀，部众溃散，柔然政权名存实亡。该阶段是历史上的柔然汗国时期，大体上与北魏及东魏国运相始终。第三阶段始于阿那瓌败亡后其太子庵罗辰亡奔北齐，止于西魏恭帝二年（555）西部柔然可汗邓叔子以下3000余人被突厥使者斩杀在长安青门外。该阶段是柔然汗国最终走向彻底灭亡的历史阶段，基本上与北齐、西魏分立时期相契合。

第一节　柔然早期历史活动

3世纪以后，蒙古高原的民族分布状况发生显著变化：随着南匈奴、乌桓等民族的南下和北匈奴的西迁，广袤的蒙古高原主要成为东胡—鲜卑后裔诸民族及敕勒诸部的活动地域。4世纪末至5世纪初，汉代以来从大兴安岭地区逐渐迁徙至阴山北部地区的拓跋鲜卑入主中原，建立与宋、齐、梁等南方政权对峙百余年的北魏王朝，结束了西晋末造以来黄河流域长达百余年的分裂割据局面。与此同时，从拓跋鲜卑中分离的柔然经过近一个世纪的发展，成为蒙古高原上又一支势力强劲的政治军事力量。5世纪初，柔然首领社崘相继吞并一些漠北的敕勒部落和匈奴余部，在漠北弱洛水流域建立柔然汗国。

柔然在漠北建立政权以前，经历了一个从拓跋鲜卑中分离到形成部落，再从部落逐步发展到地域部落集团的历史演变过程。

一、柔然部的形成与发展

据《魏书·序纪》记载，发祥于大鲜卑山（以今内蒙古自治区呼伦贝尔市鄂伦春自治旗阿里河镇西北十公里的嘎仙洞为中心）一带的拓跋鲜卑，经过推寅以后数代人的迁徙，至首领诘汾时期南迁至阴山地区，“始居匈奴之故地”①。此后的数十年间，拓跋部依靠强大的军事实力开展征服周邻部落的行动，“发始齐眉”的柔然始祖木骨闾被掳掠至拓跋部为奴即当此时。

木骨闾成年后，被免去奴仆身份，成为拓跋鲜卑军中骑卒。此时，拓跋部的部帅是穆帝拓跋猗卢。史称猗卢“天资英特，勇略过人”②，成为首领以后一改拓跋鲜卑此前法度简略的旧俗，严刑峻法，军令严明，在军事上取得了不少成就，被西晋敕封为“代王”。但猗卢统治时期以军法治民的做法，也造成数以万计因无法适应这种法度的“乘宽政”之民被处以极刑，从而出现了“国落骚骇”的局面③。《魏书·序纪》记载：“至是，明刑峻法，诸部民多以违命得罪。凡后期者皆举部戮之。或有室家相携而赴死所，人问‘何之？’答曰‘当往就诛’。其威严伏物，皆此类也。”④猗卢时期，拓跋部刑法严苛由此可见一斑。恰在此间，木骨闾在一次军事行动中因“失期”受到连坐，身犯死罪，被迫逃亡。

史书记载，木骨闾因“坐后期当斩”，遂藏匿于“广漠谿谷间”，并通过“收合逋逃”，组成一支百余人的队伍⑤。后来作为一个古代民族共同体闻名于世的“柔然”，正是以这些人为基础逐渐发展而来的。此时，阴山北麓的草原地带零散地分布着一些操突厥语族语言的敕勒—高车部落，其中以纯突邻部和解如部等较为强大。这种局势使木骨闾率领的这支相对弱小的队伍遭受任何具有一定实力的游牧部落的攻击都会陷入被全歼的险境，难以独立发展。而且，由于这支逃亡者组成的队伍缺乏必要的

---

① 《魏书》卷 1《序纪》，第 2 页。

② 《魏书》卷 1《序纪》，第 7 页。

③ 《魏书》卷 111《刑罚志》，第 2873 页。

④ 《魏书》卷 1《序纪》，第 9 页。

⑤ 《北史》卷 98《蠕蠕传》，第 3249 页。

生产生活资料，难以在草原上维持生计。于是，木骨间等人出于生存和发展的需要，依附于在女水一带游牧的纯突邻部[①]。

依附纯突邻部，使木骨间等获取了相对广阔的生存发展空间，为柔然部的形成奠定了基础。木骨间死后，子车鹿会成为这支队伍的首领。此后，经过多年的繁衍生息与招徕人口，由木骨间“收合逋逃”形成的这支队伍得以发展壮大,车鹿会遂“始有部众,自号柔然”[②]。车鹿会以雄武强健著称，深得众心。在他成为部帅后，柔然开始脱离纯突邻部独立发展，活动的空间范围不断扩大。与此同时，拓跋鲜卑建立的代政权日渐强盛。代政权的崛起引起了车鹿会等的恐慌，为使柔然部免受兵燹之祸，车鹿会乃每岁遣使贡献方物，确立了与拓跋鲜卑代政权之间的役属关系。车鹿会死后，相继成为柔然部部帅的吐奴傀、跋提、地粟袁等继续沿袭车鹿会时期确立的与代政权的役属关系，维系了双方之间数十年的和平局面，柔然部也由此获得了一个相对稳定的生存发展环境。

车鹿会曾孙地粟袁为部帅时期，柔然部活动地域有所扩大，所辖部众也逐渐增多。地粟袁死后，位于东部的柔然原有活动地域和部众被其长子匹候跋继承，新近开拓的西部地域及人口则由次子缊纥提统领。其时，拓跋鲜卑建立的代政权正值昭成帝拓跋什翼犍统治时期（338—376年）。由于拓跋什翼犍年少时曾在后赵为质长达十年，受中原文化和典章

---

① 纯突邻部,《魏书》中华书局点校本改作“纥突邻部”，并附“校勘记”称：“诸本及《北史》卷九八《蠕蠕传》‘纥’作‘纯’。按本卷《高车传》末即附有纥突邻部，卷二《太祖纪》登国五年五月及十二月、皇始二年二月见此部，都作‘纥突邻’，‘纯’乃形近而讹，今改正。”点校修订本与此略同。《北史》点校本未改，但亦附“校勘记”称：“‘纯’疑当作‘纥’，见本卷《高车传》。”然而，这种径改历史文献用字的做法却基于主观臆测，缺乏实际证据。由于文献记载的很多北方民族名号，是汉字音写的外来词汇，因而探求其异同，就必须考虑到相应的民族语文学问题。事实上，纯突邻部并非纥突邻部，而是吐突邻部、叱突邻部的又一汉字音译形式，“389 年被拓跋所击败的吐突邻部与 390 年被击败的纯突邻部是不同的两个部落”。参阅《魏书》卷 103《蠕蠕传》及“校勘记［二］”，第 2289、2314 页；《魏书》卷 103《蠕蠕传》及“校勘记［二］”，点校修订本，第 2487、2513 页；《北史》卷 98《蠕蠕传》及“校勘记［一］”，第 3249、3277 页；亦邻真著，希都日古译：《柔然拾零》,《元史及民族与边疆研究集刊》（第 23 辑），第 176—178 页。

② 《魏书》卷 103《蠕蠕传》，第 2289 页。

制度的影响颇深，因而其在即代王位后即确立年号，建元建国，并制定了较为完备的法律，仿照晋朝的职官制度建立官制，使代政权逐渐发展成为一个以盛乐（今内蒙古自治区呼和浩特市和林格尔县土城子古城）为统治中心，疆域包含今内蒙古自治区中南部及山西省北部地区的地方性割据政权。慑于代政权强大的政治、军事实力，柔然东、西两部继续与代政权维系着此前确立的役属关系。代国建国三十九年（376），拓跋什翼犍在与前秦军的作战中失利，率众逃奔到阴山以北地区。由于“高车杂种尽叛，四面寇钞”，拓跋什翼犍不得不“复度漠南”，入居云中（今内蒙古自治区呼和浩特市托克托县境内）[①]。不久，前秦军攻陷云中，代政权覆亡，柔然与拓跋鲜卑的役属关系由此终结。

代政权灭亡后，由于“其别部大人刘库仁勇而有智，铁弗卫辰狡猾多变，皆不可独任”，前秦皇帝苻坚接受了曾在代政权担任代王左长史的燕凤的建议，“分诸部为二，令此两人统之”[②]。匹候跋所辖柔然东部部众与缊纥提统领的柔然西部部众，分别南向与占据黄河以东雁门、云中等地的刘库仁和占据黄河以西朔方、五原一带的刘卫辰为邻。由于刘库仁与刘卫辰“素有深雠”，双方积怨日久，冲突不断，均无暇顾北顾。于是，柔然反而成为铁弗匈奴等政治势力竞相拉拢的对象。这种局面无疑缓解了代政权建立以来柔然南部区域面临的潜在军事威胁，客观上为柔然东、西两部各自提供了更为广阔的生存和发展空间。

二、柔然部的衰落与内讧

匹候跋和缊纥提分掌柔然东、西两部以后，西部柔然缊纥提集团因与铁弗匈奴地域相连形成依附关系的同时，以匹候跋为首的东部柔然诸渠帅可能也与其活动地域相邻的贺兰部等势力结成了依附或同盟关系。据《魏书·刘眷传》记载，早在刘眷为独孤部部帅时，即有“破贺兰部于善无，又击蠕蠕别帅肺渥于意亲山，破之”之事[③]。可见，贺兰部、独孤部虽然均与拓跋部世代姻亲，但两者之间的矛盾由来已久。另外，此

① 《魏书》卷1《序纪》，第16页。

② 《魏书》卷24《燕凤传》，第610页。

③ 《魏书》卷23《刘眷传》，第606页。

前苻坚使刘库仁与刘卫辰分领黄河东、西两岸的拓跋部众的举措，也造成独孤部与铁弗匈奴矛盾重重。因此，柔然各部与独孤部的关系应亦处于相对比较紧张的状态。由于贺兰部在支持拓跋珪“复国”的活动中发挥了重要作用，铁弗匈奴又与后燕慕容垂集团交好，柔然各部和贺兰部、铁弗匈奴关系密切，且拓跋珪需要仰仗后燕的帮助来巩固北魏的根基，加之各方均为对抗独孤部的势力，因而北魏建立之初未与铁弗匈奴、柔然发生大规模的军事冲突，系黄河流域及阴山南北一带的时势使然。

北魏登国六年（391）冬，道武帝拓跋珪“北征蠕蠕”①，揭开了北朝政权与柔然战争关系的序幕。据《北史·蠕蠕传》记载，是役北魏大破柔然，“虏其半部”，斩杀柔然部帅屋击（一作屋击于），匹候跋“举落请降”，缊纥提子曷多汗、诰归之、社崘、斛律及宗党数百人被俘，缊纥提本人也在向西投奔铁弗匈奴刘卫辰集团的路上，被道武帝所俘②。拓跋珪攻破柔然后，虽将缊纥提所部“分配诸部”，但俘获缊纥提后仍对其“抚慰如旧”③。与此同时，北魏不仅未对柔然部进一步采取离散措施，甚至还任匹候跋领其部众。这就为在北魏的军事打击下，本已走向衰落的柔然部的再度崛起埋下了伏笔。

登国九年（394）十月，缊纥提子曷多汗、社崘等“率部落弃父西走”，长孙肥“以轻骑追至上郡”，大破其众④。是役曷多汗、社崘集团的势力遭受重创，曷多汗被长孙肥斩杀，部众大部被歼，社崘率残部数百人投奔其伯父匹候跋。然而，匹候跋却将社崘及其所部“处之南鄙，去其庭五百里，令其子四人监之”⑤。匹候跋这样做，一方面可以使社崘远离柔然本部的核心活动区域，另一方面也不无将社崘推向北魏兵锋所指的前沿地域之意。至于匹候跋又派遣其子四人前去监视社崘所部，则是防范社崘觊觎其部众的措施。由于匹候跋的做法引起了社崘的不满，社崘遂“率其私属，执匹候跋四子而叛，袭匹候跋”。最终，匹候跋战败被

① 《魏书》卷 2《太祖纪》，第 24 页。

② 《北史》卷 98《蠕蠕传》，第 3249、3250 页。

③ 《北史》卷 98《蠕蠕传》，第 3250 页。

④ 《魏书》卷 26《长孙肥传》，第 651 页。

⑤ 《北史》卷 98《蠕蠕传》，第 3250 页。

俘，社崘集团的势力得以扩展[①]。

匹候跋诸子在其父被社崘俘获后收拾残部，依附于敕勒斛律部。在这种局势下，社崘羁押了匹候跋一个多月以后，即将其放还，但却暗中举兵，欲将匹候跋及其诸子聚而歼之。匹候跋被放归后不久，社崘军至，遂袭杀匹候跋并收其残部，匹候跋子启拔、吴颉等十五人逃奔北魏。北魏出于招降纳叛、分化柔然势力，进而利用他们对抗社崘集团的目的，“以拔、颉为安远将军，平棘侯”。至此，社崘基本实现了对柔然本部的完全控制，成为其名副其实的最高政治军事首领。但是，连年与北魏发生军事冲突，加之内争不断，严重损耗了柔然部的实力，社崘袭杀匹候跋后，“惧王师讨之，乃掠五原以西诸部，北度大漠”[②]。

第二节　柔然汗国的兴衰

402—552 年是历史上的柔然汗国时期。在近一个半世纪的时间里，柔然汗国几度兴衰转变，经历社崘、斛律、步鹿真、大檀、吴提、吐贺真、予成、豆崘、那盖、伏图、丑奴、婆罗门、阿那瓌等 13 位可汗的统治。至 552 年，突厥首领土门败阿那瓌于怀荒镇（今河北省张家口市张北县）北，柔然部众溃散，汗国走向衰亡。

5—6 世纪中叶柔然汗国对中国北方地区的政治格局与民族分布产生了深远影响，在北方民族史乃至中国古代史上占有重要地位。

一、柔然汗国的建立

4 世纪 90 年代中期以后，柔然部屡为“边患”，多次受到北魏的军事打击。由于柔然其时尚不具备单独对抗北魏的实力，遂通过“和亲”等手段与后秦姚兴集团结成军事同盟。北魏天兴五年（402）春，北魏材官将军和突破黜弗、素古延等诸部，获牛羊七万余、马匹三千余，社崘遣骑救之，“和突逆击破之于山南河曲，获铠马二千余匹”[③]。社崘慑于北魏的军事压力，被迫率部远渡大漠。

---

① 《北史》卷 98《蠕蠕传》，第 3250 页。

② 《北史》卷 98《蠕蠕传》，第 3250 页。

③ 《魏书》卷 2《太祖纪》，第 39 页。

4世纪末5世纪初，漠北草原活动着许多敕勒—高车部落。“蠕蠕社崘破败之后，收拾部落，转徙广漠之北，侵入高车之地”[①]。众所周知，牧场是草原游牧民族的重要生产资料之一，得到面积足够广阔的牧场就等于是拥有了赖以生存和发展的空间；反之，如果缺乏或失去牧场，则将使其生存和发展陷入困境。漠北草原水草肥美，是游牧民族理想的天然牧场，历史上不少游牧民族的崛起很大程度上都与其占据了漠北草原有关。而且诸草原游牧民族之间为获取更为广阔的生存发展空间而争夺牧场的现象屡见不鲜[②]。柔然部徙入漠北“高车之地”无疑损害了敕勒诸部的利益，双方的冲突在所难免。

据《北史·高车传》记载，敕勒斛律部首领倍侯利患柔然侵入其地，并认为“社崘新集，兵贫马少，易与耳”，乃“举众掩击，入其国落”[③]。彼时社崘以残破之众深入漠北腹地，加之千里远徙，兵马困乏，遂为倍侯利所败。然而，斛律部部众“不顾后患，分其庐室，妻其妇女，安息寝卧不起”，社崘遂“招集亡散得千人，晨掩杀之”，斛律部“走而脱者十二三”[④]。此后，社崘又以“叛其渠帅”的敕勒人叱洛侯为向导，攻破兼并一些敕勒—高车部落，“凶势益振”[⑤]。于是，社崘在弱洛水流域“始立军法”，建立政权。未几，柔然活动地域西北“国尤富强”的匈奴余部部帅拔也稽兴兵南下攻打柔然，社崘举兵迎击，败拔也稽于頞根河（今蒙古国境内的鄂尔浑河）流域，兼并其众[⑥]。社崘在控制了漠北草原的大部分地区以后，又凭借武力迫使一些西域地方政权接受其“羁縻”，遂自号“丘豆伐可汗”。

史称，柔然可汗及大臣皆“因其行能，即为称号”[⑦]。所谓“丘豆伐”即“驾驭开张”之意[⑧]，其号正符合社崘建立柔然汗国的“行能”。柔然

① 《北史》卷98《高车传》，第3272页。
② 《史记》卷110《匈奴列传》，第2889页。
③ 《北史》卷98《高车传》，第3272页。
④ 《北史》卷98《高车传》，第3272页。
⑤ 《北史》卷98《蠕蠕传》，第3250、3252页。
⑥ 《北史》卷98《蠕蠕传》，第3250页。
⑦ 《北史》卷98《蠕蠕传》，第3251页。
⑧ 《魏书》卷103《蠕蠕传》，第2291页。

汗国的建立，在中国古代北方草原游牧民族史和民族关系史上具有不容忽视的影响。首先，柔然由此成为继匈奴、鲜卑之后又一个在中国北方建立政权的草原游牧民族，其存续时间远较檀石槐鲜卑部落大联盟为长，揭开了东胡系民族在蒙古高原确立长期有效统治的崭新一页。其次，自此以后柔然不仅拥有了与中原王朝分庭抗礼的实力，并且在蒙古高原留下了闪光的历史足迹。柔然汗国建立后“号为强盛”[①],给北魏的北疆安全带来了前所未有的威胁,后世史家多认为“柔然为魏患自此始”[②]。此外，虽然柔然汗国称霸草原不过一百五十余年，柔然作为一个古代民族共同体从出现到消亡也不过两个多世纪，但其制度文化却多为后世的北方游牧民族继承或发展。

二、柔然汗国的兴盛与衰落

402—487 年，柔然汗国经历了曲折发展、稳定发展、鼎盛和盛极而衰四个阶段。其中，社崘至步鹿真在位时期（401—414 年）是柔然汗国初期的曲折发展阶段，虽然其时由于柔然统治贵族内讧不断造成政局多有动荡，但实力总体处于上升态势。大檀至予成在位时期（414—485 年）是柔然汗国的稳定发展阶段，其间柔然对北魏的军事行动虽多以失败告终，但内部政局稳定，经济实力不断增强，至予成时期（464—485 年）达到鼎盛。豆崘至伏图时期（485—508 年），敕勒副伏罗部西迁建立政权严重削弱了柔然的实力，汗国由盛转衰。

（一）社崘至步鹿真时期（402—414 年）柔然汗国的曲折发展

丘豆伐可汗社崘在位时期（402—410 年），柔然汗国将经略目标投向西域，威震诸邦。此后，柔然国力迅速攀升，逐渐成为能够对当时的中国北方地区、西域和中亚政治格局产生影响的政治军事势力。但是，与此同时，柔然统治贵族郁久闾氏内部再度发生内斗，很大程度上也给汗国的稳定和发展带来了不利因素。北魏天赐元年（404），即有社崘弟悦伐、大那等企图杀社崘以立大那，事情败露后逃奔北魏之事[③]。这种局

① 《北史》卷 98《蠕蠕传》，第 3250 页。

② 《资治通鉴》卷 112《晋纪三十四》“安帝元兴元年”条胡注，第 3535 页。

③ 《魏书》卷 2《太祖纪》，第 41 页。

面的出现，应与社崘袭杀匹候跋以后柔然贵族内部由于权力角逐而产生的离心倾向有关。

社崘死后，弟斛律嗣立，是为“蔼苦盖可汗”。斛律在位期间（410—414年），柔然汗国“北并贺术也骨国，东破譬历辰部落”[①]，进一步拓展了势力。然而，其时郁久闾氏子弟中觊觎汗位者仍不乏其人，斛律的地位并不稳固。永兴三年（411）十二月“蠕蠕斛律宗党吐觚于等百余人内属”之事[②]，即表明其时柔然统治贵族内部依然矛盾重重。与此同时，北魏的日渐强盛也引起了斛律的不安。在这种局势下，斛律出于巩固统治进而对抗北魏的需要，于永兴三年（411）秋与北燕冯跋集团和亲。神瑞元年（414），冯跋又欲“娉斛律女为妻”，但斛律却在“将为交婚”之际丧失汗位[③]。如前所述，社崘以来柔然统治集团内讧不断，斛律成为可汗后，矛盾并未消弭。斛律长兄之子步鹿真为离间斛律与朝臣的关系，曾建议斛律以树黎、勿地延之女为媵随嫁北燕，遭到斛律的拒绝。但是，步鹿真却在树黎、勿地延等面前宣称“斛律欲令汝女为媵，远至他国”[④]，巧妙地激化了他们与斛律之间的矛盾。于是，步鹿真在树黎的支持下发动政变罢黜斛律。由于步鹿真、树黎等并无与北燕决裂之意，政变成功后并未诛杀斛律，而是将其“与女俱嫔于和龙”[⑤]。此举实属既可免于与北燕发生直接冲突，又能使斛律远离汗庭的有效举措。

步鹿真即可汗位以后不久，与柔然西部镇将郁久闾大檀的矛盾日渐激化，双方遂兵戎相见。据《北史·蠕蠕传》记载：“高车叱洛侯者……社崘德之，以为大人。步鹿真与社崘子社拔共至叱洛侯家，淫其少妻。少妻告步鹿真，叱洛侯欲举大檀为主，遗大檀金马勒为信。步鹿真闻之，归发八千骑往围，叱洛侯焚其珍宝，自刎而死。步鹿真遂掩大檀。大檀发军执步鹿真及社拔，绞杀之，乃自立。”[⑥]大檀此前曾长期镇守“西界”，通过征伐乌孙、悦般等部扩展了汗国疆界，得到不少柔然贵族的支持。因此“得

① 《北史》卷98《蠕蠕传》，第3251页。
② 《魏书》卷3《太宗纪》，第51页。
③ 《北史》卷98《蠕蠕传》，第2351页。
④ 《北史》卷98《蠕蠕传》，第3252页。
⑤ 《北史》卷98《蠕蠕传》，第3252页。
⑥ 《北史》卷98《蠕蠕传》，第3252页。

位不正”的步鹿真对大檀的实力早已有所忌惮，叱洛侯少妻之语及叱洛侯之死，则是步鹿真与大檀兵戎相见的导火索。最终，这场以罢黜斛律为起点的柔然统治贵族内部的权力争斗，以大檀的胜出宣告结束。

步鹿真死后，大檀“能得众心，国人推戴之，号牟汗纥升盖可汗”①。但是，此前被步鹿真放逐的斛律却并不甘心汗位的旁落。到达北燕后，斛律先被冯跋以客礼“馆之于辽东郡”②,后又授予“上谷侯”爵位③。冯跋纳斛律女为昭仪后，双方的姻亲关系进一步密切。斛律自恃有国内部分柔然贵族及归附柔然的敕勒—高车部落的支持，认为冯跋只要派遣少量军队护送自己返回漠北,部众必会“欣而来迎”④。冯跋遂派遣单于前辅万陵以将三百骑护送斛律回国，但“陵惮远役，至黑山，杀斛律而还”⑤。斛律对大檀汗位造成的潜在威胁就此消弭。

总之，社崘至步鹿真时期，虽然郁久闾氏贵族的内讧曾使柔然汗国的政局一度陷入动荡，但是经过社崘、斛律两代可汗的开拓，柔然实现了对漠北草原的有效控制，并在中原丧乱、无暇西顾之际不失时机地向西域扩展势力，聚集了大量财富，为汗国日后的稳定发展奠定了基础。因此，402—414年间柔然汗国不时出现的动荡局势并未阻碍其势力的拓展和疆域的扩张，其实力总体上仍在动荡曲折中得以发展。

（二）大檀至予成时期（414—485年）柔然汗国的稳定发展

5世纪初，赫连勃勃崛起和刘裕北伐使北魏同时遭受来自西部和南部的军事威胁，无力大规模对柔然用兵。于是，柔然汗国迎来了一个相对稳定的国力发展期和军事扩张期。牟汗纥升盖可汗大檀即位后，曾多次发动对北魏的军事行动，柔然成为威胁北魏北疆安全的最大隐患。此间双方的军事冲突虽然多以北魏获胜而告终，但北魏却并未对柔然军队的有生力量造成有效打击。因此，柔然对北魏造成的军事威胁没能从根本上得到解除。泰常八年（423）春，北魏不得不“筑长城于长川之南，

① 《北史》卷98《蠕蠕传》，第3252页。
② 《晋书》卷125《冯跋载记》，第3132页。
③ 《北史》卷98《蠕蠕传》，第3252页。
④ 《晋书》卷125《冯跋载记》，第3132页。
⑤ 《晋书》卷125《冯跋载记》，第3132页。

起自赤城，西至五原，延袤二千余里，备置戍卫”[①]，以防御柔然（图四）。北魏太武帝拓跋焘即位后，曾多番对柔然用兵，使双方间的军事形势发生了根本逆转。例如，神䴥二年（429），在北魏的军事打击下“大檀部落衰弱，因发疾而死”[②]，柔然汗国一度衰落。

图四　内蒙古自治区呼和浩特市武川县二份子乡麻忽图长城墙体夯层图（西—东）[③]
［内蒙古自治区文化厅（文物局）、内蒙古自治区文物考古研究所：《内蒙古自治区长城资源调查报告·北魏长城卷》，文物出版社，2014年，第74、225页］

大檀死后，子吴提嗣立，是为“敕连可汗”。吴提即位之初，一改前代柔然诸汗对北魏敌对的政策，转而与之通好。与此同时，北魏正着力攻打北燕、北凉等割据政权，实现对黄河流域的统一，也需要一个相对稳定的北部边疆。双方遂在431—436年实现了一个短暂的和平局面。此间，北魏先后攻灭大夏余部和北燕政权，进一步增强了国力，柔然通过经略西域，实力也有所恢复和发展。然而，随着黄河流域的渐趋统一，北魏开始着力经略西域。由于此种举措触动了柔然的利益，遂致太延二年（436）吴提“绝和犯塞”[④]，柔然与北魏再度交恶。此后，终吴提

① 《魏书》卷3《太宗纪》，第63页。
② 《北史》卷98《蠕蠕传》，第3253页。
③ 麻忽图长城属北魏为防御柔然、敕勒诸部所筑六镇长城北线的一部分。
④ 《北史》卷98《蠕蠕传》，第3254页。

之世，双方之间征战不断。太延五年（439），柔然乘太武帝拓跋焘亲征北凉之际，曾一度深入北魏腹地，致其“京邑大骇”；此后，北魏军队也几度深入漠北与柔然作战，但两者均未从根本上动摇对方的实力[①]。北魏太平真君五年（444），吴提死，子吐贺真立，是为“处可汗”（一作“处罗可汗”）。北魏和平元年（460），柔然攻破占据高昌的沮渠氏北凉流亡政权后扶植阚伯周为王，并在借此获取更多物质资源的同时，加强了与西域诸国、吐谷浑和南朝的联系，进一步拓展了实力。吐贺真死后，子予成立，是为受罗部真可汗，建“永康”年号。予成在位期间（464—485年），柔然军队除女水之战和践行与南朝订立的盟约曾两度大举南下外[②]，与北魏之间的大规模军事冲突较少，给汗国赢得了稳定发展的时间和空间。与此同时，柔然汗国通过强化对西域部分地区的控制，得以聚集更多财富，推动了经济军事实力的进一步发展。柔然汗国由此进入全盛时期。

在大檀至予成时期的七十余年里，类似社崘至步鹿真时期郁久闾氏贵族因争夺汗位引发内讧之事较少发生。吴提、吐贺真、予成均以父死子继的世袭制形式继承汗位，表明自大檀开始，柔然可汗的权力不断加强、汗位继承制度渐趋完善，并且柔然统治贵族内部的矛盾也有所缓和。这无疑有利于柔然政局的稳定和经济军事实力的进一步发展。由于柔然军队以骑兵为主，作战的机动性、灵活性强，能够有效避开敌军的正面攻击。因此，虽然北魏此间曾多次征伐柔然，但除了北魏神䴥二年（429）北魏军队深入漠北大败柔然使之一度衰落外，多未能从根本上有效打击柔然军队的有生力量。此外，经略西域也对柔然社会经济和军事实力的恢复发展发挥了积极作用。总体来看，414—485年间柔然统治者根据局势的变化，不失时机地调整内外政策，国力得以稳定发展，并于5世纪60—80年代达到鼎盛阶段。

（三）豆崘至伏图时期（485—508年）柔然汗国的衰落

予成死后，子豆崘立为“伏古敦可汗”，改元太平元年。从豆崘在位时期（485—492年）开始，柔然汗国逐渐走向衰落。北魏太和十一年（487），敕勒副伏罗部首领阿伏至罗率部脱离柔然的统治，西迁至车师前

① 《北史》卷98《蠕蠕传》，第3254、3255页。

② 《南齐书》卷59《芮芮虏传》，第1023页。

部（今新疆维吾尔自治区吐鲁番市交河古城）一带，建立“高车国”政权。阿伏至罗率部西迁后，豆崘兴兵追讨，却“频为阿伏至罗所败，乃引众东徙”[①]。此后,“高车国”势力逐渐控制了天山北部的广阔草原和吐鲁番等绿洲地带，并将触角伸向漠北西部的部分地区，柔然汗庭被迫南迁[②]。与此同时,柔然伊吾戍主高羔子归附北魏[③],又使柔然丧失了对哈密地区的控制。5 世纪 90 年代初，国力的日渐衰弱激化了柔然统治贵族内部的矛盾。据《北史·蠕蠕传》记载，豆崘征讨“高车国”多有败绩，其叔父那盖却因“累有胜捷”得到不少柔然贵族的支持，遂有太和十六年（492）豆崘母子在政变中被杀及那盖被拥立为可汗事[④]。至此,柔然汗国自大檀即位以来近八十年内部政局相对稳定局面也被打破。可见，“高车国”的建立及此后柔然政局的一系列变化，是柔然汗国由盛转衰的转折点。

那盖即位后，号“候其伏代库者可汗”（492—506 年在位），自称太安元年。6 世纪初，麹氏高昌王国建立后一度“又臣于蠕蠕那盖”[⑤]，加之那盖曾大举兴兵对抗北魏[⑥]，表明柔然经过数年的休养生息政局渐趋稳定，社会经济和军事实力均有所恢复。那盖死后，子伏图即位，自号“他汗可汗”，改元始平。由于其时势力正炽的“高车国”仍然是柔然汗国的心腹之患，伏图遂频繁遣使“朝贡”，试图改善与北魏的关系。北魏宣武帝虽然以柔然不修“藩礼”为由拒绝了伏图的“通和”之请，但却在“江南未平，权宽北略”[⑦]的情况下希望能够竭力避免与柔然直接发生军事冲突。与此同时，“高车国”发生内乱，阿伏至罗、跋利延先后被杀，穷奇子弥俄突被部众拥立为“高车国”最高军事政治首领。于是，伏图决定举兵讨伐“高车国”。

北魏永平元年（508），伏图亲率柔然军队远征“高车国”，败弥俄突于蒲类海（今新疆维吾尔自治区巴里坤湖）北，迫使其“西走三百余

① 《北史》卷 98《高车传》，第 3274 页。
② 《南齐书》卷 59《芮芮虏传》，第 1025 页。
③ 《魏书》卷 7 下《高祖纪下》，第 164 页。
④ 《北史》卷 98《蠕蠕传》，第 3257 页。
⑤ 《北史》卷 97《西域传》，第 3213 页。
⑥ 《魏书》卷 41《源怀传》，第 927 页。
⑦ 《北史》卷 98《蠕蠕传》，第 3257 页。

里”，柔然军遂追击至伊吾北山[①]。然而，其后的战争形势却发生了逆转。由于高车王麹嘉此前曾派遣左卫将军孝亮“奉表来朝，因求内徙，乞师迎接”[②]，北魏“于是遣龙骧将军孟威发凉州兵三千人迎之，至伊吾”[③]。孟威接应高昌王内附的军队到达伊吾后，与追击弥俄突的柔然军不期而遇。伏图见孟威军，惧之，遂在战局对柔然有利的局面下，“怖而遁走”，被追击而至的弥俄突袭杀于蒲类海北[④]。于是，柔然汗国一度丧失了攻灭“高车国”，进而实现全面复兴的机遇。此后，柔然与“高车国”之间的战争一直持续至6世纪40年代。

三、柔然汗国的复兴与败亡

6世纪初开始，“高车国”由于统治贵族内部之间的矛盾日渐凸显，外部则要同时面对来自柔然和哌哒两方面的军事压力，迅速走向衰落。与此同时，柔然汗国经过十余年的休养生息，逐渐出现复兴趋势。508年，柔然在征讨“高车国”的过程中虽因北魏军队的突然出现而功亏一篑，可汗伏图也死于非命，但柔然汗国已经渐趋得以恢复的实力却未就此衰落，并在与“高车国”的对抗中逐渐占据了优势。

（一）丑奴在位时期（508—520年）柔然汗国的政局

伏图死后，子丑奴立，改元建昌，是为“豆罗伏跋豆伐可汗”。丑奴以“壮健，善用兵”闻名[⑤]，即位后的数年间一方面继续维持与北魏的和平关系，另一方面则积极整军备战，试图攻灭“高车国”。据统计，508—516年，柔然曾先后三次向北魏遣使“朝贡”，双方未发生大规模军事冲突[⑥]。与此同时，丑奴在军事上对以弥俄突为首的“高车国”势力展开了强力攻势。

据《魏书·高车传》记载，北魏熙平元年（516），丑奴“西征高车

---

① 《北史》卷98《高车传》，第3274页。

② 《魏书》卷8《世宗纪》，第207页。

③ 《北史》卷97《西域传》，第3213页。

④ 《北史》卷98《高车传》，第3274、3275页。

⑤ 《北史》卷98《蠕蠕传》，第3257页。

⑥ 潘国键：《北魏与蠕蠕关系研究》，第223页。

大破之，禽其主弥俄突，杀之，尽并叛者，国遂强盛”[①]。《梁书》亦称此间柔然“始破丁零，复其旧土”[②]。丁零，即敕勒、高车，史称其“初号为狄历，北方以为敕勒，诸夏以为高车丁零”[③]。可见，南北史书对相关史事的记载略同，丑奴此次西征以柔然汗国全胜并一定程度上恢复了传统疆界或势力范围告终。经此一役，“高车国”进一步衰落，部众“悉入嚈哒”[④]。其后数年间，丑奴先后两次遣使“朝贡”北魏[⑤]，继续维持双方的和平局面，营造了相对安定的外部环境。于是，柔然汗国再度出现复兴趋势。然而，6世纪20年代以后，柔然汗国统治贵族内部矛盾激化，各方势力围绕最高统治权的争斗严重消耗了国力。与此同时，弥俄突弟伊匐乘机“复国”，继续与柔然对抗[⑥]。

豆崘死后，那盖子伏图烝其妻候吕陵氏，生丑奴、阿那瓌等六人。丑奴初立，“忽亡一子，子祖惠，求募不能得”。时屋引副升牟妻是豆浑地万“年二十许，为医巫，假托鬼神”，言“此儿今在天上，我能呼得”，

---

① 《北史》卷98《蠕蠕传》，第3257页。

② 《梁书》卷54《芮芮传》，第817页。

③ 按：中华书局点校本及其修订本皆作“北方以为敕勒，诸夏以为高车、丁零”。但南北朝时期，迁入内地从事农业生产的内迁丁零，和仍居塞外“乘高车，逐水草”的高车丁零存在显著差别。南朝史书将两者统称为“丁零”，北朝史书则以“丁零”专指内迁丁零，用“敕勒”“高车”来指代“高车丁零”。可见，“敕勒”虽由“丁零”音转而来，却是南北朝时期塞外各族对高车丁零的称谓，北方地区的汉族人和鲜卑人则将之称作“高车丁零”或省称为“高车”。《魏书·太宗纪》载有泰常三年（418），明元帝拓跋嗣“自长川诏护高车中郎将薛繁率高车丁零十二部大人众北略，至弱水，降者二千余人，获牛马二万余头”之事；若在此“高车丁零”间句读，则与《蠕蠕传》所言敕勒—高车“北方以为敕勒，诸夏以为高车、丁零”相悖。因此，中华书局点校本《魏书》《北史》及点校修订本《魏书》对引文“诸夏以为高车丁零”句在“高车”“丁零”间加顿号句读的做法有待商榷。另，《北史·高车传》无“敕勒，诸夏以为”六字，中华书局点校本据他史所补。以上内容，见《魏书》卷3《太宗纪》，第58页；《魏书》卷103《高车传》，第2307页；《魏书》卷103《高车传》，点校修订本，第2505页；《北史》卷98《高车传》及“校勘记［四〇］”，第3270、3282页。

④ 《北史》卷98《高车传》，第3275页。

⑤ 潘国键：《北魏与蠕蠕关系研究》，第223、224页。

⑥ 《北史》卷98《高车传》，第3275页。

并“祈请天神”将祖惠寻回，遂赢得“圣女”称号，被丑奴纳为“可贺敦”（qatun），其夫屋引副升牟则被授予爵位，并获得了汗庭丰厚的赏赐。此后数年间，是豆浑地万深得丑奴宠爱，参与国政，权势日盛，引起了以丑奴母候吕陵氏为代表的一些柔然统治贵族的不满。祖惠长大后，其早年失踪系被是豆浑地万藏匿以获取利益的事实虽被丑奴知悉，但丑奴却以“地万悬鉴远事，不可不信，勿用谗言也”，未予追究，反而听信是豆浑地万的谗言，欲置祖惠于死地。柔然贵族内部之间的矛盾遂进一步激化。6世纪20年代初，柔然莫何去汾李具列等在候吕陵氏的授意下，绞杀是豆浑地万，丑奴震怒，欲诛杀李具列等。恰在此时，阿至罗部举兵来袭，丑奴率军仓促迎战，兵败。其后不久，柔然汗庭内乱，候吕陵氏与部分大臣遂合力杀丑奴，改立丑奴弟阿那瓌为可汗。未几，柔然贵族示发起兵讨伐阿那瓌，阿那瓌战败后与弟乙居伐等“轻骑南走归魏”，候吕陵氏及其二子则被示发所杀[①]。

总体来看，6世纪初，丑奴击败弥俄突后，柔然汗国得以“复其旧土”，一度出现“国遂强盛”局面。但其后丑奴与其母候吕陵氏之间的矛盾日趋突出，最终导致丑奴遇弑，柔然汗国的政局再次陷入动荡，其复兴趋势也由此中断。

（二）阿那瓌与婆罗门的汗位争夺

北魏正光元年（520）秋，“蠕蠕主阿那瓌来奔”[②]。自社崘远徙漠北建立政权以来的百余年间，柔然汗国与北魏的关系或战或和，柔然贵族或部落投奔北魏之事亦史不绝书，但阿那瓌以柔然可汗的身份亡归北魏之事却是绝无仅有的。因此，北魏君臣对阿那瓌的到来极为重视，遂以陆希道主使、孟威为副“远畿迎接”[③]。阿那瓌入朝后，孝明帝元诩诏“封朔方郡开国公、蠕蠕王，食邑一千户，锡以衣冕，加以轺车，禄恤仪卫，同乎戚蕃”[④]，备受优渥。至此，北魏历代统治者希望柔然臣服并修“藩礼”的夙愿终于达成。同年冬，在阿那瓌的请求下，元诩决定派军队护

---

① 《北史》卷98《蠕蠕传》，第3258页。

② 《魏书》卷9《肃宗纪》，第231页。

③ 《魏书》卷44《孟威传》，第1006页。

④ 《魏书》卷9《肃宗纪》，第231页。

送其重返汗庭，收拾局势。然而，此时柔然政局却发生了新的变化，阿那瓌堂兄弟婆罗门以武力驱逐示发，成为柔然新任可汗。

早在阿那瓌投奔北魏后不久，婆罗门即兴兵讨伐示发。示发战败后逃奔地豆于，为地豆于所杀，婆罗门遂在部分柔然贵族的推举下即可汗位，是为“弥偶可社句可汗”。在这种情形下，婆罗门和支持婆罗门即位的柔然贵族出于维护自身利益的考虑，竭力反对并设法阻挠阿那瓌重返汗庭。正光二年（521）春，北魏派遣牒云具仁出使柔然汗庭，传达孝明帝希望婆罗门主动放弃汗位并迎纳阿那瓌的旨意，婆罗门则以两千军队随牒云具仁前往边境“迎还”阿那瓌；同年夏，“具仁还镇，论彼事势。阿那瓌虑不敢入，表求还京”[①]。但是，局势不久以后即出现逆转，并开始朝着有利于阿那瓌的方面发展。

“高车国”主弥俄突被丑奴擒杀后，“高车国”并未彻底败亡。史书记载，其时实力强劲的吠哒尽管与柔然曾经为了共同打击“高车国”结成军事同盟，但吠哒并不希望“高车国”败亡后实力更为强劲的柔然真正复兴，遂支持弥俄突弟伊匐“复国”以遏制柔然势力的发展。正光二年（521）夏，婆罗门在伊匐的打击下被迫“走投凉州”[②]，柔然出现“国土大乱，姓姓别住，迭相抄掠”局面，不少部众“相率迎阿那瓌”[③]。但是，面对柔然“两主投身”的情况，北魏君臣却重新就如何处理阿那瓌返回汗庭的问题提出动议。凉州刺史袁翻关于“蠕蠕二主，皆宜存之，居阿那瓌于东偏，处婆罗门于西裔，分其降民，各有攸属……”的提议，得到了朝廷上下的普遍认同[④]。同年十月，元翊诏允元雍等提出关于“阿那瓌宜置西吐若奚泉，婆罗门宜置西海郡。各令总率部落，收离聚散……”的建议，并于十二月以元洪超兼尚书行台前往敦煌处理安置婆罗门等事宜。然而，北魏试图促使柔然“二主并存”、相互制约的目的尚未实现，即因婆罗门与部众“谋叛投吠哒”之事的发生被迫终止[⑤]。

正光三年（522），婆罗门“复叛，入寇凉州”，北魏将领费穆“伏兵

① 《北史》卷98《蠕蠕传》，第3261页。
② 《北史》卷98《高车传》，第3275页。
③ 《北史》卷98《蠕蠕传》，第3261页。
④ 《魏书》卷69《袁翻传》，第1542页。
⑤ 《北史》卷98《蠕蠕传》，第3262页。

奔击，大破之，斩其帅郁厥乌尔、俟斤十代等，获生口杂畜甚众”[①]。婆罗门势力由此一蹶不振，嗣后“仍为州军所讨，禽之”，于正光五年（524）在洛阳病死[②]。与此同时，阿那瓌北返汗庭，逐渐稳定了政局，实现了对汗国的全面控制。

（三）柔然汗国的复兴

阿那瓌在北魏的支持下重新登上汗位以后不久，即“率众犯塞”，再度成为北魏的“边患”。正光四年（523）春二月，北魏以宗室元孚为北道行台“持节喻之”[③]，时“阿那瓌众号三十万，阴有异意，遂拘留孚”[④]。同年夏，阿那瓌执元孚，“驱掠畜牧北遁”，孝明帝诏李崇等率十万骑出塞征讨，无功而返[⑤]。此后，柔然势力进一步恢复并发展，北魏却在“六镇起义”的打击下走向衰落。

5世纪初开始，北魏出于防御柔然的需要，在北部的边境地区设置了沃野镇、怀朔镇、武川镇、抚冥镇、柔玄镇、怀荒镇等军镇。这些军镇实行军政合一的制度，将领多由鲜卑贵族担任，军民则由鲜卑人、汉人、高车人等组成。在相当长的一段时间里，六镇边防体系的建立有效遏制了柔然骑兵的南下，对维护北边的稳定具有一定的积极意义，备受北魏统治阶层的重视。但是，孝文帝“太和改制”以后，北魏都城南迁，六镇地位逐渐下降，鲜卑贵族对六镇军民的残酷统治和经济剥削加重，最终导致了“六镇起义”的爆发。

正光五年（524）春，由于北魏沃野镇高阙戍戍主“率下失和”[⑥]，镇民破六韩拔陵聚众起兵，揭开了“六镇起义”的序幕。此后，诸镇军民纷纷响应，史称“北镇纷乱，所在蜂起，六镇荡然，无复蕃捍”[⑦]。由于北魏政府无力镇压六镇起义，遂请求柔然骑兵南下“平叛”。于是，原本为防御柔然设置的六镇反而成为北魏统治者希望借助柔然军事力量打击的

① 《魏书》卷44《费穆传》，第1003、1004页。
② 《北史》卷98《蠕蠕传》，第3262、3263页。
③ 《魏书》卷9《肃宗纪》，第234页。
④ 《北史》卷16《元孚传》，第613页。
⑤ 《魏书》卷9《肃宗纪》，第234页。
⑥ 《北史》卷16《元深传》，第617页。
⑦ 《魏书》卷14《元天穆传》，第355页。

对象。由于出兵镇压六镇起义既可以使柔然借势削弱北魏边防力量，又能在助魏“平叛”的过程中获取财富，阿那瓌遂于孝昌元年（525）春兴兵十万南下，讨伐破六韩拔陵。柔然军得到北魏的“杂物劳赐”后，“从武川镇西向沃野，频战剋捷”[①]，杀破六韩拔陵。

通过协助北魏镇压六镇起义，柔然汗国不仅解除了来自南边的军事威胁，还凭借北魏方面的“宣劳班赐”获得大量财富，阿那瓌由此“部落既和，士马稍盛”，遂自号“敕连头兵豆伐可汗”[②]。六镇起义失败后，北魏虽然暂时稳定了政局，国力却在此后接踵而至的内乱中不断削弱，至6世纪30年代中期分裂为东魏和西魏两个政权。此后，东、西魏争相与阿那瓌家族联姻，希望通过结好柔然来牵制对方。在这种情况下，阿那瓌获利颇丰，柔然实力进一步发展。6世纪40年代初，柔然攻灭“高车国”，恢复了对西域部分地区的控制，逐渐实现全面复兴。然而，阿那瓌时代柔然汗国的全面复兴只是昙花一现。6世纪50年代，柔然汗国亡于日渐崛起的突厥。

第三节　阿那瓌败亡后的柔然余部及其历史活动

6世纪40年代，原“居金山之阳，为茹茹铁工”的突厥在兼并铁勒“五万余落”后逐渐兴起，其首领土门（Tümän）向阿那瓌请婚遭到拒绝后怒杀柔然使者，“遂与之绝”[③]。此前，柔然曾与西魏联姻，阿那瓌以长女嫁西魏文帝，是为文帝悼皇后。但是，悼皇后死后，柔然与西魏关系逐渐破裂，阿那瓌遂与东魏高欢集团联姻，西魏面临腹背受敌的局面。西魏大统十七年（551），土门请婚于西魏，宇文泰出于联合突厥对抗东魏、柔然的需要，遂“以魏长乐公主妻之”[④]。于是，当时的中国北方地区出现了东魏、柔然与西魏、突厥四方势力、两大军事政治同盟东西对峙的局势。

---

① 《北史》卷98《蠕蠕传》，第3263页。

② 《魏书》卷103《蠕蠕传》，第2303页。

③ （唐）令狐德棻等:《周书》卷50《突厥传》，中华书局点校本，1971年，第907、908页。

④ 《北史》卷99《突厥传》，第3287页。

一、菴罗辰奔齐与铁伐、邓叔子分立

552年，突厥首领土门“发兵击茹茹，大破之于怀荒北”[①]，阿那瓌兵败自杀，部众溃散，柔然汗国名存实亡。土门遂自号“伊利可汗”，建立突厥汗国。

阿那瓌死后，柔然汗国分崩离析，余部各自拥立了新可汗，但却始终未能形成统一力量对抗突厥。据《北齐书·文宣帝纪》，天保三年（552）“二月，茹茹主阿那瓌为突厥虏所破，瓌自杀，其太子菴罗辰及瓌从弟登注俟利发、注子库提并拥众来奔。茹茹余众立注次子铁伐为主”[②]。《北史·蠕蠕传》所载与此略同[③]。另据《周书·突厥传》，可知与此同时，柔然汗国还有部分部众“复立阿那瓌叔父邓叔子为主”[④]。对此，司马光《通鉴考异》认为：“《魏书》《北史·蠕蠕传》皆云‘立铁伐为可汗’，《突厥传》皆云‘立邓叔子为可汗’。盖诸部分散，各有所立也。”[⑤]此说不无道理。

柔然汗国建立后实行两翼分封制，汗庭以外有分别负责经略蒙古草原东部和西域地区的东、西二部[⑥]。此外，还有“军政合一”体制下的各级军事政治首领[⑦]。这种行政管理机制虽然与草原游牧社会的发展相适应，但也潜藏着不利于政权稳固的弊端。当最高军事政治首领因遭受外部攻击或其他原因导致势力衰落时，各部贵族的离心倾向即会随之滋生。铁伐、邓叔子分别被拥立之事，即在阿那瓌兵败自杀、菴罗辰奔齐后，柔然余部群龙无首的局势下形成。至于《北齐书》无邓叔子事迹，《周书》不见伐事迹，应是北魏分裂后，西魏与北周、东魏与北齐两大军事政治集团“地分秦赵”[⑧]，双方分别与柔然汗国崩溃后的铁伐所部及邓叔子

---

① 《周书》卷50《突厥传》，第909页。
② （唐）李百药：《北齐书》卷4《文宣帝纪》，中华书局点校本，1972年，第56页。
③ 《北史》卷98《蠕蠕传》，第3266页。
④ 《周书》卷50《突厥传》，第909页。
⑤ 《资治通鉴》卷165《梁纪二十一》“元帝承圣二年”条考异，第5097页。
⑥ 肖爱民：《中国古代北方游牧民族两翼制度研究》，第85—88页。
⑦ 林幹：《中国古代北方民族通论》，内蒙古人民出版社，2007年，第111—113页。
⑧ 《大周使持节大将军丹淮青幽豫五州刺史定安县开国公故莫仁信公墓志》，陕西省考古研究院：《北周莫仁相、莫仁诞墓发掘简报》，《考古与文物》2012年第3期。

“别部”相邻，而无从和不相邻的柔然部落交往甚至难以得到其更多相关消息，唐人撰修二史所本者又多系西魏及周、齐历史档案、“国史”或在此基础上形成的前人修撰史书所致[①]。

应该指出，与铁伐、邓叔子分立同时，还有不少柔然余部不在两者掌控范围内，或因外部势力打击下与两部离散。《周书·史宁传》记载：“初茹茹与魏和亲，后更离叛。寻为突厥所破，杀其主阿那瓌。部落逃逸者，仍奉瓌之子孙，抄掠河右。宁率兵邀击，获瓌子孙二人，并其种落酋长。自是每战破之，前后获数万人。”[②]河右即河西，泛指包括丝路古道上著名的“河西走廊”在内的黄河以西广阔区域。时史宁为西魏凉甘瓜三州诸军事、凉州刺史，管辖凉州（今甘肃省武威）军政事务及甘州（改西凉州置，今甘肃省张掖）[③]、瓜州（今甘肃省敦煌）军务，其境皆地处此间。邓叔子既为阿那瓌叔父，《周书·史宁传》言此“抄掠河右”者系阿那瓌子孙，则其应非邓叔子所部。可见除邓叔子集团外，其时尚有毗邻西魏边界的柔然余部奉阿那瓌子孙为主。且从史宁与之作战“前后获数万人”的情况来看，这些柔然部众亦为数不少。

总之，柔然可汗阿那瓌自杀身亡后，子菴罗辰奔齐，部众溃散，铁伐在“国人”的拥戴下即可汗位。其后，阿那瓌叔父邓叔子也在部众的支持下自立为可汗，柔然出现“二主并存”的局面。此外，还有不少柔然余部游离于铁伐、邓叔子势力之外独立活动。由于相关史料匮乏，铁伐、邓叔子是否知悉对方立为汗的消息难以稽考，但不可否认，这种局面无疑不利于双方各自收拢柔然残部，形成统一势力对抗新兴的突厥汗国。因此，柔然汗国经过此次打击，再未能像此前那样在历经北魏的军事打击或敕勒副伏罗部西迁等因素导致国力中衰后，还能通过休养生息、

---

① 《史通通释》卷12《古今正史》，第342、343页。

② 《周书》卷28《史宁传》，第467页。

③ 《周书·文帝纪下》载，西魏废帝三年（554）春正月“又改置州郡及县：……西凉为甘州……凡改州四十六，置州一，改郡一百六，改县二百三十”。《周书》卷2《文帝纪下》，第34页。据此，史宁“复除凉甘瓜三州诸军事、凉州刺史”事当在西魏废帝三年（554）正月以后，与本传异。窃疑史宁最初所辖者当为凉、西凉、瓜三州诸军事，而554年春以后方为凉、西凉、瓜三州；《周书》成书于唐初，所记西魏、北周史事多据前代史籍或档案文书追述，故《周书·史宁传》直言废帝元年（552）史宁即领凉甘瓜三州诸军事。

收拢部众、经略西域等措施来恢复国力，实现复兴。

二、以铁伐、菴罗辰为代表的东部柔然余部史迹

从东魏兴和四年（542）开始，柔然可汗家族郁久闾氏曾多次与高欢家族联姻。此后，至阿那瓌败亡前，双方关系始终以和平往来为主。菴罗辰投奔北齐后，以铁伐为首的东部柔然余部依然与北齐之间保持着东魏以来的和平局面，并希望借助北齐势力来稳定局势，对抗突厥。与此同时，突厥、西魏势力的发展使北齐西部和北部边界的局势日趋严峻，盘踞江南的侯景及“侯景之乱”后局势逐渐稳定的梁朝也是其南边的潜在威胁。北齐天保三年（552），文宣帝高洋“亲御六军，北攘突厥，仍诏斐监筑长城”①，以维护北边稳定。然而，修筑长城虽然有助于强化北齐的北边防务，却不能从根本上扭转其“三面受敌”的态势。因此，北齐最高统治集团也希望通过扶植柔然余部来对抗西魏及突厥，遂于天保四年（553）二月“送茹茹主铁伐父登注及子库提还北”②，试图以此来拉拢铁伐，使之成为北齐牵制西魏的筹码和防御突厥的“屏障”。然而，登注等北返不久以后，铁伐即在与契丹的军事冲突中被杀，北齐扶植柔然余部以牵制突厥的计划就此落空。

历史上，契丹在相当长的一段时间里曾役属于柔然，双方之间的矛盾由来已久③。552 年，阿那瓌败亡致柔然部众溃散，实力遭受重创，以

---

① 《北齐书》卷 42《阳斐传》，第 554 页。

② 《北齐书》卷 4《文宣帝纪》，第 57 页。

③ 据《魏书·契丹传》记载：“太和三年，高句丽窃与蠕蠕谋……契丹惧其侵轶，其莫弗贺勿于率其部落车三千乘、众万余口，驱徙杂畜，求入内附，止于白狼水东。”《魏书》卷 100《契丹传》，第 2223 页。这是现有史料对于柔然与契丹关系的较早记录。“契丹惧其侵轶”，表明至晚此前柔然“侵轶”契丹事或已发生，双方的矛盾亦已滋生。5—6 世纪，柔然汗国是蒙古高原上最重要的军事政治势力，而尚未形成部落联盟的契丹各部与之相比处于绝对劣势，需要通过北魏的庇护或役属柔然来维持生存发展。6 世纪 20 年代以后，由于北魏在六镇起义的打击下走向衰落，使契丹丧失了选择前一种生存发展形势的可能。因此，有观点认为在北魏后期至东、西魏分立的近三十年时间里，“契丹部落始终作为柔然人的属部而存在”。任爱君：《辽朝史稿》，甘肃人民出版社，2012 年，第 6 页。虽然契丹部落此间是否彻底沦为柔然“属部”的观点尚缺乏确凿的史料依据，但他们失去北魏庇护后受到柔然汗国奴役和压迫，而这种奴役和压迫使双方之间的矛盾加剧却毋庸置疑。

铁伐为首的东部柔然余部已经无力控制蒙古草原东部诸族。与此同时，突厥汗国还在初创阶段，尚未实现对草原诸部的有效统治，蒙古高原东部地区、西辽河流域的广大区域内出现了一个短暂的势力“真空”。于是，契丹各部乘机摆脱柔然的奴役压迫，并不失时机地扩展势力。尽管其时柔然汗国已经崩溃，但自恃得到北齐支持的铁伐显然不会容忍契丹各部的“背叛”，双方的矛盾由此进一步激化。契丹袭杀铁伐事即在这种局势下发生。

铁伐死后，柔然余部拥立其父登注为可汗，旋为大人阿富提等所杀。于是,“国人复立库提为主”[①]。与契丹军事冲突的失利使原本已经孱弱的东部柔然余部濒临危机，此间发生在其贵族之间的内讧则使危机进一步加剧。与此同时，突厥伊利可汗、乙息记可汗（一作“逸可汗”）相继病卒，阿史那燕都继立，号木杆可汗（553—572 年在位）。燕都“性刚暴，务于征伐”，在位期间继续征讨柔然余部，并“西破哌哒，东走契丹，北并契骨，威服塞外诸国”，使突厥汗国逐渐走向极盛[②]。木杆可汗即位之初,即着力于彻底消灭柔然余部,库提所部遂“复为突厥所攻”[③]。天保四年（553）十二月，库提等苦于突厥的侵袭，被迫举落南下依附北齐。高洋遂自晋阳（今山西省太原）起兵“北讨突厥，迎纳茹茹”，并废库提改立菴罗辰为柔然可汗，将其所部安置在马邑川（今山西省朔州市北）一带，“给其禀饩缯帛”[④]。随后，高洋又亲自率军追击突厥，迫其“请降”，延缓了突厥对东部柔然余部的攻击，为其赢得喘息之机，“于是蠕蠕贡献不绝”[⑤]。但这种局面仅维持到天保五年（554）三月,即被菴罗辰因“反叛”北齐而引起高洋的征伐所打破。此后，以菴罗辰为首的东部柔然余部陷入了与北齐的战争泥淖。

北齐天保五年（554）四月，“茹茹寇肆州。丁巳，帝自晋阳讨之，至恒州黄瓜堆，虏骑走。时大军已还，帝率麾下千余骑，遇茹茹别部数万,四面围逼。帝神色自若，指画形势，虏众披靡，遂纵兵溃围而出。

---

① 《北齐书》卷 4《文宣帝纪》，第 57 页。

② 《周书》卷 50《突厥传》，第 909 页。

③ 《北史》卷 98《蠕蠕传》，第 3266 页。

④ 《北齐书》卷 4《文宣帝纪》，第 58 页。

⑤ 《北史》卷 98《蠕蠕传》，第 3266 页。

虏乃退走，追击之，伏尸二十里，获菴罗辰妻子及生口三万余人”[①]。《北史·齐本纪》称高洋“尝追及蠕蠕，令都督高阿那肱率骑数千，塞其走道。时虏军犹盛，五万余人。肱以兵少请益，帝更减其半骑。那肱奋击，遂大破之。虏主逾越岩谷，仅以身免”[②]。菴罗辰集团的实力由此进一步削弱，同年五月又为北齐所破，加之突厥的进逼，难以在漠北草原和内蒙古高原中西部地区立足，乃率部东徙，高洋遂于六月“率轻骑于金山下邀击之”，使“茹茹闻而远遁”[③]。北齐营州刺史王峻获悉柔然残部东徙的消息后，“度其必来”，遂设伏以待，菴罗辰为其所败，遁走，王峻“获其名王郁久闾豆拔提等数十人，送于京师”[④]。经过几番较量，菴罗辰意识到柔然以残败之众无力对抗强大的北齐，加之柔然余部势力的分散与突厥的军事威胁也使其面临腹背受敌的境遇，遂于天保六年（555）五月再度遣使向北齐“朝贡”[⑤]，试图缓和双方之间的关系。但是，其时北齐正欲改善与突厥的关系[⑥]，不仅并未就此与东部柔然余部达成和解，反而加紧对菴罗辰集团发起了新一轮的军事征讨。同年六至七月，高洋再度北征柔然，俘获人口两万余、牛羊数十万头，并招降柔然贵族

---

① 《北齐书》卷4《文宣帝纪》，第58页。

② 《北史》卷7《齐本纪中》，第259页。

③ 《北齐书》卷4《文宣帝纪》，第58页。

④ 《北齐书》卷25《王峻传》，第364页。

⑤ 《北齐书》卷4《文宣帝纪》，第60页。

⑥ 西魏及北周与突厥和亲的举措早已引起了北齐方面的重视。北齐征讨突厥、修筑长城防御工事的同时，也采取向突厥示好的方式来延缓和改善自身腹背受敌局面，遂有天保五年（555）四月“突厥遣使朝贡”事（《北齐书》卷4《文宣帝纪》，第60页）。此外，突厥方面为获取更多的利益，也曾寻求主动与北齐方面建立联系。据《北史》卷69《厍狄峙传》记载：“蠕蠕灭后，突厥强盛，虽与周通好，而外连齐氏。周文又令峙衔命喻之。突厥感悟，即执齐使归诸京师。”（第2394页）；又，同书《王庆传》载：“初，突厥与周和亲，许纳女为后。而齐人知之，惧成合从之势，亦遣使求婚，财馈甚厚。突厥贪其重赂，便许之。朝议以魏氏昔与蠕蠕结婚，遂为齐人离贰，今者复恐改变，欲遣使结之。遂授庆左武伯，副杨荐为使。”（第2397页）北周取代西魏以后，“岁给缯絮锦彩十万段。突厥在京师者，又待以优礼，衣锦食肉者，常以千数。齐人惧其寇掠，亦倾府藏以给之。他钵弥复骄傲，至乃率其徒属曰：‘但使我在南两个儿孝顺，何忧无物邪。’”（《周书》卷50《突厥传》，第911页）。

郁久闾李家提等[1]。是役之后，菴罗辰及东部柔然余部相关史迹不再见于北齐方面的记载。

三、以邓叔子为代表的西部柔然余部史迹

社崘时期，柔然汗国的西部疆界已至“焉耆之北”[2]，迫使西域数国“羁縻属之”[3]。社崘晚期至斛律时期，后来成为柔然牟汗纥升盖可汗的郁久闾大檀曾率部镇守柔然汗国的西部边界，经略西域。5世纪80年代以后，“高车国”的建立虽然曾使柔然汗国西部疆界一度收缩，但那盖即位后至阿那瓌复兴时期，柔然又逐渐恢复了对西域部分地区的控制。6世纪中叶，在与西魏北边毗邻的河西走廊以北、蒙古高原西部及陕北地区，仍有不少柔然部众活动。阿那瓌败亡后，以上述区域为主要活动空间的部分柔然余部推举阿那瓌叔父邓叔子为可汗。

然而，邓叔子被拥立为可汗后不久，即接连受到突厥的军事打击。《周书·突厥传》记载：“土门死，子科罗立。科罗号乙息记可汗。又破叔子于沃野北木赖山。二年三月，科罗遣使献马五万匹。科罗死，弟俟斤立，号木汗可汗。”[4]《隋书·突厥传》：“伊利……卒，弟逸可汗立，又破茹茹。病且卒，舍其子摄图，立其弟俟斗，称为木杆可汗。”[5]对比可知，《北史·突厥传》与此相关的史文主要抄录《周书·突厥传》而成，唯“木赖山”改为“赖山”，另有少部分字句参考了《隋书·突厥传》[6]。俟斤（irkin）本柔然职官名称，后来该名号又为突厥所承袭。木杆可汗的姓名既为阿史那燕都，则史书以“俟斤”称之，当系其即可汗位以前所居官职为此，抑或其担任此职位时颇有建树所致。至于《隋书·突厥传》所见之“俟斗”，则应系“俟斤”在传抄流布过程中产

---

① 《北齐书》卷4《文宣帝纪》，第60页。

② 《通典》卷196“蠕蠕”条，第5383页。

③ 《北史》卷98《蠕蠕传》，第3252页。

④ 《周书》卷50《突厥传》，第909页。

⑤ （唐）魏徵、令狐德棻：《隋书》卷84《突厥传》，中华书局点校本，1973年，第1864页。

⑥ 《北史》卷99《突厥传》，第3287页。

生的讹误[①]。《周书》《隋书》虽然对土门与科罗、燕都亲属关系的记载互相抵牾，但均不可否认三者在汗位传承上的前后相继关系。

需要指出，西部柔然余部应对突厥军事压力的同时，还在与西魏的冲突中消耗了不少实力。除前述西魏将领史宁曾在河西地区屡破西部柔然余部外，北朝史书又有“茹茹寇广武”被赵贵击败的记载[②]。《周书·文帝纪》载：“魏恭帝元年夏四月……茹茹乙旃达官寇广武。五月，遣柱国赵贵追击之，斩首数千级，收其辎重而还。”[③]是役，与赵贵分路征讨的窦炽“斩其酋帅郁久间是发，获生口数千，及杂畜数万头”[④]，随赵贵出征的王勇亦“获杂畜数千头”[⑤]。乙旃氏，系高车十二氏之一[⑥]，拓跋“帝氏十姓”亦有此氏，后改叔孙氏[⑦]。周伟洲认为，“高车乙旃部很早就已投归托跋鲜卑，为其‘宗族十姓’之一”，“柔然乙旃达官原为敕勒无疑”[⑧]。“达官”，柔然贵族职官名号，亦作“塔寒”“达干”等，即蒙元时代之答剌罕（tarqan），该名号后来被突厥、回鹘、蒙古等草原游牧民族承袭并赋予不同内涵，韩儒林对其演变历程有精辟论述[⑨]，兹不赘述。广武，县名，为北魏东夏州（西魏改延州）及偏城郡治所，今陕西省延安市东。由此可见，此“乙旃达官”系柔然“别部”贵族，活动地域与西魏边界临近，所部应系阿那瓌败亡后西部柔然余部的一部分。但是，囿于文献记载不足，乙旃达官与邓叔子集团处于何种关系的

---

① 斤，见欣开三，魏晋南北朝至隋唐五代时期的古音形式为 *kịən，斗，端厚开一，魏晋南北朝、隋至中唐及晚唐五代的古音形式分别为 *tu、*tou、*təu，两者音值差异较大。虽然自魏晋南北朝至晚唐五代，“斗”字的字音有所变化，却无一例外都是以 -u 为韵尾的阴声字；由此译写的专有名词难与见之于古代突厥文碑铭中的 irkin 勘同。

② 《周书》卷 16《赵贵传》，第 262 页。

③ 《周书》卷 2《文帝纪下》，第 35 页。

④ 《周书》卷 30《窦炽传》，第 519 页。

⑤ 《周书》卷 29《王勇传》，第 491 页。

⑥ 《北史》卷 98《高车传》，第 3273 页。

⑦ 《魏书》卷 113《官氏志》，第 3006 页。

⑧ 周伟洲：《敕勒与柔然》，第 36、37、104 页。

⑨ 韩儒林：《蒙古答剌罕考》，《穹庐集——元史及西北民族史研究》，上海人民出版社，1982 年，第 18—46 页。

问题已无从考证。

北齐天保六年（555）以后，东部柔然余部因接连遭到北齐、突厥的打击，部落分散，可汗菴罗辰不知所终。与此同时，突厥木杆可汗“乃举兵击邓叔子，灭之”，邓叔子等“以其余烬”约“千余家”投奔西魏[①]。于是，突厥“尽有塞表之地，控弦数十万，志陵中夏”[②]。此外，其时尚有毗邻北齐北部边界的柔然余部试图向西迁徙，应与邓叔子集团及其他柔然余部在内蒙古高原西部、陕北及河西地区的活动有关。《北齐书·斛律金传》载：“后以茹茹为突厥所破，种落分散，虑其犯塞，惊挠边民，乃诏金率骑二万屯白道以备之。而虏帅豆婆吐久备将三千余户密欲西过，候骑还告，金勒所部追击，尽俘其众。茹茹但钵将举国西徙，金获其候骑送之，并表陈虏可击取之势。显祖于是率众与金共讨之于吐赖，获二万余户而还。”[③]韩荫晟等辑录柔然散见史料时，系此于北齐天保六年（555），并指出“按北齐天保六年，突厥木杆可汗大举击柔然，柔然分散。文宣‘虑其犯塞’，故屯白道以备之。此条斛律金屯兵白道盖与文宣同时，事当在本年”[④]。查《北齐书·文宣帝纪》有是年“秋七月己卯，帝顿白道，留辎重，亲率轻骑五千追茹茹”的记载[⑤]，确与斛律金“表陈虏可击取之势”后高洋北征柔然事合。从前引史料的记载来看，突厥大举征讨柔然余部的时间应不晚于但钵等被北齐所败之事，邓叔子等苦于突厥进逼被迫投奔西魏之事亦当此时。

《周书·李弼传》记载：“属茹茹为突厥所逼，举国请降，弼率前军迎之。给前后部羽葆鼓吹，赐杂彩六千段。”[⑥]可见，邓叔子等投奔西魏之初，犹备受优渥。但邓叔子等入居关中的消息为突厥侦知以后，木杆可汗恃其强盛，遂“遣使请诛邓叔子等”[⑦]。对此，《北史·蠕蠕传》称：“突厥既恃兵强，又藉西魏和好，恐其遗类依凭大国，使驿相继，请尽

---

① 《周书》卷50《突厥传》，第909页；《北史》卷98《蠕蠕传》，第3267页。

② 《周书》卷9《武成阿史那皇后传》，第143、144页。

③ 《北齐书》卷17《斛律金传》，第221页。

④ 中国科学院历史研究所史料编纂组：《柔然资料辑录》，第260页。

⑤ 《北齐书》卷4《文宣帝纪》，第60页。

⑥ 《周书》卷15《李弼传》，第240、241页。

⑦ 《周书》卷50《突厥传》，第910页。

杀以甘心。”[①] 从当时的战略全局看，西魏仍致力于与北齐争夺黄河流域，而在南方擒杀梁元帝并扶植萧詧建立西梁傀儡政权后，仍有陈霸先等拥立萧方智为帝并敌视西魏的萧梁政权[②]。西魏因“时与齐人交争，戎车岁动”，遂对突厥“每连结之，以为外援”，北齐方面则不断试图离间西魏与突厥的关系[③]。由于此前柔然汗国曾在与西魏和亲的情况下又转而结好北齐，加之其时柔然已彻底衰败，突厥方兴且与宇文泰家族结为姻亲，西魏显然不会因为维护邓叔子等而与突厥交恶，使自己再度陷入三面受敌的局面。于是，西魏“收缚蠕蠕主已下三千余人付突厥使，于青门外斩之。中男以下免，并配王公家”[④]。至此，柔然汗国名实俱亡。

柔然汗国灭亡后，余部或南下进入中原融入了汉族及其他民族之中（图五），或留居草原与其他游牧民族相融合，或远迁欧洲并引发了又一次欧亚游牧民族大迁徙。不少研究成果表明，阿哇尔人的祖先应即西迁的柔然人[⑤]。

---

① 《北史》卷98《蠕蠕传》，第3267页。

② 《周书》卷2《文帝纪下》，第36、37页；《梁书》卷6《敬帝纪》，第143、144页。

③ 《周书》卷50《突厥传》，第911页。

④ 《北史》卷98《蠕蠕传》，第3267页。

⑤ 〔日〕内田吟風：《柔然（蠕蠕）アヴァール同族論考》，《北アジア史研究・鮮卑柔然突厥篇》，第397—428页。

图五 《隋郁久闾可婆头墓志》志文拓本

（刘呆运等：《长安高阳原隋郁久闾可婆头墓发掘简报》,《文博》2018 年第 4 期）

第四章　柔然的政治军事制度

柔然的政治军事制度，在中国北方民族的历史上产生了比较深远的影响。首先，它上承匈奴、鲜卑之余绪，又在其基础上有所损益和创新，多为后世称雄蒙古高原的北方游牧民族直接或间接地继承和发展。其次，柔然汗国不仅设立了具有中原制度文化特色的职官，而且效仿中原王朝建立了一系列与可汗名位相适应的礼仪制度，创制了年号，自诩“华夏正统”，这在中国古代北方民族史上是具有开创性意义的举措。此外，柔然还直接影响了中亚地区一些民族或政权的制度建设，在民族关系史和东西文化交流史上具有重要地位。梳理、归纳和探讨柔然政治制度（特别是可汗制）的源流、特点与历史影响，不仅有助于全面、深刻地认识柔然历史，而且对于推动北方游牧民族内部之间、北方游牧民族与中原农耕民族之间的互动和交融，以及东西方文化交流等领域的研究工作，亦有裨益。

第一节　以可汗为中心的职官体系

“政事之源，莫大于官制。”职官制度是中国古代史研究的重要课题，在20世纪50年代与年代、地理、目录等共同被邓广铭誉为治史的“四把钥匙”[①]。柔然职官制度作为其政治制度的重要组成部分，历来备受中外学界关注。

一、柔然的可汗制

“可汗”（qaγan）是柔然汗国最高政治军事首领职位的正式称谓，在其职官制度中的地位最为显赫尊贵。可汗的妻子称“可贺敦”，不同

① 刘浦江：《邓广铭传略》，《想念邓广铭》，新世界出版社，2012年，第25页。

时期的汉文文献中亦作“可敦”“可孙”“恪尊”“合屯”“合敦”等，系对东胡鲜卑系民族语言中“qautun”一词的汉字音写形式，是鲜卑及柔然以后，北方游牧民族诸政权对可汗之妻的称谓，“犹古之阏氏”[①]。柔然可汗的自我政治定位既是草原游牧民族政权的君主，又是“得华夏正统”的皇帝。柔然汗国建立后，即创立了一套彰显可汗政治地位的名位制度。

（一）柔然的“可汗”名号及其自我政治定位

柔然最高统治者正式使用“可汗”名号的历史，最早可追溯至北魏天兴五年（402）木骨闾六世孙郁久闾社崘在漠北“始立军法”，兼并敕勒诸部和匈奴余部后，自立为“丘豆伐可汗”[②]。学界一般以此作为柔然汗国建立的标志。社崘以前，柔然部历代最高政治军事首领的职位则是“部帅”[③]。《通典·北狄序略》记载：“蠕蠕自拓跋初徙云中，即有种落，后魏太武神䴥中强盛，又尽有匈奴故地。其主社崘始号可汗，犹言皇帝，以后常与后魏为敌国。”[④]同书《蠕蠕》又于社崘“自号丘豆伐可汗”句下注曰：“可汗之号始于此。”[⑤]可见，唐代已有史家将柔然汗国的缔造者社崘视作“可汗”名号的创建者。杜佑此说影响深远，直到20世纪上半叶，伯希和等法国汉学家仍坚持认为：“最初在中亚具有这个尊号的，就是柔然君主。”[⑥]但事实证明，“可汗”名号既不是柔然人的首创，也不是由其最早将之引入北方民族政权的政治体制当中的。诚如胡三省《通鉴音注》所言：“拓跋氏之先，《通鉴》皆书可汗，又在社崘之前。”[⑦]

据《宋书·鲜卑吐谷浑传》及《北史·吐谷浑传》的相关记载可知，早在3世纪末4世纪初，吐谷浑与鲜卑慕容部分野以前，辽东鲜卑君长

① 《周书》卷50《突厥传》，第909页。
② 《魏书》卷103《蠕蠕传》，第2290、2291页。
③ 《北史》卷98《蠕蠕传》，第3249—3251页。
④ 《通典》卷194《序略》，第5301页。
⑤ 《通典》卷196“蠕蠕”条，第5378页。
⑥ 〔法〕伯希和著，冯承钧译：《汉译突厥名称之起源》，《西域南海史地考证译丛二编》，第51页。
⑦ 《资治通鉴》卷112《晋纪三十四》安帝元兴元年，第3534页。

已有“可寒”或“可汗”之称[①]。可，枯我切，溪哿开一，南北朝时期读若 *k‘ɑ；汗、寒，俱为胡安切，匣寒开一，南北朝时期读若 *ɣɑn；则“可汗”（*k‘ɑ-ɣɑn）与“可寒”（*k‘ɑ-ɣɑn）所指相同，皆东胡鲜卑系民族语言中用作称谓君长职位的“qaγan”的对音[②]。司马光在编撰《资治通鉴》时，径直将《魏书·序纪》所载拓跋鲜卑早期诸帝记作“可汗毛”“可汗推寅”“可汗邻”等[③]，表明宋代史臣也认可用汉语词汇“皇帝”来对译东胡系民族所使用的“可汗”名号。又，胡三省注此条史文曰：“可汗，北方之尊称，犹古之单于也。”[④]而其在“可汗力微”的相关史文内容以下亦注曰：“此时鲜卑君长已有可汗之称。”[⑤]胡氏《通鉴音注》成书于元世祖忽必烈前至元二十二年（1285），元朝已在此前攻灭南宋并实现对中国的统一，而“合罕”（qaγan，即“可汗”）作为大蒙古国（Yeke mongγol ulus）最高统治者正式称号的特殊地位又在元宪宗蒙哥汗（Möngke qaγan）在位时期（1251—1259 年）已经凸显，并与“罕”（qan，亦作“汗”）出现了较为显著的差异[⑥]，则《通鉴音注》成书时已

---

① 《宋书》卷 96《鲜卑吐谷浑传》，第 2369 页；《北史》卷 96《吐谷浑传》，第 3178 页。

② 虽然有观点基于语源（Etymology）方面考虑，认为“qaγan”一词并非阿尔泰语系原生词汇，但却难以否认该词汇“至少在鲜卑语中早已存在”的事实。罗新：《可汗号之性质——兼论早期政治组织制度形式的演化》，《中古北族名号研究》，北京大学出版社，2009 年，第 2、3 页。

③ 《资治通鉴》卷 77《魏纪九》元帝景元二年，第 2459 页。

④ 《资治通鉴》卷 77《魏纪九》元帝景元二年“胡注”，第 2459 页。

⑤ 《资治通鉴》卷 80《晋纪二》武帝咸宁三年，第 2548 页。

⑥ 姚大力研究认为：“终元太祖之世，他的称号始终是‘成吉思汗’，而从未有过‘合罕’之称”，“蒙古政治体系采纳‘合罕’作为最高统治者的正式称号，乃始于蒙哥时期。”因此，成吉思汗的“成吉思合罕”之称当源自 1287—1303 年撰修的《金册》文本，后被增补进了分别写作于 1228、1251 年的《元朝秘史》之中，由于“今本《秘史》，是在 14 世纪抄写并被不分地加以改写而成的文本”，故而在《秘史》的这个文本中，合不勒、也速该、俺巴孩、忽图拉等皆有“合罕”名号，而原本有此名号的乃蛮、克烈诸部首领则“统统被降格为‘罕’”。姚大力：《成吉思汗，还是“成吉思合罕”？——兼论〈元朝秘史〉的成书年代问题》，《蒙元史暨民族史论集——纪念翁独健先生诞辰一百周年》，社会科学文献出版社，2006 年，第 109—122 页。

身处元朝统治之下十余年的胡三省显然应该知道“qaγan”一词的政治内涵。目前已知“可汗”称号“犹古之单于”之说最早见于《周书·突厥传》[①]，其所指者系土门自号“伊利可汗”、建立突厥汗国的史事。因此，胡氏在论及拓跋鲜卑及柔然史事时，无疑是将“可汗”视作了与战国秦汉时期的“古之单于”意义等同的职官名称时，而非东汉以后渐趋“贬值”的单于称号。唐代，《真人代歌》尚“今存者五十三章，其名目可解者六章：《慕容可汗》《吐谷浑》《部落稽》《钜鹿公主》《白净王》《太子企喻》也。其不可解者，咸多‘可汗’之辞。按今大角，此即后魏世所谓《簸逻回》者是也，其曲亦多‘可汗’之辞。北虏之俗，呼主为可汗”[②]；加之北宋时期所见反映北魏及拓跋氏早期历史的资料又较今日为多，则司马光等将拓跋鲜卑早期君长的职官名称记作“可汗”，亦应有所本[③]。1980 年 7 月 30 日，米文平等在位于今内蒙古自治区呼伦贝尔市鄂伦春自治旗阿里河镇境内的嘎仙洞遗址发现的北魏太平真君四年（443）祝文石刻中所见“皇祖先可寒”“皇妣先可敦”等字样[④]，进一步为拓跋先世君长曾使用“可汗”名号，并且以“可敦”或“可贺敦”称谓其妻的历史提供了实物证据[⑤]。因此，我们有理由认为，可汗是较早用作称谓鲜卑各部酋长或政权最高军事政治首领的名号，后为同出自东胡鲜卑系的柔然郁久闾氏统治贵族所袭用。

前文已证，柔然统治贵族郁久闾氏不仅具有东胡—鲜卑系民族血缘，5 世纪初以前又几乎每年都会有相当一部分时间在漠南地区牧养牲畜，加之曾长期役属于拓跋鲜卑，从而导致其在制度建设方面较多受到拓跋代政权和北魏的影响。因此，柔然君主的“可汗”称号无疑不是

---

① 《周书》卷 50《突厥传》，第 909 页。

② 《旧唐书》卷 29《音乐志二》，第 1071、1072 页。

③ 罗新：《可汗号之性质——兼论早期政治组织制度形式的演化》，《中古北族名号研究》，第 2 页。

④ 米文平：《鲜卑石室的发现与初步研究》，《文物》1981 年第 2 期。

⑤ 嘎仙洞祝文石刻的内容见于《魏书·礼志》，但又石刻原文略有不同。其中，祝文石刻中的“皇祖先可寒”“皇妣先可敦”字样，即《魏书》志文所无。一般认为，这种现象应与孝文帝“太和改制”以后曾对北魏早期历史资料做有修订有关。《魏书》卷 108《礼志一》，第 2738 页；罗新：《可汗号之性质——兼论早期政治组织制度形式的演化》，《中古北族名号研究》，第 1、2 页。

社崘首创，并且极有可能是从拓跋鲜卑的制度体系中吸收来的。“可汗”（qaγan）作为部落酋长或政权最高政治军事首领职位称谓的现象，虽然早已在东胡—鲜卑系民族中出现，但鲜卑政权却未能在蒙古高原建立长期有效的统治，加之鲜卑各部4世纪以后多已南下进入中原地区，故而“可汗”（qaγan）称号成为“游牧政治体元首职务的称号（Title for the official position）”中最为稳定的一种形式[①]，的确应是在5世纪以后在柔然汗国的影响下实现的。柔然以后，相继在蒙古高原建立政权的突厥、回鹘、黠戛斯、契丹、蒙古等草原游牧民族的最高政治军事首领几乎无不采用“可汗”称号。可见，是柔然汗国使此名号的政治内涵最终被固定下来，并成为此后的千余年时间里，在北方游牧民族的政治体制中最具影响力的政治名号。

对于立国于漠北的柔然而言，可汗无疑是统治当时各个草原游牧民族的君主。但柔然君主却并不满足于此，他们还以“得华夏正统”的皇帝自诩。史书记载，刘宋时期（420—479年）柔然可汗即已“僭称大号”,并“与中国亢礼”[②]。此条史文是“柔然君主称帝的明证”[③]。5世纪80年代初，柔然可汗郁久闾予成曾多次遣使南朝，并在外交文书中自称“吾”,将南朝统治者称作“足下”[④]。蔡邕《独断》记载：“汉天子正号曰‘皇帝’,自称曰‘朕’,臣民称之曰‘陛下’。”[⑤]所谓“陛下”“殿下”“阁下”“足下”等，皆为敬称，但“陛下”和“殿下”分别为帝王和王公贵族的专属，“阁下”一般用于政治地位较为显赫者，“足下”则主要用于地位相当者。予成此书及《南齐书·芮芮虏传》所录柔然国相邢基祇罗回在致萧道成表中自称柔然为“皇芮”事，即表达了柔然方面试图“与中国亢礼”之意。《魏书·张伦传》：“熙平中，蠕蠕主丑奴遣使来朝，抗

---

① 罗新：《可汗号之性质——兼论早期政治组织制度形式的演化》,《中古北族名号研究》，第4页。

② 《宋书》卷95《芮芮虏传》，第2357页。

③ 曹永年：《关于柔然自号“皇芮”并宣称“光复中华”——兼论十六国时期北方各族豪酋“俱僭大号，各建正朔”的潮流》,《中华文史论丛》2015年第2期。

④ 《南齐书》卷59《芮芮虏传》，第1023页。

⑤ （东汉）蔡邕：《独断》卷上，《四部丛刊三编》本，第1a页。

敌国之书，不修臣敬。”[①]《北史·蠕蠕传》更是直接将“可汗”释义为“皇帝”[②]。可见，北魏长期将柔然视若肘腋之患，一定程度上应与柔然君主所采用的“可汗”称号具有和北魏皇帝对等的政治地位有关。正因如此，直到6世纪初，北魏朝臣仍不乏反对“依汉答匈奴故事”来与柔然“结昆弟之忻，抗分庭之义”者[③]。

（二）柔然可汗的名位制度

所谓名位制度，是一种旨在突出某种名号的尊严和政治地位的制度[④]。柔然汗国建立后，曾制定过年号、专属可汗号等用以彰显君主身份的名位制度。

“年号”是中原王朝皇帝名位制度的重要组成部分。一般来说，每逢新皇登基或重大政治事件，多会通过“改元”来宣示其正统地位。历史上，边疆民族政权对某一王朝采取奉其正朔、用其年号的态度，即表示承认该王朝的正统地位，并在名义或事实上接受作为其“藩属”的地位。柔然创建年号并让阚氏高昌等政权奉其正朔的历史有据可查[⑤]，亦可证柔然可汗的自我政治定位是“得华夏正统”的皇帝[⑥]。

受罗部真可汗郁久闾予成所建“永康”年号，是见诸汉文文献记载的第一个柔然年号（图六）。据《北史·蠕蠕传》记载，予成采用“永康”年号的起始时间应为北魏和平五年（464）[⑦]，但新疆维吾尔自治区吐鲁番地区所出《莲华经》（残卷）署有“永康五年岁在庚戌”字样[⑧]，据此则永康元年当在丙午岁（466），与《北史》所载北魏和平五年（464）的“甲辰”干支不符。王树枏《新疆访古录》认为，此残卷“可以补史

---

① 《魏书》卷24《张伦传》，第617页。
② 《北史》卷98《蠕蠕传》，第3251页。
③ 《魏书》卷24《张伦传》，第617—619页。
④ 胡玉春：《大夏国史研究》，内蒙古大学出版社，2016年，第93页。
⑤ 王素：《高昌史稿·统治编》，文物出版社，1998年，第266—281页。
⑥ 曹永年：《关于柔然自号“皇芮”并宣称“光复中华”——兼论十六国时期北方各族豪酋“俱僭大号，各建正朔”的潮流》，《中华文史论丛》2015年第2期。
⑦ 《北史》卷98《蠕蠕传》，第3255页。
⑧ 国家文物局古文献研究室、新疆维吾尔自治区博物馆、武汉大学历史系编：《吐鲁番出土文书》（第二册），文物出版社，1981年，第4页。

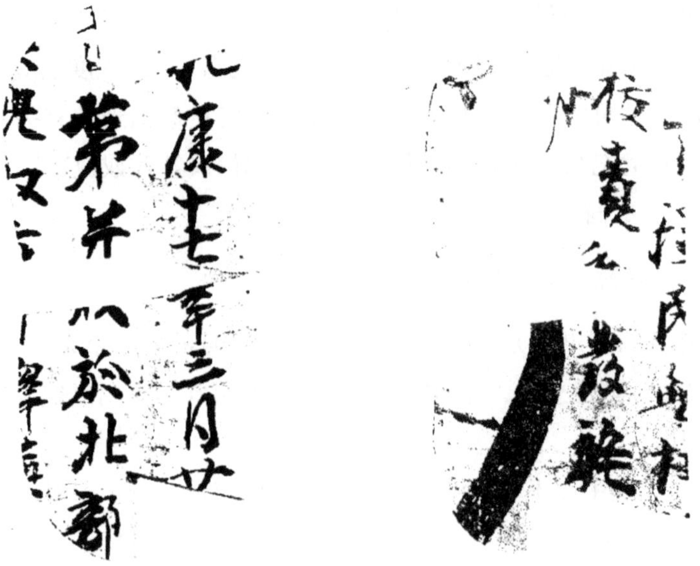

图六　哈拉和卓 90 号墓出土《高昌永康十七年残文书》

［国家文物局古文献研究室、新疆维吾尔自治区博物馆、武汉大学历史系编：《吐鲁番出土文书（壹）》，文物出版社，1992 年，第 117 页］

书之缺”[①]。从现有资料来看，予成在位时期（464—485 年）所用“永康”年号，应为柔然汗国创建最早和使用时间最长的年号。新疆维吾尔自治区吐鲁番地区哈拉和卓 90 号墓出土残文书“75TKM90:27/1（a），27/3（a）”中所见“永康十七年三月廿□”字样[②]，表明柔然汗国使用“永康”年号至少应在十七年以上。

除“永康”外，文献史料中著录的柔然年号还有“太平”“太安”“始平”“建昌”等。史书记载，太和九年（485）予成死，豆崘立为可汗，“自号太平元年”；太和十六年（492）豆崘遇弑，那盖立为可汗，“自称太安元年”；正始二年（506）那盖死，伏图立为可汗，“自称始平元年”；永平元年（508）伏图死，丑奴立为可汗，“自称建昌元年”[③]。丑奴死后，柔然丧乱，是否仍有年号已无可考稽。柔然汗国后期，阿那瓌

① 王树枏：《新疆访古录》卷 1《蠕蠕永康五年写经残卷》，聚珍仿宋书局，1918 年，第 23b 页。

② 国家文物局古文献研究室、新疆维吾尔自治区博物馆、武汉大学历史系编：《吐鲁番出土文书》（第二册），第 4 页。

③ 《北史》卷 98《蠕蠕传》，第 3256、3257 页。

一度称藩北魏，则宣示代表柔然正统地位的年号制度或曾就此废止。阿那瓌复兴时期柔然是否仍有年号于史无徵，但从“阿那瓌因入洛阳，心慕中国”并“僭拟王者”等情况来看[①]，其建有年号亦不无可能。

建年号、立正朔作为彰显帝王尊贵身份的名位制度和宣示正统地位的手段，汉魏以降广泛被汉族及汉族以外诸政权的统治者所采用。5—6世纪中叶，统治漠北草原的柔然汗国建有年号，不仅表明其君主可汗有试图通过建立皇帝名位制度来彰显自己的政治地位之意，而且可作为“它是按照中国传统封建政治理论组建王朝的一个标志”[②]。

《北史·蠕蠕传》记载：“蠕蠕之俗，君及大臣因其行能，即为称号，若中国立谥。既死之后，不复追称。”[③]可见，柔然在可汗的名位制度方面，除吸收、借鉴中原政治制度建立年号以外，还确立了具有草原制度文化特色的每位可汗生前即享有专属官号——“可汗号”的制度。在柔然汗国从建立到灭亡的一百五十余年时间里，共有十九名郁久闾氏贵族成员拥有过作为君主官称的“可汗”职位（多次即位者以一人计，二人或多人并立者分别计入）[④]。其中，柔然第三代君主步鹿真即位不久即为大檀所杀，俟匿伐动荡中即位后不久即请阿那瓌复位，而在阿那瓌败亡后即位的铁伐、邓叔子、登注、库提、菴罗辰等则处于柔然汗国逐渐走向衰亡的阶段，因而他们的可汗号多未能流传下来。除此以外，柔然历代君主的专属可汗号及其释义在汉文文献中皆有记载。

据《魏书·蠕蠕传》记载，柔然汗国的开创者社崙自号“丘豆伐可汗”；其中，可汗（*k‘ɑ-ɣɑn）即官称qaɣan的对音，“丘豆伐”则系社崙的专属官号，意为“驾驭开张”[⑤]。丘豆伐可汗，《北史·蠕蠕传》作“豆代可汗”，释义与《魏书·蠕蠕传》同[⑥]。《通典》“蠕蠕”条中载有不少反映《魏书·蠕蠕传》散佚前的内容，而主要依据《北史·蠕蠕传》补缀

---

① 《北史》卷98《蠕蠕传》，第3266页。

② 曹永年：《关于柔然自号“皇芮”并宣称“光复中华”——兼论十六国时期北方各族豪酋“俱僭大号，各建正朔”的潮流》，《中华文史论丛》2015年第2期。

③ 《北史》卷98《蠕蠕传》，第3251页。

④ 《北史》卷98《蠕蠕传》，第3251—3267页；《周书》卷50《突厥传》，第909页。

⑤ 《魏书》卷103《蠕蠕传》，第2291页。

⑥ 《北史》卷98《蠕蠕传》，第3251页。

的今本《魏书·蠕蠕传》所载社崘可汗号又与《通典》同[①]，故今本《魏书·蠕蠕传》所载社崘可汗号当有所本。至于《北史》言社崘可汗号为“豆代”，应系其在传抄流布过程中漏“丘”字，且“伐”字讹为字形相近的“代”字所致。另据《资治通鉴》亦将社崘可汗号记作“豆代”[②]，可知《北史·蠕蠕传》史文出现此错讹的时间，至晚应在《资治通鉴》成书的北宋元丰七年（1084）以前。社崘以后，斛律号“蔼苦盖可汗”，意为“姿质美好”[③]。大檀号“牟汗纥升盖可汗”，意为“制胜”[④]。隋《郁久闾伏仁墓志》中所见伏仁高祖“莫洛纥盖可汗”（魏晋南北朝时期读若 *mak-lak-ɣɐt-ɣæp-k‘ɑ-ɣan）[⑤]，一般被认为是“牟汗纥升盖可汗”（魏晋南北朝时期读若 *mu-ɣan-ɣɐt-ɕəŋ-ɣæp-k‘ɑ-ɣan）的又一音译形式[⑥]。吴提号“敕连可汗”，意为“神圣”；吐贺真号“处可汗”（一作“处罗可汗”），意为“唯”；予成号“受罗部真可汗”，意为“惠”；豆崘号“伏古敦可汗”，意为“恒”；那盖号“候其伏代库者可汗”，意为“悦乐”；伏图号“他汗可汗”，意为“绪”；丑奴号“豆罗伏跋豆伐可汗”，意为“彰制”[⑦]。阿那瓌初无可汗号，但在其“部落既和，士马稍盛”以后，乃自号“敕连头兵豆伐可汗”，意为“把揽”[⑧]。

二、“胡汉杂糅”的职官体系

史称柔然初“国政疏简”[⑨]，5 世纪以后，随着社会经济的发展，职

---

① 《通典》卷 196“蠕蠕”条，第 5378 页。

② 《资治通鉴》卷 112《晋纪三十四》安帝元兴元年，第 3534 页。

③ 《北史》卷 98《蠕蠕传》，第 3251 页。

④ 《北史》卷 98《蠕蠕传》，第 3252 页。

⑤ 赵万里：《汉魏南北朝墓志集释》图版 599《郁久闾伏仁专志》，《石刻资料新编·第三辑》（四），新文丰出版公司，1986 年，第 359 页。

⑥ 中国科学院历史研究所史料编纂组：《柔然资料辑录》，第 59、60 页。

⑦ 《北史》卷 98《蠕蠕传》，第 3253—3257 页；《资治通鉴》卷 124《宋纪六》文帝元嘉二十一年，第 3908 页。

⑧ 《魏书》卷 103《蠕蠕传》，第 2301 页。按：《魏书》所载阿那瓌可汗号与《通典》“蠕蠕”条一致，《北史·蠕蠕传》作“敕连头兵伐可汗”，当系脱漏；今依《魏书》。

⑨ 《宋书》卷 95《芮芮虏传》，第 2357 页。

官制度日臻完善。除“可汗”“可贺敦”外，史书记载的柔然职官名号，还有“太子”“俟匿伐（俟利发）”“吐豆发”“俟利”“吐豆登”“俟斤”“莫何去汾”“塔寒（达官）”“莫贺”“军将”“幢帅”“国师”“国相”“侍中”“黄门郎”“秘书监”，以及见诸出土文书中的“提懃”等十余种。20世纪80年代以来，周伟洲①、罗新②、杜晓宇③等研究者已相继对柔然的“俟匿伐”“吐豆发”“俟利”“吐豆登”“俟斤”“莫何去汾”“塔寒（达官）”“莫贺”“军将”“幢帅”“国师”“国相”等职官名号的结构、政治内涵、历史源流以及对后世的影响等问题，做有详尽考察，相关研究成果颇为丰富，兹不赘述。在此，我们拟对“太子”“提懃”“侍中”“黄门郎”等或具争议，或从中原职官体系中吸收借鉴但前人又鲜有探究的职官名号做一考察，以期对相关研究工作的进一步深入有所裨益。

以“太子”为储君的职位称谓，是中原王朝皇室名位制度的重要组成部分。北方游牧民族中最早出现此称号的是战国秦汉时期的匈奴。《史记·匈奴列传》载有头曼单于为达到“废长立幼”的目的，曾不惜借月氏之以手铲除“太子”冒顿的史事④。史称：“匈奴谓贤为‘屠耆’，故常以太子为左屠耆王。”⑤“左贤王即是单于储副。”⑥可见，“太子”这一中原政权帝位继承者的职位称谓应非匈奴语固有词汇，而是出自中原史家对匈奴储君名位的意译。此后，在5—6世纪中叶的柔然汗国的政治体制中，亦曾出现过“太子”的称号。据《北史·蠕蠕传》记载，阿那瓌子菴罗辰具有“太子”名位⑦。就现有资料来看，菴罗辰是历史上唯一拥有此储君名位的柔然郁久闾氏贵族成员。但柔然的“太子”称号是来自中原史官对柔然储君的意译，还是柔然方面本身所有，却有待进一步考

① 周伟洲：《敕勒与柔然》，第166—170页。

② 罗新：《虞弘墓志所见的柔然官制》，《北大史学》，第50—73、516、517页；罗新：《柔然官制续考》，《中华文史论丛》2007年第1期；罗新：《高昌文书所见柔然政治名号》，《吐鲁番学研究》2008年第1期。

③ 杜晓宇：《柔然官号中的“军将幢帅大人使人与国相国师”》，《内蒙古社会科学》（汉文版）2010年第5期。

④ 《史记》卷110《匈奴列传》，第2888页。

⑤ 《史记》卷110《匈奴列传》，第2890页。

⑥ 《后汉书》卷89《南匈奴列传》，第2941页。

⑦ 《北史》卷98《蠕蠕传》，第3266页。

察。从柔然自号“皇芮”并宣布要“光复中华”的政治主张来看，柔然可汗是自诩“得华夏正统”的皇帝；加之阿那瓌复兴时期又曾进一步吸收、借鉴中原的制度文化[①]，则其册立或给予了菴罗辰“太子”的名位亦不无可能。20世纪70年代末，河北磁县所出《茹茹公主叱地莲墓志》中有“谙罗臣可汗”字样[②]。菴、谙，影覃开一，魏晋南北朝时期读若 *ʔɑm；罗，来哥开一，魏晋南北朝时期读若 *lɑ；辰、臣，禅真开三，魏晋南北朝时期读若 *ʑi̯en。可见，菴罗辰（*ʔɑm-lɑ-ʑi̯en）、谙罗臣（*ʔɑm-lɑ-ʑi̯en）所指相同，此可证至晚在柔然汗国后期，除作为“国主”的阿那瓌自号“可汗”外，具有储君身份的菴罗辰亦享有“可汗”称号（图七）。

20世纪下半叶，在新疆吐鲁番地区哈拉和卓90号墓出土的一批档案文书中，有一些标示着柔然“永康”年号[③]，说明它们应为阚氏高昌王国时期的遗物。其中的《高昌主簿张绾等传供帐》（以下简称《传供帐》），出现了高昌为客使“若愍提懃”“秃地提懃无根”“吴儿折胡真”等提供物品的记录[④]；而且《传供帐》中为若愍提懃等领取物品的左首兴、得钱等同时也在洋海1号墓出土的《阚氏高昌永康年间供物、差役帐》中出现过[⑤]，表明两者相去时代不远[⑥]。所谓“提懃”（中古汉语音值为 *diæi-gi̯ən），传世文献中亦作“特勒”（中古汉语音值为 *dək-lək）、“特勤”（中古汉语音值为 *dək-gi̯ən），即古代突厥文碑铭中的“tigin”。其中，“特勒”系“特勤”之误。清代学者钱大昕认为，由于汉地史官不通民族语文，文字音写也会因此产生讹误，而“出于当时真迹”的碑刻资料可订史文之误，故应以唐碑中的“特勤”而非史文中的“特勒”为

① 《北史》卷98《蠕蠕传》，第3266页。

② 薛海洋、陈辉：《茹茹公主墓志》，河北美术出版社，1997年，第1页。

③ 国家文物局古文献研究室、新疆维吾尔自治区博物馆、武汉大学历史系编：《吐鲁番出土文书》（第二册），第1页。

④ 国家文物局古文献研究室、新疆维吾尔自治区博物馆、武汉大学历史系编：《吐鲁番出土文书》（第二册），第17、18页。

⑤ 荣新江、李肖、孟宪实主编：《新获吐鲁番出土文献》，中华书局，2008年，第130、139、140页。

⑥ 荣新江：《丝绸之路与东西文化交流》，北京大学出版社，2015年，第47页。

图七 《茹茹公主墓志》拓片

（朱全升等:《河北磁县东魏茹茹公主墓发掘简报》,《文物》1984 年第 4 期）

是[①]。提懃（中古汉语音值为 *diæi-gi̯ən）、特勤（中古汉语音值为 *dək-gi̯ən）两组词汇选用汉字与 tigin 读音相近，也证实了钱大昕的观点。据《通典》记载，突厥时代“特勤”是可汗子弟的称号[②]。目前，学界对文书中“若愍提懃”“秃地提懃无根”族属问题的看法尚存在分歧。大多数研究者倾向柔然说，但也有部分学者因高昌亦曾臣属高车，特勤（tigin）为突厥官名，而高车语言亦属突厥语族，故持高车说[③]。事实上，与《传

① 《十驾斋养新录》卷 6《特勒当从石刻》，第 129、130 页。

② 《通典》卷 197《突厥上》，第 5402 页。

③ 姜伯勤:《敦煌吐鲁番文书与丝绸之路》，文物出版社，1994 年，第 85 页。

供帐》同时出土的文书所记柔然永康年号，已明确揭示了其所属年代。此外，特勤（tigin）一词虽然最早见于汉籍文献中的突厥史料，并在后突厥汗国时期的突厥文碑铭中得以发现，却未必就是突厥语族语言的特有词汇。伯希和早已意识到了这个问题，并指出："嗢昆河突厥碑文上世人所熟识的tägin（特勤）名号，也在突厥建国以前早已有之，因为在六世纪初年时，哌哒（Hephthalites）业已早有这个名号了，而此哌哒并无说他是一个特属突厥的部落之何种理由。"① 虽然目前还不能彻底排除这些词汇本来就是突厥语词汇，后来在柔然统治操突厥语不同方言的敕勒—高车人或青突厥人（kök türk）时，从他们的语言中借用了这些词汇的可能性。但从可汗（qaγan）等名号首先在东胡后裔诸民族的首领中使用的情况来看，柔然职官体系的各类名号从突厥语中借用词汇的现象并不普遍；反之，突厥时代的可汗（qaγan）、可敦（qatun）、俟斤（irkin）、俟利发（eltäbär，亦作"颉利发"）、达干（tarqan）、吐屯（tudun）等职官名称并非独创，而是对柔然职官体系的承袭或改进。因此，像特勤（tigin）这类突厥职官名称，可能也是吸收借鉴柔然政治制度的结果。

除了具有产生于游牧民族的职官名号外，柔然汗国还借用了不少具有中原政权特色的官职名称。魏晋南北朝时期，在黄河流域建立政权的各族豪酋，普遍采用"胡汉分治"的办法来管理统治区域内来源不同、经济生产方式和文化习俗各异的人口和民族。因此，这些政权在权力机构和职官体系设置方面，具有"胡制"与"汉制"双轨并存的"胡汉杂糅"的特点。柔然立国于漠北草原，治下民众以游牧民为主，汉族人口稀少，并无实现"胡汉分治"的先决条件，因而主要采用了与草原行国体制相适应的职官制度。但柔然出于与中原南北诸政权争夺"华夏正统"的目的，在"僭称大号"的同时，还设置了一些具有典型中原文化特色的职官名称，从而使其职官体系也呈现出了"胡汉杂糅"的特点。"侍中""黄门郎""秘书监"等职官，就是在这种情况下设置的。魏晋时期，侍中"掌傧赞威仪，大驾出则次直侍中护驾，正直侍中负玺陪乘，不带剑，余皆骑从。御登殿，与散骑常侍对扶，侍中居左，常侍居右。备切

① 〔法〕伯希和著，冯承钧译：《汉译突厥名称之起源》，《西域南海史地考证译丛二编》，第51页。

问近对，拾遗补阙”；给事黄门侍郎，“与侍中俱管门下众事”[①]。据《北史·蠕蠕传》记载：“始阿那瓌初复其国，尽礼朝廷。明帝之后，中原丧乱，未能外略，阿那瓌统率北方，颇为强盛，稍敢骄大，礼敬颇阙，遣使朝贡，不复称臣。天平以来，逾自踞慢。汝阳王暹之为秦州也，遣其典签齐人淳于覃使于阿那瓌。遂留之，亲宠任事。阿那瓌因入洛阳，心慕中国，立官号，僭拟王者，遂有侍中、黄门之属。以覃为秘书监、黄门郎，掌其文墨。”[②]可见，柔然对这些具有中原制度特色的职官的具体职掌，应未做较大调整。

第二节　柔然的君位继承形式及其与政局的相互影响

对于君主制政权或具备君主制政权性质的政治集团而言，君主职位多由同一家族的成员或与之具有亲缘关系的家族的成员通过不同方式承袭。一般而言，君位世袭制有广义的世袭制度与狭义的世袭制度之分。广义的君位世袭制，包括父死子继、兄终弟及、叔侄相承等多种形式。狭义君位世袭制，则以父死子继为主要继承形式，是君位世袭制度的典型形态。历史上，柔然部君长和柔然汗国可汗的职位均采用了世袭制。但与中原王朝自宗周以来形成的嫡长子继承制不同的是，柔然等曾在大漠南北称雄的草原游牧民族的君位世袭制多为广义的世袭制度，继承形式多样。然而，柔然的君位继承制度，与其他游牧民族多以兄终弟及的方式为主又有所不同，明显具有以父死子继为主要授受方式的特点。

一般来说，父权制形成以后，“很有可能，在一段时期内，子女与其他同宗亲属共同分享遗产；但是，同宗亲属排斥氏族其他成员这一原则一旦扩大，迟早将导致排除子女以外的同宗亲属，而使子女独享继承权。再到后来，就是把儿子放到父亲职位的继承人的行列中了”[③]。社崘以前，

---

① 《晋书》卷 24《职官志》，第 732、733 页。

② 《北史》卷 98《蠕蠕传》，第 3265、3266 页。

③ 〔美〕路易斯·亨利·摩尔根著，杨东莼、马雍、马巨译：《古代社会》，商务印书馆，1977 年，第 343、344 页。

作为柔然最高政治军事首领的“部帅”，几乎以父死子继为唯一继承形式，排斥前任“部帅”诸子以外任何亲属染指此职位；社崘通过军事政变夺得伯父匹候跋的部众和职权以后，柔然的汗位的继承人虽然仍以前任可汗的子嗣为主，但却不排斥或在事实上存在着其他实力强劲的郁久闾氏贵族男性成员拥有继承汗位的权利的现象。柔然汗国时期，君位继承制度由原本单一的父死子继形式向以父死子继为主、多种继承形式并存变化，实际上与4世纪末以后柔然的内外局势密切相关。

“十六国”后期至北朝初期，随着对中原制度文化的不断吸收和学习，父死子继逐渐成为黄河流域不少非汉族建立的政权的主要君位继承形式。田余庆先生在考察“北魏后宫子贵母死之制的形成和演变”问题时，即曾指出：“更为古老的兄终弟及制符合立长君以维持部落势力的原则，有它存在的理由，因而往往得到部落大人更多的支持。但是同辈兄弟以及父辈兄弟众多，选择中易生纠纷，兄终弟及制归根结底也不利于拓跋社会秩序的稳定。而且兄弟之数毕竟是有限的，拓跋权位还得让下一辈来传承。”[①] 柔然在漠北建立政权以前，曾长期在毗邻中原诸政权的漠南地区活动，与在黄河流域建立割据政权并接受中原文化制度的诸民族有不少接触，柔然汗国本身则是按照“称皇帝、建年号、备命官礼仪”的“中原传统封建王朝模式建立国家”的[②]。因此，父死子继作为中原王朝皇位继承制度的主要形式，势必会对柔然的汗位继承制度产生一定的影响，况且这种继承形式本身又符合柔然的历史传统。周伟洲研究认为，柔然最高政治军事首领的职位“从车鹿会以下均为子传，一直到柔然灭亡基本上都是如此”，并且“只有在特殊的情况下，才由原可汗之叔或兄继承”[③]。柔然可汗阿那瓌子菴罗辰被汉文史乘记作“太子”之事[④]，即表明柔然汗国的可汗应该是具有从自己子嗣中指定继承人的权力的，只是被前任可汗生前指定的汗位继承人在即位时须经“国人会议”的确

① 田余庆：《拓跋史探》（修订本），生活·读书·新知三联书店，2011年，第14页。

② 曹永年：《关于柔然自号“皇芮”并宣称“光复中华”——兼论十六国时期北方各族豪酋“俱僭大号，各建正朔”的潮流》，《中华文史论丛》2015年第2期。

③ 周伟洲：《敕勒与柔然》，第164页。

④ 《北史》卷98《蠕蠕传》，第3266页。

认。事实上，这种汗位继承制度与历史上很多曾在蒙古高原建立政权的游牧民族的君位继承制度存在一定的相似之处。从《北史·蠕蠕传》曾特别提到过社崘子度拔具有汗位继承权的情况来看[①]，度拔应即社崘生前所属意或指定的汗位继承人。但由于5世纪初郁久闾氏贵族内部围绕柔然汗国最高统治权的争夺日趋白热化，致社崘以后汗位未能在平稳的环境中完成交接，继承形式复杂多变。《魏书·太祖纪》载有北魏天赐元年（404）四月，“蠕蠕社崘从弟悦伐、大那等谋杀社崘而立大那。发觉，来奔”之事[②]。中古时期以“父之世父、叔父为从祖祖父，父之世母、叔母为从祖祖母”[③]，则从兄弟当为从祖祖父母之孙，即同曾祖者之谓。可见，由于此前社崘弑杀匹候跋并夺取其职位之事破坏了最高政治军事首领职位原有的父死子继规则，致柔然汗国建立后郁久闾氏贵族男性成员仍不乏觊觎汗位者，更有甚者试图直接通过非常手段来夺取汗位。

据《北史·蠕蠕传》记载，北魏永兴二年（410），明元帝拓跋嗣亲征柔然，丘豆伐可汗社崘死于败退途中，因“其子度拔年少，未能御众”，遂有“部落立社崘弟斛律，号蔼苦盖可汗”之事[④]。可见，按照父死子继的原则，社崘死后的合法继承人无疑应该是度拔，但最终却以斛律通过兄终弟及的形式继承了柔然汗位而告终。可以说，斛律顺利即位一方面在于“立长君”有利于进一步拓展柔然汗国的疆域和国力，故而在“国人会议”上得到了柔然各部贵族的支持；另一方面则在于年少的度拔无法取得柔然各部贵族的信任和支持。众所周知，“斛律”本漠北敕勒一部之名号，该部与很多敕勒部落一样，曾“常与蠕蠕为敌”[⑤]。早在4世纪90年代匹候跋与社崘争夺部众失利时，匹候跋诸子中即有收其余众“亡依高车斛律部”寻求庇护者[⑥]。史书记载，北魏天兴五年（402），漠北敕勒斛律部部帅倍侯利被社崘所败后亡奔北魏，部众多为柔然所并，“走而

① 《北史》卷98《蠕蠕传》，第3251页。
② 《魏书》卷2《太祖纪》，第41页。
③ （晋）郭璞注，（北宋）邢昺疏，王世伟整理：《尔雅注疏》卷4《释亲第四》，上海书籍出版社，2010年，第208页。
④ 《北史》卷98《蠕蠕传》，第3251页。
⑤ 《北史》卷98《高车传》，第3271页。
⑥ 《北史》卷98《蠕蠕传》，第3250页。

脱者十二三”[①]。斛律在柔然统治贵族的内讧中失去汗位以后，曾请求北燕主冯跋支持自己重返塞北、夺回汗位，并对冯跋表示：“不烦大众，愿给骑三百足矣。得达敕勒国，人必欣而来迎。”[②]可见，斛律在其时臣属柔然的漠北敕勒诸部中颇具影响力。因此，可以不无根据地认为，蔼苦盖可汗即位前有“斛律”之名，或与其此前曾代表柔然汗国可汗家族郁久闾氏来统治被社崘兼并的包括斛律部在内的部分漠北敕勒部落有关。事实上，斛律之所以能够得到贵族们的信任和支持，应与其在众多汗位竞争者中有着较为强劲的实力有关；而所谓“年少”“未能御众”等使度拔与汗位失之交臂的原因，也恰好证实了他此前较少甚至没有属于自己直接管辖的部落、财富、人口和军队，故而缺乏与叔父斛律争夺汗位的政治资本。

斛律在位期间（410—414年），柔然汗国“北并贺术也骨国，东破譬历辰部落”[③]，势力进一步拓展。但斛律的地位却并不稳固，郁久闾氏贵族子弟中觊觎汗位者仍不乏其人。永兴三年（411）十二月“蠕蠕斛律宗党吐觝于等百余人内属”之事[④]，即表明其时柔然统治贵族内部之间的矛盾依然比较尖锐。北魏神瑞元年（414），郁久闾氏家族成员内部之间的矛盾进一步激化，导致柔然汗国政局出现动荡，君位两度易主。步鹿真通过对大臣树黎、勿地延等散布“斛律欲令汝女为媵，远至他国”的谣言，挑唆他们与斛律君臣不合，进而利用树黎等的势力驱逐斛律，获得了汗位；而大檀则是在诛杀步鹿真以后，以其“能得众心”，通过“国人推戴”继承了汗位[⑤]。《晋书·冯跋载记》载：“蝚蠕斛律为其弟大但所逐，尽室奔跋，乃馆之于辽东郡，待之以客礼。”[⑥]大（定箇开一，魏晋南北朝时期的音值可构拟为 *da；又，定泰开一，魏晋南北朝时期的音值可构拟为 *dai），但（定翰开一，魏晋南北朝时期的音值可构拟为 *dan），檀（定寒开一，魏晋南北朝时期的音值可构拟为 *dan），可见大但（*da-dan 或*dai-dan）即大檀（*da-dan 或*dai-dan）的又一汉字音

① 《北史》卷98《高车传》，第3271页。

② 《晋书》卷125《冯跋载记》，第3132页。

③ 《北史》卷98《蠕蠕传》，第3251页。

④ 《魏书》卷3《太宗纪》，第51页。

⑤ 《北史》卷98《蠕蠕传》，第3251、3252页。

⑥ 《晋书》卷125《冯跋载记》，第3132页。

译形式。据此，则《北史·蠕蠕传》所载步鹿真、树黎等执斛律后，将之“与女俱嫔于和龙”之事[①]，似与《晋书·冯跋载记》的相关记载不合。根据《北史·蠕蠕传》的相关记载，可知步鹿真夺取汗位后即“委政树黎”，并迫使有功于柔然汗国的敕勒人叱洛侯自尽，同时欲借叱洛侯曾有支持大檀谋取汗位之意为名来诛杀大檀，铲除足以对其汗位构成威胁的郁久闾氏贵族成员[②]。可见，由于步鹿真夺取汗位后难以得到各部贵族的支持，地位并不稳固，加之被逐的斛律在部分柔然贵族及附属于柔然的漠北敕勒各部中的影响力犹在，柔然汗国的政局遂就此陷入动荡之中。至于《晋书》言“蝚蠕斛律为其弟大但所逐”，应系大檀诛杀步鹿真后无意迎此前被步鹿真等所逐斛律回归，反而借“国人会议”自立为汗所致。因此，《晋书》《北史》所载斛律被逐之事事实上并不矛盾。从步鹿真系“斛律长兄子”、大檀系“社崘季父仆浑之子”的情况来看[③]，则仆浑当与匹候跋、缊纥提同辈，而大檀当与社崘、斛律同辈；前引《晋书》史文谓“大但”为斛律之弟亦此明证，故步鹿真应属大檀子侄一辈。

由此可见，斛律以后相继成为柔然可汗的步鹿真和大檀，都是在柔然汗国内部政局动荡的情况下，分别通过“叔侄相承”和“侄叔相继”的形式继承汗位的。大檀即位之初，由于远在辽东的斛律仍有谋求重夺君位之意，柔然政局并不稳固。此前，冯跋曾以女“乐浪公主”嫁斛律与柔然和亲，后斛律又以女嫁冯跋，两者互为翁婿，加之斛律对冯跋表示自己势力犹存，无须从北燕方面大量借兵，冯跋遂遣单于前辅万陵率三百骑送斛律回国夺取君位，但“陵惮远役，至黑山，杀斛律而还”[④]。斛律死后，柔然政局渐趋稳定，大檀遂遣使与北燕通好[⑤]。

牟汗纥升盖可汗大檀在位时期（414—429年），随着柔然国内政局的稳定，君主权力的也日渐稳固，较少出现各部贵族争夺汗位及投向北魏之事。于是，父死子继再度成为柔然君位继承制度的主要形式。北魏神䴥二年（429），太武帝拓跋焘率军大败柔然于漠北，大檀“因发疾而

① 《北史》卷98《蠕蠕传》，第3251、3252页。
② 《北史》卷98《蠕蠕传》，第3252页。
③ 《北史》卷98《蠕蠕传》，第3251、3252页。
④ 《晋书》卷125《冯跋载记》，第3130、3132、3133页。
⑤ 《晋书》卷125《冯跋载记》，第3133页。

死”，子吴提遂立为敕连可汗[①]。可见，是役虽使柔然因遭受重创导致“部落衰弱”，但由于此前君主权力的加强及汗庭对各部实现了比较有效的控制，所以大檀死后柔然国内并未出现郁久闾氏其他贵族成员围绕君位展开争夺的局面，吴提顺利成为柔然在漠北立国后第一位以父死子继形式即位的君主。吴提即位后的数十年时间里，尽管柔然在与北魏的军事对抗中始终处于劣势，但国力没有遭受重创，加之国内亦未出现动荡局势，故而吐贺真、予成、豆崘等几代可汗皆顺利通过父死子继的形式继承了君位。直到 5 世纪 80 年代末以后，由于敕勒副伏罗部脱离柔然统治西迁建立“高车国”以及柔然国内政局再度出现动荡等因素，才使吴提以降历代可汗均以父死子继形式即位的局面再度为以父死子继为主，侄叔相继、兄终弟及等多种形式并存所取代，甚至还在阿那瓌败亡后出现了登注通过父继子位的方式即位之事[②]。

综上所述，父死子继始终是柔然最主要的君位继承形式。柔然汗国建立后，君位继承形式的多样性与其政局变化至为密切。可以说，以非父死子继形式获得君位的柔然可汗，几乎皆在其国内政局出现动荡局势后即位；反之，不少可汗通过非父死子继形式即位后，则会使国内局势出现新的动荡。研究认为，柔然汗位继承形式的复杂性是“继任者的实力”“可贺敦的意向”“用事大臣的倾向”“国人会议的推举”等因素交互作用的结果[③]。通过对柔然历代可汗即位过程的梳理，可知“国人会议的推举”虽然是必要的法定程序，“可贺敦的意向”和“用事大臣的倾向”等因素亦会在某些特定历史环境下对君位继承产生决定性影响（如步鹿真、阿那瓌等即属此类），但真正影响汗位继承问题的主要因素却多为“继任者的实力”，它甚至直接关乎此后汗国政局的稳定与否及君位是否在自己的子孙中长期传承等一系列问题。

总之，4—6 世纪柔然历代君长及可汗的职位皆从作为木骨闾后裔的郁久闾氏家族成员中产生，并且以父死子继为最主要继承形式。但是，在

① 《北史》卷 98《蠕蠕传》，第 3253 页。

② 《北史》卷 98《蠕蠕传》，第 3257、3258、3261、3266 页；《周书》卷 50《突厥传》，第 909 页。

③ 肖爱民：《试析柔然汗位的继承制度》，《内蒙古民族大学学报》（社会科学版）2009 年第 4 期。

柔然内外局势出现动荡时，继承形式往往会出打破传统，呈现出多样性。当然，多样性的继承形式有时也会反过来对柔然的内外局势产生影响。

第三节　两翼分封制度和军事制度

柔然汗国建立后，根据其疆域广阔、统治区域内人口众多、民族成分复杂、民众的生业以游牧业为主等实际情况，建立了与其“行国”政治体制相适应的两翼分封制度和包括军政合一与兵民合一制度、十进制军制、“赏功罚罪”的军法制度等在内的军事制度。

一、两翼分封制度

两翼分封制度，亦称左右翼制度，是指部落君长或政权最高统治者在自己直接控制核心部众和地域的同时，通过分封“别部”长官的方式来对直辖区域以外的部众实现间接统治的制度。从前3世纪的匈奴开始，中国古代北方游牧民族就建立了君主直辖中央，东西部长官分掌左右两翼的制度。匈奴以后，檀石槐鲜卑部落大联盟、拓跋鲜卑等，皆实行过与之类似的部落分封制，只是具体形式有所不同，被认为是两翼度的“特殊形态”①。

自柔然始祖木骨闾脱离拓跋鲜卑以后，经过几代君长历时百余年的发展，随着柔然部的游牧范围日趋扩展，部众数量显著增多，实行两翼分封制的条件日臻成熟。据《北史·蠕蠕传》记载，地粟袁死后，柔然划分为东、西两部，长子继承了其父职位的同时，直接统辖东部，并以地粟袁次子缊纥提统领“西边”部众②。这是史书关于柔然实施两翼分封制度的最早记录。目前，学界对于匹候跋和缊纥提所部游牧地域范围的看法，主要有两种：其一，匹候跋所部的势力范围应在东起阴山以北，西至今内蒙古自治区河套地区东北的广大地域；缊纥提所部的势力范围，则位于东起河套以北，西至额济纳河一带③。其二，匹候跋所部的活动地域在今内蒙古自治区沙拉木伦河以东，匹候跋所部的活动地域在今内蒙

① 肖爱民：《中国古代北方民族两翼制度研究》，第3页。

② 《北史》卷98《蠕蠕传》，第3249页。

③ 周伟洲：《敕勒与柔然》，第90页。

古自治区艾不盖河东西[①]。基于车鹿会时期柔然部即已“冬则徙度漠南，夏则还居漠北”[②]，可知上述两种认识应是就柔然秋、冬的活动情况做出的判断。任何部落、族群或政权出于生存发展和增加财富的需要，都必须促进主体经济再生产规模的扩大。由于传统游牧经济生产方式相对比较粗放，所以牧民扩大再生产的唯一有效手段就是拓展活动空间。一般来说，“逐水草而居”的游牧活动，多在百里至数百里不等的空间范围内实现[③]。于是，部众数量越是增加、游牧地越是扩大，通过集权的方式来管理部众或属民的形式就越是难以为继。匹候跋、缊纥提分部而居的格局，正是在这种形式下形成的。沙拉木伦河至艾不盖河相去不远，地域范围比较狭小，显然不符合柔然分部游牧的条件。因此，柔然东西两部冬季牧场的活动范围，应以东部在阴山至河套东北、西部在河套北部以西至额济纳河流域更为合理。至于匹候跋作为地粟袁的继承人直接统辖东部，而以缊纥提掌管西部事务的分部方式，一方面取决于东部是柔然原来的主要游牧区域，集中了柔然更多的财富和部众的现实；另一方面应当也与柔然人“俗以东为贵”的原始信仰不无关系[④]。当然，这种划分东西两部的制度并非左右翼制度的典型形态，而是柔然在其势力相对弱小时所采用的一种特殊形态[⑤]。

5世纪初，社崘通过实现对漠北地区的全面控制，使柔然成为继匈奴、鲜卑之后第三个在蒙古高原建立政权的北方游牧民族。经过一段时间的发展，柔然汗国逐渐将“西则焉耆之地，东则朝鲜故地之西，北则度沙漠，穷瀚海，南则临大碛”[⑥]的广阔地域纳入统治范围。于是，柔然汗国再度实施了部落分封制。史称，早在社崘称汗前后，柔然已经实现对西域数国的羁縻[⑦]。牟汗纥升盖可汗大檀曾“先统别部镇于西界”[⑧]。据

---

① 段连勤：《丁零、高车与铁勒》，广西师范大学出版社，2006年，第194页。
② 《北史》卷98《蠕蠕传》，第3249页。
③ 韩茂莉：《中国历史农业地理》，北京大学出版社，2012年，第795页。
④ 《北史》卷13《文帝悼皇后郁久闾氏传》，第507页。
⑤ 肖爱民：《中国古代北方游牧民族两翼制度研究》，第85页。
⑥ 《通典》卷196“蠕蠕”条，第5378页。
⑦ 《北史》卷98《蠕蠕传》，第3251页。
⑧ 《北史》卷98《蠕蠕传》，第3252页。

《北史·蠕蠕传》记载，悦般初“与蠕蠕结好，其王尝率数千人入蠕蠕国，欲与大檀见。入其界百余里，见其部人不浣衣，不绊发，不洗手，妇人口舐器物。王谓其从臣曰：‘汝曹诳我，将我入此狗国中。’乃驰还。大檀遣骑追之，不及。自是相仇雠，数相征讨。”[①]悦般王入柔然境百余里后，大檀即能得闻其事并“遣骑追之”，表明其事应在大檀担任柔然汗国西部长官之际，而且其主要职掌之一就是经略西域。另据《北史·蠕蠕传》关于大檀弟匹黎“典东落”的记载[②]，可知柔然汗国在其东部亦分封了政治军事长官。由此不难看出，柔然汗国的部落分封制度至此已呈现出可汗居中，东西部长官分掌左右两翼的左右翼制度典型形态。研究表明，柔然汗国的东西部长官主要从郁久闾氏贵族的男性成员中选任[③]。

由于两翼制度与草原游牧社会的发展相适应，故而多为历代北方游牧民族及其建立的政权所采用。但是，这种机制也潜藏着不利于政权稳固的弊端。当最高军事政治首领因外部势力的攻击或其他原因导致势力衰落时，各部贵族的离心倾向就会随之滋生。6世纪50年代，阿那瓌败亡，东西部柔然余部各自拥立铁伐、邓叔子为可汗，导致柔然汗国经过此次打击，再未能像此前那样在历经北魏的军事打击、高车副伏罗部西迁导致国力中衰后，还能通过休养生息、收拢部众、经略西域等措施恢复国力，相当一部分因素应即此种分封制度产生的弊端所致。

柔然各级政治军事首领，也根据所处地域的不同，由汗庭直辖或分属两翼长官。据《魏书》记载，4世纪80年代刘眷为独孤部部帅时，曾“击蠕蠕别帅肺渥于意亲山”[④]。意亲山，即意辛山，其地位于今内蒙古自治区包头市达茂旗沙拉木伦河流域一带。登国六年（391），北魏讨伐柔然时，长孙嵩即曾斩杀过与匹候跋“各收余落遁走”的柔然“部帅”屋击[⑤]。社崘称汗以前，史乘所载柔然最高政治军事首领亦为“部帅”，屋击显然是柔然“别部”的“部帅”。可见，早在柔然汗国建立以前，最高

① 《北史》卷97《西域传》，第3220页。

② 《北史》卷98《蠕蠕传》，第3253页。

③ 肖爱民：《中国古代北方游牧民族两翼制度研究》，第94页。

④ 《魏书》卷23《刘眷传》，第605页。

⑤ 《北史》卷98《蠕蠕传》，第3250页。

政治军事首领匹候跋及西部长官组纥提应即分别领有若干“别部”。5世纪以后，柔然汗国治下民众绝大多数都是“逐水草而居”的游牧人。柔然汗国大概采取了三种办法来治理这些来源不同、族属各异的人口。第一，“全其部落”，即不打破一些部落原有的组织形式，部落军政事务仍由原来的各级首领管理，但他们要效忠柔然君主和两翼长官，并在遇致战事时，听从柔然统治者的号令。此为柔然汗庭对异族人口的主要统治方式，5世纪80年代率部西迁建立“高车国”的敕勒副伏罗部首领阿伏至罗即属此类。第二，封赏对柔然汗国有功的人担任部落首领。5世纪初曾“叛其渠帅，导社崘破诸部落”的敕勒人叱洛侯，即因“社崘德之”，被封为“大人”[①]。第三，对零散投奔柔然的人口或征伐之后的残破部落进行重组，任命郁久闾氏贵族子弟或功臣出任部落首领。社崘对敕勒斛律部残余部众的处置方式即属此类。从5—6世纪漠北敕勒各部屡次“反叛”柔然的情况来看，未彻底打破蒙古高原大多数游牧部落原有社会组织形式与管理制度，应是能制约柔然汗国日后稳定发展，甚至导致其走向衰落的重要原因之一。

二、军事制度

柔然汗国的军事制度，主要包括军政合一制度、十进制军制和“赏功罚罪”的军法制度等内容。其中，军政合一制度是对柔然部以往政治军事制度的继承和发展，十进制军制和军法制度则是吸收借鉴北魏及黄河流域其他割据政权的军事制度，并使之与草原游牧社会军事制度的历史传统相结合的产物。

军政合一制度，指国家政权或特定的政治集团所采取的一种集行政管理权和军事管辖权于一体的社会管理体制。前文已证，在军政合一制度下的游牧部族首领或政权最高政治领袖同时兼具最高军事首长身份，各部首领则兼具各级军事首长的身份。与此相适应的，是以兵民合一体制为主的兵役形式。军政合一、兵民合一的制度，要求一切适龄青壮年战时都要成为战士，履行为部族或政权作战的义务；而一旦没有战争或战争结束，这些人则作为各级贵族统治下的百姓，从事生产劳动。正因

① 《北史》卷98《蠕蠕传》，第3252页。

如此，柔然社会具有生产组织与军事组织相重合的特点。4世纪80年代，刘眷败柔然别部帅肺渥时曾虏获大量畜产[①]，表明其时作为部落政治首领的肺渥身兼军事首长的角色。另据《魏书·张衮传》记载，4世纪末张衮从拓跋珪征讨柔然时，“蠕蠕遁走，追之五六百里。诸部帅因衮言于太祖曰：‘今贼远粮尽，不宜深入，请速还军。’”拓跋珪“令衮问诸部帅，若杀副马，足三日食否”，诸将“皆言足也”，拓跋珪认为：“蠕蠕奔走数日，畜产之余，至水必留。计其道程，三日足及。轻骑卒至，出其不意，彼必惊散，其势然矣。”遂“倍道追之，及于广漠赤地南床山下，大破之”[②]。所谓“蠕蠕奔走数日，畜产之余，至水必留”，揭示了柔然军队的此次作战行动是与迁徙游牧过程同步进行的。可见，早在5世纪以前，柔然军政合一制度即已形成。柔然汗国建立后，在与北魏作战失败时常有数以千计乃至万计畜产的损失，可证其亦实施军事组织与生产组织结合的军政合一制度。直到5世纪后期，这种军政合一、兵民合一制度依然存在于柔然社会。高闾在上书北魏孝文帝元宏时，即言柔然“散居野泽，随逐水草，战则与家产并至，奔则与畜牧俱逃，不赍资粮而饮食足”[③]。

十进制军制，指在军事指挥体系中，对一级军事组织与更高一级组织的关系采取十进一的制度。这种制度有利于对战斗人员的清点和战术资源的配备实现管理上的最优化。柔然汗国创建之初，社崘即创建了十进制军制和严厉的军法制度。史书记载，北魏天兴五年（402），社崘“始立军法：千人为军，军置将一人；百人为幢，幢置帅一人。先登者赐以虏获，退懦者以石击首杀之”[④]。柔然的“军”“幢”名号皆袭自北魏[⑤]，但从现有资料来看，北魏的“幢将”辖有“马步可五百”[⑥]，较柔然为多。柔然的军法制度，则具有明显的“赏功罚罪”特征。一般来说，军事制度的完备与否，直接关乎军事统帅能否有效地掌握军事指挥

① 《魏书》卷23《刘眷传》，第605页。

② 《魏书》卷24《张衮传》，第612页。

③ 《魏书》卷54《高闾传》，第1201页。

④ 《北史》卷98《蠕蠕传》，第3250页。

⑤ 《资治通鉴》卷112《晋纪三十四》“安帝元兴元年”条“胡注”，第3534页。

⑥ 《宋书》卷95《索虏传》，第2345页。

权，以及军令能否顺利被贯彻执行，历来备受重视。因此，社崘“始立军法”后，北魏道武帝拓跋珪曾感叹：“蠕蠕之人，昔来号为顽嚚……今社崘学中国，立法，置战阵，卒成边害。道家言‘圣人生，大盗起’，信矣。”[①] 可见，一系列军事制度的建立，应在客观上推动了柔然军队战斗力的提升。

① 《北史》卷98《蠕蠕传》，第3251页。

第五章　柔然的经济

柔然的经济，包括游牧业、狩猎业、手工业、农业和交换贸易等多种类型。由于社会生产力水平、自然环境、地理条件、与周边关系等多种因素的影响，各种经济类型在柔然不同历史阶段的发展程度不一。但总的来看，游牧业始终是柔然的主要经济类型，狩猎业、手工业、农业和交换贸易则是其辅助性生业。

第一节　游　牧　业

中国现存最早记录柔然从事游牧生产的历史文献是《宋书·芮芮虏传》："芮芮……逐水草畜牧。"[①] 此后，南北诸史柔然专传及散见史料，皆不乏关于柔然从事游牧业生产的记载[②]。所谓"逐水草畜牧"，并非漫无目的的迁徙，而是根据季节变化及水草繁茂与否来轮换牧地，牧养牲畜[③]。由于固定在同一牧场上长期放牧，很难确保被牲畜啃食的牧草能够得到及时恢复，所以只有适时转换牧场才能"保证草原上放牧的牲畜能够繁

① 《宋书》卷95《芮芮虏传》，第2357页。

② 《南齐书·芮芮虏传》云："芮芮逐水草。"（第1023页）《梁书·芮芮传》亦云："芮芮国……随水草畜牧。"（第817页）北朝史书中的柔然、敕勒专传中，亦载有柔然从事畜牧业生产的内容。史称，阿那瓌被族兄示发所逐，逃奔北魏后，曾向孝明帝元诩言称："臣之先，逐草放牧，遂居漠北。"（《北史》卷98《蠕蠕传》，第3259页）。《高车传》亦称："高车……迁徙随水草……尽与蠕蠕同。"（第3271页）此外，北朝史书的柔然散见史料中，对于柔然从事畜牧业生产的状况亦有明确记载。例如，高闾上孝文帝元宏表有"狄散居野泽，随逐水草"之语（《魏书》卷54《高闾传》，第1201页）。北魏宗室元孚亦谓柔然"畜牧繁息，是其所便"。（《北史》卷16《元孚传》，第611页）。

③ 〔美〕费正清（John King Fairbank）著，张沛译：《中国：传统与变迁》，世界知识出版社，2002年，第176、177页。

衍不断”[①]。

柔然部形成后，每逢寒冷季节多由高纬度地区向低纬度地区迁徙，暑热季节则由低纬度地区向高纬度地区迁徙，史称“冬则徙度漠南，夏则还居漠北”[②]。“漠北高凉，不生蚊蚋，水草美善”[③]，夏季适宜牧群的生存与发展；冬季则寒冷干燥，饲料匮乏，易现冰冻、雪灾等致牲畜大批死亡的自然灾害。对于游牧民族来说，“没有一个单独的牧场是有价值的，除非使用它的人可以随时转移到另外的牧场上……移动权比居住权更加重要，而‘所有权’实际上就是循环移动的权利”[④]。拥有可供游牧民迁徙游牧的牧场、较为优越的自然条件和相对稳定的周边环境，是其时柔然发展游牧经济的重要保证。385年，刘库仁弟刘眷在意辛山大破柔然别部时，曾“获牛羊数十万头”[⑤]。可见，此时柔然的游牧经济已经具备一定规模，是柔然部族在阴山北麓地带人畜富足、渐趋繁盛的标志[⑥]。

4世纪末至5世纪，随着北魏势力向阴山北麓的拓展，特别是长城及“六镇”军事防御体系形成后，阴山以北至戈壁大漠成为北魏与柔然军事冲突的前沿地带，许多归附北魏的“投化柔然”部众或敕勒部落被安置于此，成为北魏与柔然对抗的重要军事力量。经过多年的发展，漠南地区成为北魏畜牧经济的繁盛区域和对抗柔然、拱卫平城（今山西省大同市）的安全屏障。由于此后柔然势力难以在漠南草原的大部分地区立足，所以5世纪以后柔然汗国所能够掌握的牧场多集中在漠北地区。《宋书·芮芮传》所记柔然“其土地……野无青草。地气寒凉，马牛龁枯噉雪”[⑦]，描述的内容应即柔然汗国失去对漠南草原大部分地区的控制以后，冬季寒凉时部众或属民在漠北地区从事畜牧业生产的景象。

由于5世纪以后北魏控制了漠南的大部分区域，柔然通过在大漠南

---

① 韩茂莉：《中国历史农业地理》，第795页。

② 《北史》卷98《蠕蠕传》，第3249页。

③ 《魏书》卷35《崔浩传》，第816页。

④ 〔美〕拉铁摩尔著，唐晓峰译：《中国的亚洲内陆边疆》，江苏人民出版社，2010年，第47页。

⑤ 《魏书》卷23《刘眷传》，第605页。

⑥ 〔日〕内田吟風：《柔然族に関する研究》，《北アジア史研究·鲜卑柔然突厥篇》，第278页。

⑦ 《宋书》卷95《芮芮虏传》，第2357页。

北间水平移动实现牧场轮转难以为继。但柔然汗国凭借占据漠南一隅、漠北草原大部和天山北部部分草原地带的优势，仍为其治下的牧民“逐水草而居”提供了广阔空间。文献记载，北魏在对柔然的军事行动中，常有俘获牲畜数以万计的现象。泰常三年（418）正月，明元帝拓跋嗣“自长川诏护高车中郎将薛繁率高车丁零十二部大人众北略，至弱水，降者二千余人，获牛马二万余头”[①]。神䴥二年（429），太武帝拓跋焘大破柔然，致其部众溃散，畜产布满山野“无人收视”，北魏“虏其种落及马牛杂畜方物万计”[②]。是役之后，北魏征服了原来役属柔然的漠北敕勒诸部数十万落，获马、牛、羊等牲畜百余万，将之安置在“漠南千里之地”，经过数年蕃息，北魏“马及牛、羊遂至于贱，毡皮委积”[③]。北魏在对柔然的战争中常俘获大量牲畜的现象，“反映了柔然畜牧业的发达”[④]。《南齐书》载，5世纪中期以后，柔然“马畜丁肥，种众殷盛”[⑤]。此间南朝方面曾向柔然派遣过使者[⑥]，此类关于柔然汗国畜牧经济状况的记载或即来自南朝使者的见闻。

北魏太和十一年（487），敕勒副伏罗部西迁以后，柔然国力大为削弱，“更为小国”[⑦]，丧失不少财产、人口、草场和畜产。北魏熙平元年（516），豆罗伏跋豆伐可汗丑奴擒杀高车王弥俄突后，柔然汗国逐渐呈现复兴态势。史书记载，丑奴授予屋引副升牟爵位时，一次就封赏其马、牛、羊三千头[⑧]。6世纪20年代，阿那瓌在助北魏平息六镇起义时大获其利，“部落既和，士马稍盛”[⑨]。此后，北魏国力逐渐衰落，并分裂为东魏、西魏两个政权，柔然汗国则实现了复兴。柔然军队以骑兵为主，阿那瓌能够实现“士马稍盛”的基础无疑是要牧养大量马匹；而草原游牧社会出现“部落既和”的局面，也离不开相对发达的畜牧业生产的支撑。因此，阿那瓌复兴时期，除了主要供人们骑乘及贡献乳制品的马以外，柔

---

① 《魏书》卷3《太宗纪》，第58页。
② 《北史》卷98《蠕蠕传》，第3253页；《魏书》卷110《食货志》第2851页。
③ 《北史》卷98《高车传》，第3273页。
④ 曹永年：《古代北方民族史丛考》，上海古籍出版社，2012年，第121页。
⑤ 《南齐书》卷59《芮芮虏传》，第1023页。
⑥ 《南齐书》卷59《芮芮虏传》，第1023、1024页。
⑦ 《梁书》卷54《芮芮传》，第817页。
⑧ 《北史》卷98《蠕蠕传》，第3258页。
⑨ 《北史》卷98《蠕蠕传》，第3263页。

然牧养的可供人们习惯食用或获取乳制品的牛、羊等其他牲畜畜群规模亦应较大。此外，《北齐书》《周书》中关于552年以后北齐、西魏在与柔然作战中动辄俘获“杂畜”数万的记载①，表明阿那瓌败亡后柔然各余部仍拥有为数不少的畜产。

马、牛、羊、驼等草食性动物是柔然牧养的牲畜，它们“都是以草、叶、嫩枝、荆棘、苔藓等为食的动物”，所以不会直接与人类争夺食物进而成为“人的食物竞争者”②。蒙古高原的自然条件和地理环境特点，决定了柔然牧养的牲畜须以马、牛、羊、驼等为主，这是人们在遵循或不违背自然条件和客观规律前提下，认识、利用和改造自然界的最佳选择。

马在柔然经济生活中占有重要地位。驯养马匹不仅可以为柔然人控制牧群长途迁徙和从事狩猎活动提供便利，而且对以骑兵为主的柔然军队战斗力提升具有不容忽视的意义。在社崘于漠北建立政权以前，文献史料即不乏关于柔然在与周边民族和政权的军事冲突中使用骑兵作战的记载。天兴五年（402）春，北魏材官将军和突在一次对柔然的军事行动中就俘获军马两千余匹③。柔然汗国建立后，史籍关于柔然使用骑兵作战的记载进一步增多④。尽管柔然在与北魏的军事对抗中多处于守势地位，

---

① 《北齐书·文宣帝纪》：“（天保六年）秋七月己卯，帝顿白道，留辎重，亲率轻骑五千追茹茹。壬午，及于怀朔镇。帝躬当矢石，频大破之，遂至沃野，获其俟利蔼焉力娄阿帝、吐头发郁久闾状延等，并口二万余，牛羊数十万头。”（第60页）《周书·王勇传》：“魏恭帝元年，从柱国赵贵征茹茹，破之。勇追击，获杂畜数千头。”（第491页）《周书·窦炽传》：“魏恭帝元年……属茹茹寇广武，炽率兵与柱国赵贵分路讨之……获生口数千，及杂畜数万头。”（第519页）

② 王明珂：《游牧者的抉择：面对汉帝国的北亚游牧部族》，广西师范大学出版社，2008年，第8页。

③ 《魏书》卷2《太祖纪》，第39页。

④ 史书记载，北魏神瑞元年（414），柔然可汗步鹿真曾发八千骑往围叱洛侯（《北史》卷98《蠕蠕传》，第3252页）；始光元年（424），柔然牟汗纥升盖可汗大檀率六万骑南下入云中并以骑兵五十余重围困北魏太武帝拓跋焘于云中（《魏书》卷4上《世祖纪上》，第69页），同年长孙翰大败柔然别帅阿伏干，“斩首数千级，获马万余匹”（《魏书》卷26《长孙翰传》，第653页）；神䴥元年（428）八月，“大檀遣子将骑万余人塞，杀掠边人而走”（《北史》卷98《蠕蠕传》，第3252页）；太平真君四年（443）九月，拓跋焘北伐柔然，“虏二万余骑而还”（《魏书》卷105《天象志三》，第2405页）。

却动辄组织数万甚至数十万骑兵南下袭扰北魏边地①，揭示其牧养马匹数量之盛。此外，史书记载了不少柔然在与“十六国”割据政权及南北朝诸政权的交往中以马匹作为礼品的史事，也从另一个侧面揭示了柔然牧养马匹数量众多的事实②。

牛是柔然牧养较多的一种牲畜。史书记载，北魏道武帝拓跋珪曾对崔宏说：“蠕蠕之人，昔来号为顽嚣，每来抄掠，驾牸牛奔遁，驱犍牛随之，牸牛伏不能前。异部人有教其以犍牛易之者，蠕蠕曰：‘其母尚不能行，而况其子！’终于不易。”③所谓牸牛，即母牛；犍牛，则系去势之牛④。拓跋珪的言论虽然对柔然不无蔑视、贬损之意，却反映了柔然人以牛为可供骑乘的交通工具，以及牛是柔然在战争中掠夺或被掠夺的重要

---

① 《北史·蠕蠕传》：“皇兴四年，予成犯塞，车驾北讨……斩首五万级，降者万余人，戎马器械，不可称计。”（第3256页）《魏书·尉多侯传》：“高祖初，蠕蠕部帅无卢真率三万骑入塞围镇，多侯击之走。”（第657页）《南齐书·芮芮虏传》：“建元元年八月，芮芮主发三十万骑南侵……。”（第1133页）《魏书·高祖纪》：“（太和三年）十有一月……蠕蠕率骑十余万南寇，至塞而还。”（第147页）

② 据史书记载，早在后燕建兴二年（387），柔然部即曾“献马于燕”（《十六国春秋辑补》卷44《后燕录三》，第343页）；柔然汗国建立后，丘豆伐可汗社崘与姚兴家族和亲，于后秦弘始九年（407）“献马八千匹于秦”（《太平御览》卷127《偏霸部十一》引《十六国春秋·夏录》，第615页）；北燕太平三年（410），蔼苦盖可汗斛律为迎娶北燕乐浪公主，乃向冯跋“献马三千匹”（《晋书》卷125《冯跋载记》，第1130页）；北燕太平九年（417），牟汗纥升盖可汗大檀为继续维护柔然与北燕的同盟关系，又向冯跋“遣使献马三千匹”（《晋书》卷125《冯跋载记》，第1133页）；北魏延和三年（434）二月，柔然敕连可汗吴提派遣其异母兄秃鹿傀前往北魏“朝贡”时，亦曾向拓跋焘“献马二千匹”（《魏书》卷4上《世祖纪上》，第83页）；6世纪初，柔然恢复与南朝的交通后，豆罗伏跋豆伐可汗丑奴赠予梁武帝萧衍“马一匹”（《梁书》卷54《芮芮传》，第817页）；敕连头兵豆伐可汗阿那瓌长女嫁西魏文帝元宝炬时，则以“马万匹”作为陪嫁（《北史》卷13《文帝悼皇后郁久闾氏传》，第507页）。可见，马在柔然发展与周边民族或政权关系方面也发挥了重要作用。

③ 《北史》卷98《蠕蠕传》，第3251页。

④ 《广雅》：“牸、牝，雌也。”[（清）王念孙。钟宇训点校：《广雅疏证》卷10下《释兽》，中华书局，1983年，第386页]。梁顾野王《玉篇》：“牸，疾利切，母牛也”；“犍，居言切，犗也”（《宋本玉篇》卷23，中国书店，1983年，第428页）。《广韵》：“劇，以刀去牛势，或作犍”；“犍，犗牛名”（《宋本广韵》卷1，第95页）。

财产之一。据前引《北史》传文可知，柔然在袭扰北魏边境时，“劫掠”的牲畜中不仅有能够用于扩大畜牧业再生产、增加牲畜数量的牸牛，同时有丧失生育能力的犍牛。阉割公牛可以使之性情温顺、便于驯养，减少对人们的伤害，同时具有避免食用的营养和能量过多流向生殖系统导致肉质下降、保持优良品种等作用。由于农业在柔然社会经济中所占比重较小[①]，所以其掠夺犍牛应主要用作运载工具、食用及制造皮革用品等。

从蒙古高原游牧经济畜群结构的特点来看，羊应在柔然牧养牲畜中所占比例最高[②]。一般来说，各个历史时期蒙古高原游牧经济中的大畜、小畜或马、羊比例基本处于 1∶6—1∶4[③]。例如，蒙古汗国时期（1206—1270 年），即“有一马者，必有六七羊，谓如有百马者，必有六七百羊群也”[④]。史书记载，牟汗纥升盖可汗大檀曾以“羊万口”作为馈赠北燕的礼品[⑤]，但柔然向周边诸政权“献马”的数量却多在一匹至数千匹，即表明柔然牧羊数量远较牧养马匹为多。柔然在与北魏的军事冲突中，屡有数千乃至数万马匹的损失，而这些数字又并非其牧养马匹数量的全部。那么柔然的牧羊的数量也是相当可观的。4—7 世纪的漠北地区墓葬遗迹多有以羊椎骨、羊肋骨殉牲现象，亦揭示柔然汗国时期羊在蒙古高原的游牧民族生产生活中具有重要意义[⑥]。

骆驼也是柔然的重要畜产之一。史书记载，北魏孝明帝元诩曾赐予

---

① 周伟洲：《敕勒与柔然》，第 151 页；林幹：《东胡史》，内蒙古人民出版社，2007 年，第 140 页。

② 畜群结构，指不同畜种的比例或同一畜种的年龄分布或牝牡比例。这里所说的畜群结构，主要就畜种比例而言。王建革：《农牧生态与传统蒙古社会》，山东人民出版社，2006 年，第 150 页。

③ 额灯套格套：《游牧社会形态论》，辽宁民族出版社，2013 年，第 72 页。

④ （南宋）赵珙著，王国维笺证：《蒙鞑备录笺证》，《王国维全集》（第一一卷），浙江教育出版社，2009 年，第 350 页。

⑤ 《晋书》卷 125《冯跋载记》，第 3133 页。

⑥ 内蒙古自治区文物考古研究所、蒙古国游牧文化研究国际学院：《2014 年蒙古国后杭爱省乌贵诺尔苏木和日门塔拉城址 IA-M1 发掘简报》，《草原文物》2015 年第 2 期；内蒙古自治区文物考古研究所、蒙古国游牧文化研究国际学院：《蒙古国布尔干省达欣其楞苏木詹和硕遗址发掘简报》，《草原文物》2015 年第 2 期。

阿那瓌“驼百二十头”[①],阿那瓌赐予长女的嫁妆中则有“驼千头”[②]。可见，柔然不仅掌握了驯养骆驼的技术，而且牧养骆驼的数量亦不少。柔然汗国的南境、西境毗邻沙漠，骆驼就是柔然人穿越流沙与周边民族或政权进行贸易往来和运送大宗货物不可或缺的交通工具。另外，驼肉、驼奶不仅可以增加食品来源，驼的皮毛也能用来生产皮革制品。因此，骆驼在柔然经济生活中同样具有非同寻常的意义（图八）。

图八　河北磁县茹茹公主墓出土彩陶骆驼

（朱全升等:《河北磁县东魏茹茹公主墓发掘简报》,《文物》1984 年第 4 期）

第二节　狩　猎　业

狩猎业与草原游牧畜牧业存在着密切的经济联系。由于传统游牧畜牧业生产力不够强劲，对自然环境依赖程度较高，具有明显的脆弱性和不稳定性，所以，柔然人需要通过狩猎的形式来获取更多的衣食之资。单纯的狩猎经济尽管不能大量积累剩余财富，但这种生业与游牧业结合起来以后，却能够在满足人们必要的衣食之需的基础上，有效避免畜群数量减少，促进财富的累积和增长。因此，狩猎业作为游牧经济的重要辅助产业，在柔然社会经济中亦占有重要地位。

---

① 《北史》卷 98《蠕蠕传》，第 3261 页。

② 《北史》卷 13《文帝悼皇后郁久闾传》，第 507 页。

文献记载，从车鹿会“始有部众，自号柔然”开始，柔然部曾长期役属于拓跋鲜卑，并向其“岁贡马畜、貂豽皮”[①]。在中国，人类掌握驯养貂的技术已经是20世纪中叶以后的事情，故而5世纪以前柔然部进献给拓跋鲜卑贵族的貂皮无疑应是通过狩猎手段获取的野生貂类毛皮。因此，自车鹿会成为柔然部帅以后，至4世纪80年代以前，柔然部向拓跋鲜卑缴纳马畜及貂、豽皮的历史，反映了其部众在从事草原游牧畜牧业生产的同时，兼营狩猎业的事实。

柔然汗国建立后，狩猎产品除满足人们的生产生活需求以外，一般也被用作柔然汗国对外实现政治交往或经济交流的礼品。史书记载，北魏太和元年（477），柔然曾向孝文帝元宏进献过貂裘[②]；南齐建元二年（480）、三年（481），柔然向齐高帝萧道成进献过貂皮等野生动物的皮毛制品[③]；梁天监十四年（515），柔然又曾向梁武帝萧衍进献过“乌貂裘”等“方物”[④]。此外，南北史书还有不少关于柔然“遣使朝贡”“遣使贡献方物”的记载，但未明确说明使者携带的是何种“方物”。基于柔然汗国所控疆域的地理环境、治下人口的生业方式，加之史籍明确记载的柔然向南北诸政权馈赠的礼品又以马、牛、羊、驼等畜产和貂皮等狩猎产品为主，亦可推知这些由柔然使者“进献”给南北朝皇帝的“方物”，应该既有畜产品，又不乏狩猎及手工业产品。可见，5世纪以后柔然仍以射猎为务，且狩猎业在其社会经济中占有较大比重。

6世纪20年代初，柔然可汗阿那瓌、婆罗门相继归附北魏，朝堂遂现“阿那瓌宜置西吐若奚泉，婆罗门宜置西海郡，各令总率部落，收离聚散”的动议[⑤]。凉州刺史袁翻在建议朝廷应分别安置两者时，指出“西海北垂，即是大碛，野兽所聚，千百为群，正是蠕蠕射猎之处”，婆罗门所部在西海郡“籍兽以自给”，补充不少物质资源[⑥]。由此可见，直到柔然汗国后期，狩猎业仍是其重要生业。

---

① 《北史》卷98《蠕蠕传》，第3249页。
② 《北史》卷98《蠕蠕传》，第3256页。
③ 《南齐书》卷59《芮芮虏传》，第1023页。
④ 《梁书》卷54《芮芮传》，第817页。
⑤ 《北史》卷98《蠕蠕传》，第3262页。
⑥ 《魏书》卷69《袁翻传》，第1543页。

游牧生产力不够发达是狩猎业在柔然社会经济中比重较大的主要原因，一般来说，“与狩猎和采集经济的联系愈是密切，牧人部落的开化程度便低”[①]。狩猎业在柔然社会经济中占有较高比重，即与其游牧生产力不够发达和文明发展程度较低有关。由于生产经验和技术得不到及时的传承和总结，导致草原游牧社会的历史上常会出现继起的民族在生产力和文化程度上不如同一区域先前活动的民族的现象[②]。从前3世纪开始，匈奴曾在大漠南北称雄数个世纪之久，其社会生产力的水平和文明程度都是同时期的乌桓、鲜卑、丁零（敕勒）等民族无法比拟的。此后，虽然檀石槐鲜卑部落大联盟曾雄踞塞北，但其尚未实现像匈奴那样的经济发展程度即土崩瓦解。3世纪以前，不仅乌桓、鲜卑曾通过狩猎来获取物质资源[③]，即使是在文化发展程度更高的匈奴的社会经济中，狩猎业占有重要地位也是人所共知的[④]。柔然汗国的历史只有一百五十余年，柔然共同体从出现到消亡也不过两个多世纪，不仅社会经济的发展不够充分，物质文化也未能像匈奴得到那样长期延续。周伟洲判断：“柔然整个社会经济发展的水平，并没有超过匈奴。”[⑤]可见，对于5—6世纪蒙古高原上的柔然、敕勒等游牧民族而言，草原游牧畜牧业应与狩猎经济保持着较此前的匈奴时代更为紧密的联系，狩猎业在柔然汗国的社会经济中占有较大比重。

柔然社会普遍重视狩猎活动还与汗国的对外军事行动频繁有关。就某种程度而言，“战争也是狩猎，不过是对人的狩猎，是更为发展的狩

① 亦邻真：《成吉思汗与蒙古民族共同体的形成》，《内蒙古大学学报》（哲学社会科学版）1962年第1期。

② 林幹：《中国古代北方民族通论》，内蒙古人民出版社，2007年，第72页。

③ 据王沈《魏书》，与鲜卑习俗大致相同的乌桓“日弋猎禽兽”，鲜卑“其兽异于中国者，野马、羱羊、端牛。端牛角为弓，世谓之角端也。又有貂、豽、鼲子，皮毛柔蠕，故天下以为名裘”（《三国志》卷30《乌丸鲜卑东夷传》注引《魏书》，第832、836页）。成书年代稍晚的《后汉书·乌桓鲜卑列传》所记与此略同，仅存在个别字句的差异（《后汉书》卷90《乌桓鲜卑列传》，第2979、2985页）。

④ 史称匈奴：“儿能骑羊，引弓射鸟鼠；少长则射狐兔：用为食。士力能毌弓，尽为甲骑……其俗，宽则随畜，因射猎禽兽为生业，急则人习战攻以侵伐，其天性也。”《史记》卷110《匈奴列传》，第2879页。

⑤ 周伟洲：《敕勒与柔然》，第153页。

猎”[1]。在中国古代北方游牧民族的历史上，“出征和出猎是结合进行的，在狩猎进行中，随时可以把它转变为对敌战斗”[2]。史书记载，南齐建元元年（479）八月，柔然可汗予成亲率三十万骑南下攻打魏边塞，“魏虏拒守不敢战，芮芮主于燕然山下纵猎而归”[3]。对此，《魏书·高祖纪上》则称太和三年（479）十一月，“蠕蠕率骑十余万南寇，至塞而还”[4]。如前所述，由于柔然军事制度具有军政合一、兵民合一特点，故而柔然军队在出征和撤退时常有畜群相伴。可见对于柔然军队而言，行军过程在某种程度上也是一个迁徙游牧的过程。当战事紧张或牲畜不足时，柔然军队便会通过狩猎、掠夺等形式来获取军需。予成“于燕然山下纵猎而还”之事，应即在久攻魏塞不下的情况下，用作军需的牲畜数量不足，又未能虏获中原地区的物质资源，遂通过狩猎的形式来维持军队供应的举措。饶有趣味的是，南北史书对于此事发生的时间及柔然出兵数量的记载存在显著差异。柔然出兵数量应以北朝史书所记为是。其一，北魏方面是此次战事的当事方之一，对此事的了解势必多于南齐；其二，由《南齐书》传文可知，此前柔然曾与南朝约定共同讨伐北魏，不排除柔然会通过夸大出兵数量来“邀功”于南朝。至于两者关于予成攻魏时间的差异，或系所记分别为柔然出兵及退兵的时间所致。

经济上的分散性和不稳定性，是导致游牧民族政权组织相对松懈，“忽强忽弱，骤兴骤衰”现象频现的重要原因。因此，拥有一支强大的军队对于北方游牧民族而言具有不可低估的意义，而狩猎业正是其练兵习战的形式之一[5]。特别是以“集体围猎”形式进行狩猎活动，既能提高军士的骑射能力，又有助于强化军队团结协作意识，是包括柔然在内的游牧民族用以训练青年，“使之迅速成长为‘战士’”的重要手段[6]。4世纪末5世纪初开始，柔然不仅陷入了长期与北魏军事对抗的泥淖，还频繁与周邻地区其他民族或政权发生军事冲突或战争。在这种局势下，狩猎

① 《马克思恩格斯全集》（第47卷），人民出版社，1979年，第291页。
② 林幹：《中国古代北方民族通论》，第74、75页。
③ 《南齐书》卷59《芮芮虏传》，第1023页。
④ 《魏书》卷7上《高祖纪上》，第147页。
⑤ 林幹：《中国古代北方民族通论》，第73、74页。
⑥ 周伟洲：《敕勒与柔然》，第148页。

活动不仅能够改善柔然人的生活条件，还能同时发挥训练军队、扩展军需来源的作用，提高军队的战斗力和后勤补给能力。

第三节 手工业

柔然的手工业由金属冶炼业、陶器制造业、毛皮加工业、车辆制造业、木器制造业等多个行业组成，制品有生产工具、生活用品、战斗武器及工艺品等。手工业不仅为柔然民众衣食住行提供了便利，还推动了游牧业、狩猎业和农业等经济类型的发展，以及军队武器装备的改善和作战能力的提升。

一、金属冶炼业

北魏天兴五年（402）正月，北魏材官将军和突破击败柔然，“获铠马二千余匹”[①]。所谓“铠马”，即配备铠甲的战马，是重装骑兵的重要组成部分（图九）。这是迄今所见汉文史书第一次关于柔然使用金属制器的明确记载。历史上，北方游牧民族的骑兵曾经装备过青铜武器和战甲，但在铁器广泛使用以后，冶铜业和铜器制造业即在北方草原游牧社会逐渐减少。考古资料揭示，从前3世纪开始，铁器即已逐渐融入北方游牧民族生产生活和军事活动的各个领域。5世纪以前，北方草原地区早已掌握了冶铁技术，加之青铜造价相对较高、材质也较铁为软，显然不适合制成铠甲和武器装备重装骑兵。因此，柔然重装骑兵的铠甲及武器应以铁制为主[②]。从是役北魏俘获“铠马”数量来看，有能力组织此等规模的重装骑兵的柔然部或已掌握了制作甲骑装备的技术，“铠可能为柔然自

① 《魏书》卷2《太祖纪》，第39页。

② 除青铜和铁外，北方民族的历史上还存在用皮革制作铠甲现象。西汉晁错曾有“材官驺发，矢道同的，则匈奴之革笥木荐弗能支也”之语。孟康《汉书音义》曰：“革笥，以皮作如铠者被之。木荐，以木板作如楯。一曰，革笥如楯，木荐之以当人心也。”颜师古曰：“一说非也。”《汉书》卷4《爰盎晁错传》颜师古注，第3281、3282页。可见，至晚西汉初期，这种用皮革制作的铠甲就已经被匈奴用作军事装备了。皮革铠甲显然主要是为轻骑兵配备的装备，但是，4世纪以后的“甲骑”“铠马”等却均系配备铁制铠甲的重骑兵。杨泓：《骑兵和甲骑具装——中国古代军事装备札记之二》，《文物》1977年第10期。

图九　西魏吐谷浑公主与茹茹大将军合葬墓出土 A 型甲骑具装俑
（刘呆运等：《陕西西安西魏吐谷浑公主与茹茹大将军合葬墓发掘简报》，《考古与文物》2019 年第 4 期）

制”[①]。可见，至晚在 5 世纪初，柔然已掌握了金属冶炼技术，并将金属武器应用于战争行动。

5 世纪以后，以冶铁业为代表的金属冶炼业仍在柔然汗国的手工业经济中占有重要地位。漠北地区自然资源丰富，矿产众多，分布广泛。特别是肯特山脉、阿尔泰山脉、库苏集尔湖和色楞格河中下游一带蕴含着不少铁矿[②]，使柔然发展冶铁业和铁器铸技术成为可能。此外，一些柔然可汗治下的其他游牧部落也掌握了冶铁技术，并为柔然汗庭提供铁器。据《周书·突厥传》记载，6 世纪中叶以前，“居金山之阳”的突厥曾因“臣于茹茹”“为茹茹铁工”而被柔然视作“锻奴”[③]。可见，突厥人当时不仅精于冶铁，并以作此为进献给柔然汗庭的贡赋。1925 年，苏联考古学家鲍罗夫卡在今蒙古国土拉河流域诺颜乏斯穆地方的一座柔然时期贵

① 周伟洲：《敕勒与柔然》，第 151 页。

② 杨青山、高莎莉、李秀敏：《蒙古国地理》，东北师范大学出版社，1994 年，第 69 页。

③ 《周书》卷 50《突厥传》，第 907—908 页。金山，蒙古国鄂尔浑河流域发现的第二突厥汗国时期（682—745）的突厥如尼文碑铭作“Altun yiš”，即今阿尔泰山。

族墓葬中，发现了一些铁制兵器和马具[①]。虽然这些铁器是柔然自制，还是突厥抑或其他臣服于柔然的游牧民族进献，还是外来之物尚有待考证，但不可否认，它们为柔然汗国时期蒙古高原上的游牧民族曾使用铁器提供了有力证据。

2014 年，蒙古国和日门塔拉城址 IA-M1 柔然时期墓葬出土了铁镞、铁剑、铁带銙、铁矮脚杯，以及金箔头饰、铜项饰、铜化妆具、铜镯等金属器物；在同年发掘的蒙古国詹和硕遗址 IM5 墓葬遗迹中，不仅棺板用铁锔钉连接，陪葬器物还有不同形制的铁箭镞 6 件、铁矮脚杯 1 件、青铜头饰 1 件组（1 组 4 件）、青铜饰件 1 件组等，从出土鸟形头饰及耳杯风格来看，该墓葬更接近鲜卑—柔然时期[②]。上述金属器物的发现，进一步证实，在相当于柔然时期的漠北游牧社会中存在制造和使用铁器等金属器物的现象（图一〇）。

图一〇　蒙古国后杭爱省乌贵诺尔苏木和日门塔拉城址 IA-M1 出土金箔头饰
（内蒙古自治区文物考古研究所、蒙古国游牧文化研究国际学院：《2014 年蒙古国后杭爱省乌贵诺尔苏木和日门塔拉城址 IA-M1 发掘简报》，《草原文物》2015 年第 2 期）

---

① 〔苏〕鲍罗夫卡：《考古学的调查考察预报》，原载《北蒙古调查考察预报》（第二卷），列宁格勒，1927 年，俄文版。转引自马长寿：《论突厥人和突厥汗国的社会变革（上）》，《历史研究》1958 年第 3 期；马长寿：《论突厥人和突厥汗国的社会历史变革（下）》，《历史研究》1958 年第 4 期。

② 内蒙古自治区文物考古研究所、蒙古国游牧文化研究国际学院：《2014 年蒙古国后杭爱省乌贵诺尔苏木和日门塔拉城址 IA-M1 发掘简报》，《草原文物》2015 年第 2 期；内蒙古自治区文物考古研究所、蒙古国游牧文化研究国际学院：《蒙古国布尔干省达欣其楞苏木詹和硕遗址发掘简报》，《草原文物》2015 年第 2 期。

二、毛皮加工业

毛皮加工业是柔然重要的手工业部门。由于柔然的游牧业在社会经济中所占比重较大、畜产众多，加之狩猎产品丰富，故而以牲畜或野生动物毛皮为原料的手工业产品加工和制造水平比较发达，游牧社会所必备的熟皮子、毛纺织和制毡等生产生活技艺皆为柔然所能。

“貂裘”“乌貂裘”“袴褶”等，都是柔然赠予南北朝诸政权统治者较多的皮革制品[①]。“貂裘”，即貂皮缝制的衣物。史称：“凡取兽皮制服，统名曰裘，贵至貂、狐，贱至羊、麂……一貂之皮方不盈尺，积六十余貂仅成一裘。服貂裘者，立风雪中更暖于宇，眯入目中，拭之即出，所以贵也。色有三种：一白者，曰银貂；一纯黑；一黯黄。黑而长毛者，近值一帽套已五十金。”[②]可见，“乌貂裘”应系貂之色“纯黑”者所制，价值不菲[③]。至于“袴褶”，则系起源于草原游牧社会的上衣下裤式套装，“袴”下“褶”上，分别缝制，着之便于劳动和作战，亦以皮制为主[④]。以皮革制品为“贡品”，表明其不仅珍贵，做工必然精良，透露了柔然“制革、成衣业的存在和水平”[⑤]。

2014年，蒙古国和日门塔拉城址IA-M1墓葬出土了一件组皮革袋。皮革袋呈长方形，长、宽分别为6.5厘米和6厘米，缝制时的细密针脚

---

① 《北史》卷98《蠕蠕传》，第3256页；《南齐书》卷59《芮芮虏传》，第1023页；《梁书》卷54《芮芮传》，第817页。

② （明）宋应星：《天工开物》卷上《乃服第二》，明崇祯十年（1637）涂绍煃刻本，第45b页。

③ 历代诗词作品，多以“乌貂裘”喻贵重之物。例如，唐刘禹锡《武昌老人说笛歌》有“当时买林惢搜索，典却身上乌貂裘”［（唐）刘禹锡《刘梦得文集》卷五，四部丛刊本，第7a页］；明刘昺《宿黄州城下怀苏仙》有“瓶无储粟家四壁，斗酒谁换乌貂裘”句（《刘彦昺集》卷5《七言古风》，清文渊阁四库全书本，第20b页）；明吴节《江湖胜览卷》有“浪饮不知醉，忘却乌貂裘”句［《吴竹坡先生诗集》卷2《五言古》，清雍正三年（1725）吴琦刻本，第9b页］等。可见，“乌貂裘”作为一种名贵的皮衣，历来备受青睐。

④ 周梦：《中国民族服饰变迁融合与创新研究》，中央民族大学出版社，2013年，第35—37页。

⑤ 曹永年：《古代北方民族史丛考》，第121页。

线较为清晰，袋内装有青铜羊距骨半枚及小木棒一件[①]。此皮革袋及其袋内所置器物的发现，不仅为柔然时期漠北地区的游牧民族缝制和使用皮革制品提供了实物依据，还对进一步深入认识当时蒙古高原游牧民族的手工业生产水平、社会生活状况和文化习俗具有重要参考价值。

三、车辆制造业

车辆制造业是柔然的又一重要手工业生产部门。车辆是一种综合性手工业制作的产物，它一方面以比较成熟的金属制造业、木器制造业及制毡技术为基础，另一方面也对相关手工业技术的改进与发展具有促进作用。掌握金属冶炼、制毡、皮革加工、木器制造等手工业技术，为柔然生产和使用车辆提供了前提和保障。历史文献中有不少关于柔然使用车辆的现象的记载。

正光四年（523）初，阿那瓌扣留了在怀朔（故址在今内蒙古自治区包头市固阳县城圐圙古城）、柔玄（故址今内蒙古自治区乌兰察布市察右中旗塔布胡同古城，一说在今内蒙古自治区乌兰察布市察右后旗白音察干古城）二镇间慰劳柔然的北魏宗室元孚以后，即曾将其“载以辒车”[②]。汉扬雄《长杨赋》有“砰轒辒，破穹庐，脑沙幕，髓余吾”句[③]，应劭注曰“轒辒,匈奴车也”[④]。据社崙曾兼并过“国尤富强”的“匈奴余种”[⑤]，可知柔然可汗应拥有不少具有匈奴血统的属民。因此，“柔然制造的车，至少有一部分与匈奴的辒车相同”[⑥]。又据《北史·后妃传》，阿那瓌长女妻西魏文帝元宝炬时，陪嫁“车七百乘，马万匹，驼千头”[⑦]。可见柔然不仅善于造车，而且车辆数量众多。

应该指出的是，柔然汗国时期，除一部分“辒车”与匈奴“轒辒”

---

① 内蒙古自治区文物考古研究所、蒙古国游牧文化研究国际学院：《2014 年蒙古国后杭爱省乌贵诺尔苏木和日门塔拉城址 IA-M1 发掘简报》，《草原文物》2015 年第 2 期。

② 《北史》卷 16《元孚传》，第 613 页。

③ 《汉书》卷 87 下《扬雄传下》，第 3561 页。

④ 《汉书》卷 87 下《扬雄传下》“应劭注”，第 3562 页。

⑤ 《北史》卷 98《蠕蠕传》，第 3250 页。

⑥ 周伟洲：《敕勒与柔然》，第 152 页。

⑦ 《北史》卷 13《文帝悼皇后郁久闾氏传》，第 507 页。

相同或相似外，漠北地区游牧民族使用的车辆还有不少是由敕勒人制造的高轮车。《北史·高车传》称，敕勒人的车辆“车轮高大，辐数至多”，部众多“乘高车，逐水草”，遂有“高车”之名[①]。另据《魏书·太祖纪》，天兴二年（399）二月，北魏三路大军深入漠北，破敕勒三十余部，获“高车二十余万乘”[②]。敕勒的高轮车数量之盛，由此可见一斑。既然5世纪以后漠北敕勒多已沦为柔然可汗的属民，则柔然统治阶层所拥有或使用的车辆，应有相当一部分是由敕勒人制造的高轮车。

四、木器制造业

木器制造业也是柔然的重要手工业部门。4—7世纪，无论是柔然兴起的漠南阴山一带，还是柔然汗国控制下的漠北草原及天山北麓地区，均分布着很多植被茂密的森林，为柔然木器制造业的发展提供了相对充足的原材料。历史上，包括柔然在内的北方游牧民族所使用的车辆、弓矢、穹庐和马鞍等手工业产品，多以木器制造业为基础，结合其他手工业部门生产加工而成。

作为“引弓之国”，弓箭既是柔然从事狩猎业的主要生产工具之一，又是其在战争中使用的重要武器。在蒙古国境内4—6世纪或6—7世纪墓葬遗迹中出土的铁制箭镞、骨弓弭等器物，揭示了柔然时期漠北地区的游牧民族制造和使用弓箭的历史[③]。生产铁制箭镞固然属于冶铁及铁器制造业的范畴，而弓体及箭竿的制作，则离不开木器制造业的支撑。从柔然以狩猎经济为重要辅助产业及其与周边地区战争频仍的情况来看，在其经济生活和战斗中对弓箭的需求数量都不在少数。对于可供狩猎生

---

① 《北史》卷98《高车传》，第3271、3273页。

② 《魏书》卷2《太祖纪》，第34页。

③ 马长寿：《论突厥人和突厥汗国的社会变革（上）》，《历史研究》1958年第3期；马长寿：《论突厥人和突厥汗国的社会变革（下）》，《历史研究》1958年第4期；内蒙古自治区文物考古研究所、蒙古国游牧文化研究国际学院：《2014年蒙古国后杭爱省乌贵诺尔苏木和日门塔拉城址IA-M1发掘简报》，《草原文物》2015年第2期；内蒙古自治区文物考古研究所、蒙古国游牧文化研究国际学院：《蒙古国布尔干省达欣其楞苏木詹和硕遗址发掘简报》，《草原文物》2015年第2期。

活和作战使用的弓箭而言，箭镞、箭竿和弓体都是必不可少的。其中，对箭镞、箭竿的需求数量最高，能够反复利用的弓体数量次之。由于弓矢符合一定规范才能发挥好其战斗性能，所以生产高质量的弓弦与箭竿，都需要以一定的技术和经验为保证[①]。如果缺乏足够发达的木器制造业，不仅弓弦和箭竿的数量会供不应求，质量也难以保证。

制造穹庐和马鞍也需要木器制造业的支撑。柔然既以穹庐毡帐为室[②]，则穹庐制造技术势必也为其掌握。虽然可供牧人居住的穹庐需要毛毡来遮蔽风雨、御寒保暖，故而与制毡业的关系比较密切，但搭建穹庐结构框架的原料却主要是木材，因而对木器的需求量也较大。魏晋南北朝时期，木制高桥马鞍早已广为流行，柔然所用的马鞍亦当以此为主。作为将“人与马完全结合在一起的关键”[③]，木制高桥马鞍在草原游牧社会中的地位和作用不容忽视。其中，以皮革包裹鞍架的木制高桥马鞍最为常见。可见，制造马鞍虽然是对金属冶炼、镶嵌、皮革加工等技能的综合运用，但其核心无疑还是木器制造业。

除上述手工业生产部门外，柔然时期的漠北游牧民族至少还拥有制作和使用漆器、骨器的技术。前 2 世纪，匈奴老上单于杀月氏王“以其头为饮器”的历史人所共知[④]，这种以敌酋首级为饮器的风俗在北方游牧社会传承日久。据《北史·高车传》记载，丑奴擒杀高车王弥俄突后，即曾“漆其头为饮器”[⑤]。可见至晚 5 世纪末 6 世纪初，柔然已经掌握了制作漆器的技术。蒙古国和日门塔拉城址 IA-M1 墓葬出土的骨弓弭等器物，则进一步证实了柔然时期漠北游牧社会存在着制作和使用骨器的现象。

需要指出的是，以游牧业为主要生业的柔然虽然“从来离不开手工业的辅助”，但“游牧经济也严重限制着本部手工业的发展”[⑥]。中国古代

---

① 林幹：《匈奴史》，内蒙古人民出版社，2007 年，第 131 页。

② 《宋书》卷 95《芮芮虏传》，第 3257 页。

③ 〔德〕汉斯·克里斯蒂安·胡夫（Hans-Christian Huf）：《发现米诺斯王国》，中国社会出版社，2000 年，第 83、84 页。

④ 《史记》卷 123《大宛列传》，第 3157 页。

⑤ 《北史》卷 98《高车传》，第 3275 页。

⑥ 曹永年：《古代北方民族史丛考》，第 121 页。

北方民族从事手工业生产的历史虽然悠久，但游牧民族频繁地迁徙移动和由战乱造成的社会动荡等因素，却使手工业生产难以得到健康发展。手工业只是以畜牧为主要生业的柔然的辅助产业之一，自不待说。柔然可汗治下的漠北敕勒诸部虽多以善于制造高轮车而闻名，主要生业却也是“迁徙随水草”的游牧业①。此外，突厥虽然曾为柔然的“铁工”，但冶铁业却并非其主要生业，而是“随水草迁徙，以畜牧射猎为务”②。可见，柔然汗国时期手工业生产与游牧业并未出现显著的社会分工，而是始终作为游牧经济的辅助产业存在。正因如此，柔然的手工业产品难以实现自给自足，需要通过对外经济交流来弥补。

第四节　农　　业

柔然汗国建立后，在保持和中原农耕民族经济联系的同时，和西域诸国从事绿洲农业的居民的接触也日渐频繁，使柔然在与周边农业人口的长期接触中学会了稼穑技术，抑或通过战争虏获或招徕利诱等方式获得来自中原或西域地区的农业劳动力为其从事农业生产成为可能。

北朝史书关于柔然与北魏关系的相关记载，为柔然汗国境内存在农耕经济的历史提供了直接的证据。史称北魏正光二年（521）正月，孝明帝元翊曾赐予阿那瓌“新干饭一百石”“麦麨八石”“榛麨五石”“粟二十石”，作为扶持其返回柔然、重掌权柄的物资③。婆罗门被迫归附北魏以后，北魏宗室元雍等在建议安置阿那瓌所部于怀朔镇北的奏疏中提出：“阿那瓌草创，先无储积，请给朔州麻子干饭二千斛，官驼运送。”④凉州刺史袁翻关于安置婆罗门所部于西海郡（今内蒙古自治区阿拉善盟额济纳旗达来呼布镇东南）的奏疏亦指出：“西海郡本属凉州……土地沃衍，大宜耕种。非但今处婆罗门，于事为便，即可永为重戍，镇防西北……殖田以自供，籍兽以自给，彼此相资，足以自固。”⑤从6世纪初柔然的活

---

① 《北史》卷98《高车传》，第3270、3271页。

② 《周书》卷50《突厥传》，第907—909页。

③ 《北史》卷98《蠕蠕传》，第3260、3261页。

④ 《北史》卷98《蠕蠕传》，第3262页。

⑤ 《魏书》卷69《袁翻传》，第1542、1543页。

动地域及北魏欲安置柔然部众的区域来看，可资耕种的粮种应多为以粟、麦等为代表的耐旱性较强的谷类作物。正光三年（522）十二月，“阿那瓌上表，乞粟以为田种”之事即为此明证[①]。可见，如果柔然毫无或缺乏足够的耕作经验，势必会出现“劳而无获”的局面。在这种情况下，袁翻等关于安置婆罗门所部于西海“殖田以自供”的建议，非但不能使他们成为捍卫北魏西北战略安全的“屏藩”，反而会给边疆稳定带来诸多不安定的因素。因此，可以不无根据地说，至晚于此前相当长的一段时间里，柔然的农业已然存在。

由于农耕经济规模较小，发展程度不高，耕种方式比较原始，所以“农业在柔然社会经济中并不占有一定的地位，其发展程度可能比匈奴还略逊一筹”[③]。6世纪初，北魏贵族元孚仍宣称柔然“皮服之人，未尝粒食”[③]。可见，直到柔然汗国晚期，对于大多数柔然部众和其他来源不同、族属各异的柔然汗国属民而言，农业都没有成为他们的主要生业。

第五节　交 换 贸 易

柔然与中原政权的交换贸易，主要有“朝贡”“和亲”“互市”等几种形式；与周边其他民族的交换贸易，则通过控制商道、转运物资等方式实现。

4—5世纪，柔然先后依附拓跋代政权、铁弗匈奴、后燕等政治势力，并与后秦姚兴集团实现过政治联姻。在柔然频繁向拓跋鲜卑、后燕、后秦等政治势力贡献畜牧或狩猎产品的同时，这些割据政权或政治势力出于拉拢和安抚柔然的目的，也会“回赐”或赠予柔然不少草原游牧社会匮乏的物质资源。于是，以“朝贡”“和亲”等形式为媒介的交换贸易应运而生。402—414年，柔然汗国通过强化同后秦的政治联姻、建立与北燕的“和亲”等方式，不仅实现了寻求政治军事盟友的对外战略，还达到了与这些政治势力进行交换贸易，从而获得粮食及手工业产品的经

① 《北史》卷98《蠕蠕传》，第3262页。
② 周伟洲：《敕勒与柔然》，第151页。
③ 《北史》卷16《元孚传》，第611页。

济目的。冯跋曾“娉斛律女为妻”[①]，使柔然方面借此获得不少来自北燕的聘礼，这正是双方交换贸易的重要表现形式之一。

史书记载，5世纪30年代初，“北鄙候骑获吴提南偏逻者二十余人，太武赐之衣服，遣归”，于是“吴提上下感德，故朝贡焉”。柔然使者至魏，拓跋焘给予优待，获得不少物质赏赐。这种与北魏间的“朝贡”贸易，在柔然汗国创建后尚属首次。延和三年（434）二月，吴提尚北魏西海公主，拓跋焘亦“遣使者纳吴提妹为夫人”，双方实现“和亲”[②]。史称吴提兄秃鹿傀等前往北魏“朝贡”时，拓跋焘即“班赐甚厚”[③]。由柔然通过“朝贡”“和亲”等方式得到北魏的优待和“班赐”，可知其在此种形式的交换贸易中大获其利。至于北魏方面，则不仅由此赢得了一个相对稳定的北疆环境，还从柔然获得大量马畜及狩猎产品，解决了其统一黄河流域的后顾之忧，故拓跋焘甚至以“今四方顺轨，兵革渐宁，宜宽徭赋，与民休息。其令州郡县隐括贫富，以为三级，其富者租赋如常，中者复二年，下穷者复三年”来宣示欣喜之情[④]。可见431—436年，柔然与北魏之间以朝贡贸易与“和亲”为主要形式的交换贸易曾一度盛行。但随着黄河流域渐趋统一，北魏势力开始染指西域，柔然遂于太延二年（436）“绝和犯塞”[⑤]，双方通过和平方式实现经济交流的历史至此一度戛然而止。

从吴提“绝和犯塞”至予成即位以前，柔然与北魏关系紧张，史籍中未见双方有通过和平方式进行交换贸易的记载。和平五年（464）七月，予成所部被北魏“北镇游军”所败[⑥]，遂试图与北魏通好并着力经略西域。皇兴三年（469），予成曾分别于二月、七月两次“遣使朝贡”，试图与北魏通过和平方式实现交换贸易[⑦]。然而，其时北魏献文帝拓跋弘正与文明太后进行权力争夺，政局诡谲多变，柔然的经济诉求并未达到。

---

① 《北史》卷98《蠕蠕传》，第3251、3252页。
② 《北史》卷98《蠕蠕传》，第3253、3254页。
③ 《北史》卷98《蠕蠕传》，第3254页。
④ 《魏书》卷4上《世祖纪上》，第83页。
⑤ 《北史》卷98《蠕蠕传》，第3254页。
⑥ 《魏书》卷5《高宗纪》，第122页。
⑦ 《魏书》卷6《显祖纪》，第129页。

延兴五年（475）以后至予成死前，虽然柔然方面多次请求与北魏和亲，多因北魏方面以柔然“款约不著”而拒绝，但此间双方战事较少，使者往来频繁，并通过“朝贡”贸易实现了经济交流[①]。丑奴即位后，亦曾多次遣使北魏进行朝贡贸易[②]，应与其时柔然着力讨伐“高车国”及其余部有关。丑奴遇弑后，弟阿那瓌立十日而被逐，亡归北魏。阿那瓌不仅在北魏备受优渥，还在北魏支持下北返汗庭，重掌权柄。于是，柔然方面通过朝贡、北魏的“赐予”等形式，获得大量物质资源[③]。此后，北魏还一度出现了开放关市、与柔然实现民间贸易的动议[④]。

北魏爆发六镇起义后，阿那瓌兴兵南下，助魏“平叛”。于是，柔然不仅解除了来自北魏的军事威胁，还通过其“宣劳班赐”获得大量财富[⑤]。此后，双方的和平局面一直维持到永熙三年（534）北魏分裂以前。其间，柔然主要通过“朝贡”的方式与北魏进行交换贸易，北魏出于安抚、迎合柔然的目的亦时常向其“班赐”或赠予物资，特许对阿那瓌“标以殊礼”，甚至欲以范阳王元海女为琅琊公主前往柔然“和亲”[⑥]。可见，随着北魏国力的衰弱，柔然与北魏之间南强北弱的局势对比发生了转变，北魏不得不“仰其鼻息”以讨好柔然，因此，此间的交换贸易虽属和平形式下的经济交流，内涵却与先前柔然在面临困境或北魏军事打击的形式下，主动或被动请求与北魏实现和平经济交流的情况存在显著差异，交换贸易的主动权至此基本完全落入柔然之手。东、西魏分立时期，柔然延续了与北朝交好的政策，不仅与两个政权都建立了朝贡贸易，还分别实现了“和亲”[⑦]。

---

① 《北史》卷98《蠕蠕传》，第3256页。

② 《北史》卷99《蠕蠕传》，第3257、3258页。

③ 《北史》卷98《蠕蠕传》，第3259—3262页。

④ 6世纪20年代初，柔然“其人大饥，相率入塞”，阿那瓌向北魏上表请求赈济，北魏以宗室元孚为北道行台，“诣彼振恤”。元孚建议：“又贸迁起于上古，交易行于中世。汉与胡通，亦立关市。今北人阻饥，命悬沟壑；公给之外，必求市易。彼若愿求，宜见听许。”《北史》卷16《元孚传》，第612页。

⑤ 《北史》卷98《蠕蠕传》，第3263页。

⑥ 《北史》卷98《蠕蠕传》，第3263、3264页。

⑦ 《北史》卷13《文帝悼皇后郁久闾氏传》、卷14《蠕蠕公主郁久闾氏传》、卷98《蠕蠕传》，第507、508、517、518、3264、3265页。

此外，柔然汗国还与南朝诸政权实现了以“朝贡”贸易为主要形式的经济交流。刘宋至萧齐时期，柔然可汗曾多次向南朝派出使者，向其统治者“进献”马畜、狩猎产品或金银珠宝等器物；与此同时，南朝方面亦派出使者前往柔然[①]。据《南齐书·芮芮虏传》记载，柔然可汗曾向萧齐“求医工等物”，被齐武帝萧赜以“知须医及织成锦工、指南车、漏刻，并非所爱。南方治疾，与北土不同。织成锦工，并女人，不堪涉远。指南车、漏刻、此虽有其器，工匠久不复存，不副为悮”为由拒绝[②]。可见，柔然向南朝“朝贡”，除共同对抗北魏的军事目的外，还有换取手工业制品的经济目的和学习南朝先进科学技术的诉求。5 世纪 80 年代末，“高车国”攻灭亲柔然的阚氏高昌王国，柔然经高昌（今新疆维吾尔自治区吐鲁番市东南）假道吐谷浑前往南朝的通道一度中断[③]。因此，在以后的数十年间里，史籍中鲜有双方互派使者的记载。麹氏高昌建国后，依违于“高车国”和柔然两股政治势力之间，遂有柔然再次向南朝“遣使朝贡”之事。6 世纪以后，柔然几次派遣使者前往萧梁“朝贡”，“贡品”依然以畜产、狩猎产品为主[④]。

需要指出的是，真正意义上的“朝贡”，应以朝贡者对被朝贡者的臣服为基本前提。但是，柔然汗国最初的自我政治定位是与中原王朝平等的得“华夏正统”的王朝性质，显然并不认同自己是南北朝任何一方的“藩属”[⑤]。因此，柔然与南北朝双方的所谓“朝贡”贸易，事实上多属双方统治者之间的政治馈赠[⑥]。至于南北史书冠以“朝贡”字样，则反映了中原史家的政治倾向和正统观念。

---

① 以上内容，参阅《宋书》卷 95《芮芮虏传》，第 3257 页；《南齐书》卷 59《芮芮虏传》，第 1023—1025 页；《南史》卷 32《张邵传》，第 825 页。

② 《南齐书》卷 59《芮芮虏传》，第 1025 页；

③ 《北史》卷 97《西域传》，第 3213 页。

④ 《梁书》卷 54《芮芮传》，第 817 页。

⑤ 曹永年：《关于柔然自号“皇芮”并宣称“光复中华”——兼论十六国时期北方各族豪酋“俱僭大号，各建正朔”的潮流》，《中华文史论丛》2015 年第 2 期。

⑥ 柔然部役属拓跋鲜卑及依附铁弗匈奴、前秦、后燕时期，对这些政权或民族的“贡献”才是真正意义上的“朝贡”；阿那瓌亡归北魏前后，双方的“朝贡”贸易也具备这样的特征。但是，这种真正意义上的降附式的“朝贡”维续时间较短。至于柔然与南朝的所谓“朝贡”贸易，则完全属于双方统治者的政治馈赠。

众所周知，柔然人是“衣皮食肉”的游牧民族，但《梁书·芮芮传》却称其“衣锦”[①]，表明柔然时期的漠北游牧民族也使用丝织衣物。1925年，鲍罗夫卡在今蒙古国境内土拉河流域发现的柔然时期贵族墓葬中，出土了汉式铜镜、丝绢帛，以及具有中亚萨珊波斯风格的绢织物等[②]。无独有偶，2014年发掘的蒙古国和日门塔拉IA-M1墓葬中，亦出土过丝织品头饰[③]。虽然具有汉式铜镜和中原风格的丝织品来源于南朝或北朝的问题尚有待考证，但萨珊波斯风格的绢织物却表明，柔然汗国在与中原诸政权进行经济交流的同时，还通过控制草原丝绸之路和绿洲丝绸之路贸易的部分节点，与西域诸国及中亚地区建立经济联系，并实现了直接或间接的交换贸易。

总的来看，4—6世纪中叶，柔然社会经济一直以游牧业为主、狩猎业为辅。由于游牧经济和狩猎经济对自然条件的依赖性较强，柔然人并非随时随地都能通过牧养牲畜或猎取野物来维持生计，所以不得不采用其他生业来获取更多物质资源。因此，农业、手工业和交换贸易均在柔然社会经济中占有一定比重。但农业经济在柔然社会经济中的地位一直较手工业和交换贸易为弱，而手工业和交换贸易等生业在柔然社会经济中的地位，则始终未能超越游牧业和狩猎业。

---

① 《梁书》卷54《芮芮传》，第817页。

② 马长寿：《论突厥人和突厥汗国的社会变革（上）》，《历史研究》1958年第3期；马长寿：《论突厥人和突厥汗国的社会变革（下）》，《历史研究》1958年第4期。

③ 内蒙古自治区文物考古研究所、蒙古国游牧文化研究国际学院：《2014年蒙古国后杭爱省乌贵诺尔苏木和日门塔拉城址IA-M1发掘简报》，《草原文物》2015年第2期。

第六章　柔然的文化习俗

文化习俗作为特定民族或群体区别于其他民族的重要标志之一，是在各自长期的历史变迁和经济生活中逐渐形成的。柔然的文化习俗，包括其衣食住行等生活方式，以及婚姻习俗、姓氏、语言文字、原始信仰与宗教等多个方面。

第一节　衣 食 住 行

中国古代北方游牧民族经济生产方式“衣食之业不著于地”的特点，使他们形成了多“食肉饮酪，衣皮毛，非有城郭田宅之归居，如飞鸟走兽于广野，美草甘水则止，草尽水竭则移”的生活方式[①]。柔然社会经济以游牧业为主、多种经济类型并存的特点，决定了其衣食住行等各个方面必须与草原游牧社会的生产生活方式相适应。

一、饮食、服饰和发式

自见诸文字记载以来，北方游牧民族皆“咸食畜肉，衣其皮革，被旃裘”[②]。史书记载，敕勒“迁徙随水草，衣皮食肉，牛、羊畜产，尽与蠕蠕同”[③]。据此，则同样过着“逐水草畜牧”的游牧生活，并且主要畜产与敕勒诸部基本相同的柔然，在饮食、服饰等生活方式和风俗习惯方面，亦当与敕勒大体相同，即“衣皮食肉”。柔然牧养的马、牛、羊、驼等牲畜的肉乳皮毛，皆可为其提供衣食之资。5世纪以后，柔然汗国与周边民族和政权存在着比较广泛的经济联系，并且随着对西域部分地

---

① 《汉书》卷49《晁错传》，第2285页。

② 《史记》卷110《匈奴列传》，第2879页。

③ 《北史》卷98《高车传》，第3271页。

区的逐渐控制和草原丝绸之路的开拓，与域外民族或政权的经济交流也日趋兴盛。于是，不少柔然贵族的饮食和服饰日渐丰富。但直到柔然汗国晚期，“衣皮食肉”的服饰特点和饮食习惯，仍然是多数柔然人的主要生活方式。

据《北史》记载，直到6世纪20年代，北魏宗室元孚仍将柔然视作“皮服之人”，并向朝廷提出，对柔然“宜从俗因利，拯其所无……乞以牸牛产羊，糊其口食”，认为“畜牧繁息，是其所便，毛血之利，惠兼衣食”[①]。后元孚“持白武幡劳阿那瓌于柔玄、怀朔二镇间”被阿那瓌所拘，“日给酪一升，肉一段”[②]。可见，此间柔然的饮食习俗受其以游牧业为主、狩猎业为重要辅助性生业的产业结构的影响，仍多“食肉饮酪”[③]。然而，“淀粉类食物也是游牧民族食物结构中不应该缺少的重要部分”[④]。因此，柔然社会不仅存在着少量的农业，甚至有时还会通过掠夺或交换的形式获取其他地区的农产品，或凭借其对部分绿洲农业区的直接或间接的控制来获取农产品。据《北史》关于北魏曾赐予柔然“新干饭”“麦麨”“榛麨”“粟”“麻子干饭”的记载[⑤]，可知柔然并非全然不知“粒食”的所谓“蛮荒之人”，而是在“食肉饮酪”之余，亦会食用一些淀粉类食物。只是由于政局不稳，柔然人所需的淀粉类食品经常“无法得到正常供应”[⑥]。

历史上，草原游牧民族在利用马、牛、羊、驼等牲畜的肉乳皮毛作为主要饮食资源和衣饰原料的同时，还会通过狩猎的形式来丰富自己的衣食之资。民族学田野调查成果揭示，狩猎是游牧民族在食用畜肉之余，用以获取额外肉食资源的重要手段[⑦]。如前所述，既然柔然人的生活方式以“衣皮食肉”为主，则其必然熟识烹制肉食、熟皮子以及缝制皮服的

① 《北史》卷16《元孚传》，第611页。

② 《北史》卷16《元孚传》，第611—613页。

③ 而且，不无可能的是，酪一升、肉一段“大概是普通牧民的日常饮食”。曹永年：《古代北方民族史丛考》，第124页。

④ 曹永年：《古代北方民族史丛考》，第124页。

⑤ 《北史》卷98《蠕蠕传》，第3260—3262页。

⑥ 曹永年：《古代北方民族史丛考》，第124页。

⑦ 王明珂：《游牧者的抉择：面对汉帝国的北亚游牧部族》，第29、34页。

技术。史书记载，柔然在与南北朝诸政权交往时，常以狩猎所得野生动物毛皮及其制品作为“方物”“贡品”[①]。柔然人的服饰即深受其从事狩猎活动的影响，以“小袖袍，小口袴，深雍靴”为主[②]。北宋沈括《梦溪笔谈》载：“中国衣冠，自北齐以来，乃全用胡服。窄袖绯绿，短衣，长靿靴，有鞢躞带，皆胡服也。窄袖利于驰射，短衣长靿，皆便于涉草。”[③]可见，北方游牧民族服饰中的“窄袖”“长靿靴”特征便与从事狩猎有关。尽管北魏孝文帝改革以后，曾明令禁穿鲜卑服饰，但是，北魏后期至东魏北齐时期，由于六镇军人势力崛起并逐渐成为中原政权的实际操纵者，社会风气又出现了强烈的鲜卑化倾向。所谓中原衣冠“乃全用胡服”，当与此不无关系。《梁书·芮芮传》关于柔然服饰特征的记载，正与沈括所述利于“驰射”的“胡服”相合。装束利于“驰射”虽不无适应骑兵作战的意图，但也不能否认一定程度上应与其为柔然从事狩猎活动提供了便利有关，况且狩猎活动本身也兼具训练士卒的目的。

应该指出的是，柔然服饰事实上并非全然“皮服”。柔然汗国建立后，在控制草原丝绸之路和绿洲丝绸之路上部分节点的同时，还通过假道吐谷浑的方式与南朝建立了联系。另外，柔然汗国在与北魏发生军事冲突的同时，有时也遣使“朝贡”，以获取经济利益。因此，柔然贵族亦不乏布帛绢丝制服饰。南齐武帝萧赜（482—493 年在位）时期，史书已有关于柔然方面曾向南朝求取“织成锦工”的记载[④]。此外，《梁书·芮芮传》亦载有柔然人“衣锦”的历史[⑤]。《梁书》成书虽晚，但撰述过程中却参阅了大量梁、陈时期修撰的旧史[⑥]，内容应属可信。查南齐永明六年（488）以后，柔然扶植的阚氏高昌政权亡于“高车国”，柔然汗国与南朝方面的联系一度断绝，直到梁天监十四年（515）以后才因麹氏高昌根据

---

① 《北史》卷 98《蠕蠕传》，第 3256 页；《南齐书》卷 59《芮芮虏传》，第 1023 页；《梁书》卷 54《芮芮传》，第 817 页。

② 《梁书》卷 54《芮芮传》，第 817 页。

③ （北宋）沈括：《梦溪笔谈》卷 1《故事一》，岳麓书社，1998 年，第 3 页。

④ 《南齐书》卷 59《芮芮虏传》，第 1205 页。

⑤ 《梁书》卷 54《芮芮传》，第 817 页。

⑥ 《旧唐书》卷 73《姚思廉传》，第 2593 页。

柔然与“高车国”势力的彼此消长而依违于两者之间得以恢复[①]。则《梁书·芮芮传》所载应即6世纪初以后的史事，与元孚所处时代相去不远。可见，尽管柔然以“皮服”为主，但5—6世纪的柔然贵族中应有不少“衣锦”者。20世纪20年代，今蒙古国境内土拉河流域发现的柔然时期贵族墓葬，以及2014年发掘的今蒙古国和日门塔拉IA-M1墓葬均有丝织品出土，亦为柔然时期草原游牧社会存在和使用丝织物提供了实物依据[②]。

值得注意的是，不仅柔然服饰具有与中原衣冠“右衽”迥然不同的“左衽”习俗，并且发式也同中原地区的“束发”样式存在比较显著的差异[③]。发式是古代民族的重要外部标志之一[④]。一般来说，乌桓、南支鲜卑及其后裔等东胡系民族的发式多为髡发，而北支鲜卑及其后裔的东胡系各族则多为索发。索发即披发，是拓跋鲜卑及作为原蒙古人的室韦—达怛人等东胡系民族的共有习俗[⑤]。《北史·西域传》称柔然“不绊发”[⑥]。“不绊发”即“不辫发”，即“披发”，表明柔然在发式上同与之存在渊源关系的拓跋鲜卑趋于一致[⑦]。但需要指出，柔然为东胡系鲜卑后裔，拓跋鲜卑与柔然起源存在着密切关系的说法，主要是就其统治贵族郁久闾氏而言的。事实上，从4世纪以后形成的柔然部的人口构成情况来看，其民族成分已经相当复杂，而5—6世纪中叶雄踞中国北方草原地区的柔然汗国，更是一个以柔然为主体的包括匈奴、鲜卑、敕勒、突厥和汉族等多个民族在内的草原游牧民族政权。因此，柔然可汗治下的百姓可能并非

---

① 《北史》卷98《西域传》，第3213页。

② 马长寿：《论突厥人和突厥汗国的社会变革（上）》，《历史研究》1958年第3期；马长寿：《论突厥人和突厥汗国的社会变革（下）》，《历史研究》1958年第4期；内蒙古自治区文物考古研究所、蒙古国旅游文化研究国际学院：《2014年蒙古国后杭爱省乌贵诺尔苏木和日门塔拉城址IA-M1发掘简报》，《草原文物》2015年第2期。

③ 《南齐书》卷59《芮芮虏传》，第1023页。

④ 曹永年：《古代北方民族史丛考》，第124页。

⑤ 张久和：《原蒙古人的历史：室韦—达怛研究》，第32—34页。

⑥ 《北史》卷97《西域传》，第3220页。

⑦ 张久和：《原蒙古人的历史：室韦—达怛研究》，第34页。

全然“披发”，或亦不乏南朝史书所载之“编发”[1]即“辫发”[2]者。

二、居住和出行

史书记载,柔然“以毡帐为居”[3]、“所居为穹庐毡帐”[4]及“以穹庐为居”[5]。“穹庐毡帐”作为一种居住方式，在草原游牧社会历来备受青睐，并非柔然所独有。事实上，从柔然见诸史乘以前的多个世纪开始，匈奴、乌桓及鲜卑等北方游牧民族即咸以“穹庐”为居[6]，柔然“以穹庐为居”的居住方式“与历代蒙古草原诸民族并无差别”[7]。《汉书》颜师古注曰：“穹庐，旃帐也。其形穹隆，故曰穹庐。”[8]可见，穹庐、毡帐所指相同，只是前者是在述其形态，后者则是就其材质而言的。柔然以“穹庐毡帐”为居，与其生产生活方式和技术水平、内外环境及蒙古高原的地理条件等因素密切相关。

首先，穹庐不仅搭建起来快速、高效，而且便于拆卸和携带，适于“逐水草畜牧”的游牧民居住，而建造房屋、宫殿和修筑城池，却是难以与草原游牧社会的生产生活方式相适应的。前文已证，柔然经济以草原游牧畜牧业为主，狩猎业亦在其社会经济中占有重要地位。大量牲畜及猎物的毛绒资源，为柔然大规模制造穹庐提供了原材料；制毡、金属冶炼和木器制造等手工业技术，则为制造穹庐提供了技术保证。其次，历史上的草原游牧社会战乱频仍，时常出现局势动荡的局面，迁徙移动能力的强弱与否，对于部落乃至政权的兴衰存亡具有非同寻常的意义。历史上，北魏军队曾多次深入漠北寻求与柔然军队决战之机，但柔然大多数情况下能够避其锋芒，令魏军无功而返，或魏军即使在占据优势的情

---

① 《南齐书》卷59《芮芮虏传》，第1023页。
② 《梁书》卷54《芮芮传》，第817页。
③ 《宋书》卷95《芮芮虏传》，第3257页。
④ 《南齐书》卷59《芮芮虏传》，第1023页。
⑤ 《梁书》卷54《芮芮传》，第817页。
⑥ 《史记》卷110《匈奴列传》，第2900页；《三国志》卷30《乌丸鲜卑东夷传》注引《魏书》，第832、836页。
⑦ 曹永年：《古代北方民族史丛考》，第124页。
⑧ 《汉书》卷64上《匈奴传上》“颜师古注”，第3761页。

况下亦未能消灭柔然可汗庭[①]，很大程度上即与柔然“所居为穹庐毡帐”，具有很好的机动性，移动起来比较轻便的特点不无关系。另外，蒙古高原气候寒凉、风力强劲，穹庐多以牲畜或猎物毛皮为主要原料，具有较好的防风保暖效果。

穹庐尽管是柔然的主要居住形式，但他们却绝非全然不筑城以居。史书记载，梁武帝天监年间（502—519 年），柔然“始破丁零，复其旧土。始筑城郭，名曰木末城”[②]。据此，则柔然修筑城池的历史当始于 6 世纪初豆罗伏跋豆伐可汗丑奴擒杀“高车国”主弥俄突以后。殊为可惜的是，木末城所在及其存续的时间问题至今仍是一个谜团。松田寿男认为，木末山即突厥击破邓叔子所在之“木赖山”，并进一步指出：“假如可以承认木末即木未、木来，那么便可以认为木末和木来乃系同一个外族语言所讹写之别字。”[③] 但松田的观点却是难以成立的。首先，木末系北魏明元帝拓跋嗣鲜卑语本名，该城系仿北魏平城而筑有据可查[④]。其次，来

① 据《北史·蠕蠕传》记载，北魏登国九年（394）社崘袭杀匹候跋以后，“惧王师讨之，乃掠五原以西诸部，北度大漠”。天兴五年（402），“社崘闻道武征姚兴，遂犯塞，入自参合陂，南至豺山及善无北泽。时遣常山王遵以万骑追之，不及”。神瑞元年（414），“大檀率众南徙犯塞，明元亲讨之，大檀惧而遁走。遣山阳侯奚斤等追之，遇寒雪，士众冻死及堕指者十二三”。始光二年（425），太武帝拓跋焘亲征柔然“绝漠讨之”，“大檀部落骇惊，北走”。神䴥元年（428）八月，“大檀遣子将骑万余入塞，杀掠边人而走，附国高车追击破之。自广宁还，追之不及”。二年（429），拓跋焘北征柔然，大檀“将其党族，焚烧庐舍，绝迹西走，莫知所至”。太延四年（438），“车驾从浚稽北向天山。西登子阜，刻石记行，不见蠕蠕而还。时漠北大旱，无水草，军马多死”。五年（439）“吴提果犯塞……司空长孙道生拒之于吐颓山……吴提闻而遁走，道生追之，至于漠南而还”。太平真君五年（444），拓跋焘“复幸漠南，欲袭吴提，吴提远遁，乃止”。十年（449）正月，拓跋焘亲征柔然，“军行数千里，吐贺真新立，恐惧远遁”；九月，拓跋焘再度亲征，虽斩获颇丰，但柔然可汗吐贺真等却得以远遁。太安元年（458），文成帝拓跋濬北征柔然，虽得柔然别部降者数千落，却使吐贺真再度“远遁”。正光四年（523），北魏出兵讨伐柔然，“出塞三千余里，至瀚海，不及而还”。参阅《北史》卷 98《蠕蠕传》，第 3250—3263 页。

② 《梁书》卷 54《芮芮传》，第 817 页。

③ 〔日〕松田寿男著，陈俊谋译：《古代天山的历史地理学研究》，第 264 页。

④ 周伟洲：《敕勒与柔然》，第 149、150 页。

（魏晋南北朝时期读若 *lɐi）、赖（魏晋南北朝时期读若 *lɑi）、耒（魏晋南北朝时期读若 *li̯uei）虽然同钮，但来、赖用韵与耒差异显著，认为“木耒”与“木来”是“同一个外族语言所讹写之别字”缺乏说服力。

牲畜的肉乳皮毛在为包括柔然在内的草原游牧民族提供衣食之资的同时，畜力还能为他们的出行提供便利。特别是马、牛、驼等牲畜，不仅可供骑乘、驮运，“还可作为动力来挽车”[①]。由于柔然牧养的牲畜数量众多、畜群规模庞大，加之在对周边民族或政权的战争中亦常虏获大量牲畜，故而骑乘牲畜或将之用来驮运货物之事屡见不鲜。虽然柔然骑乘的主要交通工具是马，但牛、驼等牲畜有时亦会被用作骑乘或驮运货物的工具。例如，《北史·蠕蠕传》所载北魏道武帝拓跋焘在与崔宏的对话中，即言柔然“每来抄掠，驾牸牛奔遁”[②]。此外，柔然用作出行的交通工具还有车辆。《北史·高车传》称敕勒“乘高车，逐水草”，且生产生活方式“尽与蠕蠕同。唯车轮高大，辐数至多”[③]。据此，可知柔然部众应亦能制造和使用车辆从事游牧活动，只是车轮的高度和辐数与敕勒的高轮车有所差异。史书记载，柔然可汗阿那瓌执元孚后，曾将之“载以辒车”[④]。曹永年据此认为，“迁徙以车，北方民族类皆如此。唯柔然似乎还常以车为家”，元孚被阿那瓌所执以后即“饮食起居皆在车上”[⑤]。

第二节　婚　　姻

婚姻是文化习俗的重要组成部分。由于传世史料和出土文献缺乏对柔然婚姻习俗的直接记载，致使学界对这一问题的研究尚处于相对比较薄弱的状态，相关成果寥若晨星。但通过对相关文献资料对柔然与周边民族或政权的“和亲”，以及部分柔然人物婚姻等相关问题的记载，却能够相对比较清晰地勾勒出柔然婚姻习俗的主要内容，进而探讨其基本特征。总的来看，柔然婚姻习俗包括交换婚、多妻制、收继婚等内容，并

---

① 张碧波、董国尧主编：《中国古代北方民族文化史·专题文化卷》，第 606 页。
② 《北史》卷 98《蠕蠕传》，第 3251 页。
③ 《北史》卷 98《高车传》，第 3271—3273 页。
④ 《北史》卷 16《元孚传》，第 613 页。
⑤ 曹永年：《古代北方民族史丛考》，第 125 页。

且具有在婚嫁中比较重视彩礼、嫁妆和门第的特征。

一、交换婚

交换婚亦称“换亲”，是指当事双方出于某种目的相互迎娶对方女性家庭成员或家族成员的现象。交换婚不仅可以在两个家庭或家族之间进行，有时也可能会在两个政权之间进行。魏晋南北朝时期，柔然在与中原王朝及诸割据政权的交往中，曾多次出现具有交换婚性质的政治联姻，这是此间柔然贵族婚姻习俗的一个重要特征。

东晋义熙七年（北燕太平三年，411），柔然蔼苦盖可汗斛律“遣使求跋女伪乐浪公主”，北燕贵族冯素弗等以“前代旧事，皆以宗女妻六夷，宜许以妃嫔之女，乐浪公主不宜下降非类”表示反对，但冯跋却认为“女生从夫，千里岂远！朕方崇信殊俗，奈何欺之”，遂许之，并“遣其游击秦都率骑二千，送其女归于蝚蠕”[①]。乐浪公主冯氏生平不详，但从前引《晋书·冯跋载记》所载冯素弗等就斛律要求迎娶乐浪公主事所发表的议论可知，乐浪公主应非“宗女”或“妃嫔之女”，而是冯跋的嫡女。北魏神瑞元年（414），斛律再度“与冯跋和亲”，但与此前斛律迎娶冯跋女为妻截然不同的是，此次政治联姻的方式成为“跋娉斛律女为妻”[②]。然而，在此次和亲尚未完成的“将为交婚”之际，斛律即在内讧中失去汗位，“与女俱嫔于和龙”[③]。斛律至北燕，冯跋将其“馆之于辽东郡，待之以客礼”，并根据此前确立的婚约“纳其女为昭仪”[④]。斛律与冯跋互为翁婿式的交换婚的实质，是柔然与北燕出于共同对抗北魏及其他政治势力的目的，用来强化双方同盟关系的一种手段。斛律失势后，冯跋仍能履约纳其女为昭仪，应与斛律仍在柔然国内具有一定的影响力，对北燕尚有一定的利用价值不无关系。此后，斛律宣称自己返回漠北后“国人必欣而来迎”，冯跋遂“遣单于前辅万陵率骑三百送之”事，即此明证[⑤]。

---

① 《晋书》卷125《冯跋载记》，第3130页。

② 《北史》卷98《蠕蠕传》，第3251页。

③ 《北史》卷98《蠕蠕传》，第3251、3252页。

④ 《晋书》卷125《冯跋载记》，第3212页。

⑤ 《晋书》卷125《冯跋载记》，第3132、3133页

柔然在立国于漠北以后的近三十年时间里，一直与北魏处于敌对状态，双方战事不断，鲜有使者往来。北魏神䴥二年（429），太武帝拓跋焘大败柔然于漠北，致其“部落衰弱”，一度缓解了柔然对北魏北疆地区的军事威胁①。5世纪30年代初，北魏因致力于完成对黄河流域的统一无暇北顾，柔然则试图通过全力经略西域来恢复国力，于是实现和平成为双方共同的迫切需求。在这种局势下，北魏主动开始向柔然示好。《北史·蠕蠕传》记载，北魏“北鄙候骑获吴提南偏逻者二十余人”后，拓跋焘“赐之衣服，遣归”，使“吴提上下感德”，遂有神䴥四年（431）柔然“遣使朝献”事②。查《魏书·世祖纪》“蠕蠕国遣使朝献”之事在是年闰六月乙未③，则北魏方面开始转变先前对柔然以军事征伐为主政策的时间应不晚于此。以后的数年时间里，双方使者往来不断。延和三年（434）二月，拓跋焘“以吴提尚西海公主，又遣使者纳吴提妹为夫人，又进为左昭仪”④。拓跋氏与郁久闾氏之间的政治联姻早已有之⑤，但直到此时北魏才真正与柔然汗国之间实现和亲。囿于相关文献史料的匮乏，北魏西海公主生平已经难以稽考，但据前引《晋书·冯跋载记》所载冯素弗“前代旧事，皆以宗女妻六夷”等语，可推知其应为北魏宗室女子。至此，具有互换家庭或家族女性成员为妻的交换婚性质的政治联姻，在柔然与北魏的和亲中再度呈现出来。

6世纪30年代以后，具有交换婚性质的政治联姻在柔然贵族的婚姻中仍有所体现。史书记载，“蠕蠕屡犯北边，文帝乃与约，通好结婚”⑥，

① 《北史》卷98《蠕蠕传》，第3253页。

② 《北史》卷98《蠕蠕传》，第3253页。

③ 《魏书》卷4上《世祖纪上》，第78页。

④ 《北史》卷98《蠕蠕传》，第3253、3254页。

⑤ 史书记载，柔然贵族闾大肥入魏后备受优渥，道武帝拓跋珪“善之”，以其“尚华阴公主，赐爵其思子”；及华阴公主薨，“复尚濩泽公主”。闾大肥归附北魏以后，成为朝廷重臣，曾多次领兵与柔然军队作战，死后被追封为中山王。因此，闾大肥与两位公主的婚姻并非柔然与北魏两个政权之间的和亲，而是北魏统治者用以笼络臣下、加强皇权的一种手段。此外，北魏皇帝对闾大肥的优待，也不乏分化、瓦解柔然的目的。《魏书》卷30《闾大肥传》，第728、729页。

⑥ 《北史》卷13《文帝悼皇后郁久闾氏传》，第507页。

于是“西魏文帝乃以孝武时舍人元翌女称为化政公主，妻阿那瓌兄弟塔寒，又自纳阿那瓌女为后，加以金帛诱之”①。根据《北史》的记载，可知元宝炬此番和亲所迎娶者系柔然可汗阿那瓌长女②（图一一）。北魏太和二十年（496）正月，孝文帝元宏诏改拓跋氏为元氏③。元翌女既拥有肩负西魏与柔然和亲使命的资格，并被赐予“化政公主”封号，则其应为西魏“宗女”。东魏方面以张徽游说阿那瓌时，言西魏“妄以疏属假公主之号，嫁彼为亲”，并表示柔然若与东魏结盟，“当以天子懿亲公主结成姻

图一一 《茹茹骠骑大将军俟利莫何度支尚书金城王乞伏孝达妻晖华公主吐谷浑氏墓志铭》拓片④

（刘呆运等：《陕西西安西魏吐谷浑公主与茹茹大将军合葬墓发掘简报》，《考古与文物》2019年第4期）

---

① 《北史》卷98《蠕蠕传》，第3264页。

② 《北史》卷13《文帝悼皇后郁久闾氏传》，第507页。

③ 《魏书》卷7下《高祖纪下》，第179页。

④ 志文所载阿那瓌女系西魏文帝悼皇后事与《北史·后妃传》合。

媾”，即可证此[①]。尽管“化政公主”已属西魏皇帝的“疏属”，但这种阿那瓌弟塔寒迎娶西魏“宗女”和元宝炬迎娶阿那瓌长女的政治联姻，客观上依然具备交换婚的性质。西魏与柔然具有交换婚性质的和亲，事实上就是北魏分裂以后，东、西魏统治集团出于借助柔然势力巩固政权并削弱对方的目的，遂“竞结阿那瓌为婚好”的反映[②]。

二、多妻制

社崘在创建柔然汗国前后，曾先后两次与后秦姚兴和亲[③]。东晋元兴元年（402），姚兴“立其昭仪张氏为皇后”[④]，义熙八年（412）复又“立昭仪齐氏为皇后”[⑤]。可见若双方婚姻为交换婚或两次和亲都以姚兴为婿，皆可证姚兴多妻，且其妃嫔中有来自柔然的郁久闾氏和亲女性。史载，社崘子社拔曾于北魏神瑞二年（414）与步鹿真“共至叱洛侯家，淫其少妻”[⑥]，则社拔应出生于社崘与姚兴首次和亲以前。若此次和亲以社崘为婿，可知社拔母应非后秦和亲公主。若两次和亲皆以社崘为婿，则亦可证社崘多妻。可见，至晚于4世纪末5世纪初以前，柔然上层社会即已认可并实行多妻制。5—6世纪中叶，多妻制在柔然与周边诸政权的政治联姻中多有所体现。

查斛律自北魏永兴二年（410）即位，至神瑞元年（414）被步鹿真等放逐，在位时间约为四年，则北魏神瑞元年（414）与冯跋“将为交婚”的斛律女必然不是三年前斛律迎娶的北燕乐浪公主所出。前文已证，乐浪公主系冯跋嫡女，则其应为冯跋正室所出。史书记载，北魏永兴元年（北燕太平元年，409）冯跋“自称大燕天王”[⑦]，“立妻孙氏为王后，子永为太子”[⑧]。可见，冯跋在纳斛律女以前即已经立后并且拥有多位妃嫔。

---

① 《北史》卷98《蠕蠕传》，第3264页。

② 《北史》卷98《蠕蠕传》，第3264页。

③ 《北史》卷98《蠕蠕传》，第3250页；《魏书》卷28《贺狄干传》，第685页。

④ 《晋书》卷117《姚兴载记上》，第2983页。

⑤ 《晋书》卷118《姚兴载记下》，第2997页。

⑥ 《北史》卷98《蠕蠕传》，第3252页。

⑦ 《魏书》卷3《太宗纪》，第50页。

⑧ 《晋书》卷125《冯跋载记》，第3128页。

冯跋纳斛律女后封其为昭仪而非皇后，亦此明证。

北魏太武帝拓跋焘纳吴提妹为左昭仪以前，也已立有皇后并拥有多位妃嫔。《北史》记载："太武皇后赫连氏，屈丐女也。太武平统万，纳后及二妹，俱为贵人，后立为皇后。文成初，崩，祔葬金陵。"[①]北魏军队攻克统万城（今陕西省靖边县红墩界镇白城子）及拓跋焘立赫连氏为皇后事分别在始光四年（427）、延和元年（432）[②]，则拓跋焘纳赫连氏姐妹为贵人事在迎娶吴提妹以前。又据《魏书·恭宗纪》"恭宗景穆皇帝讳晃，太武皇帝之长子也，母贺夫人。延和元年春正月丙午，立为皇太子，时年五岁"[③]，可知拓跋焘纳拓跋晃生母贺氏之事亦在其迎娶吴提妹以前。

斛律迎娶北燕乐浪公主、冯跋纳斛律女为昭仪及拓跋焘纳吴提妹为左昭仪等史事，表明柔然男性贵族多妻，而且认可贵族出身的女性与他人共侍一夫的现象。北魏分裂后，柔然可汗阿那瓌分别将二女嫁予先前已有家室的西魏文帝元宝炬和东魏权臣高欢[④]，亦可证此。另外，据《北史·蠕蠕传》记载，兴和三年（541）东魏兰陵郡长公主嫁阿那瓌子菴罗辰，四年（542）柔然又以邻和公主嫁高欢第九子高湛[⑤]。前文已证，邻和公主为菴罗辰女，前往东魏和亲时年仅八岁。可见，菴罗辰多妻，且迎娶邻和公主母较东魏兰陵公主为早。菴罗辰与兰陵公主的婚姻，虽然是柔然与东魏处于各自的政治需要缔结友好关系的结果，但阿那瓌在菴罗辰成婚已久的情况下仍然向东魏皇室为其"请婚"，却也能够从另一侧面揭示其时柔然贵族仍实行多妻制的现象。

嚈哒在历史上曾一度役属于柔然，但至晚于5世纪末6世纪初，"号为大国"的嚈哒已"与蠕蠕婚姻"[⑥]。北魏正光二年（521），柔然弥偶可社句可汗婆罗门"为高车所逐，率十部落诣凉州归降"，但由于"嚈哒三

---

① 《北史》卷13《太武皇后赫连氏传》，第494页。

② 《魏书》卷4上《世祖纪上》，第72—80页。

③ 《魏书》卷4下《恭宗纪》，第107页。

④ 《北史》卷13《文帝悼皇后郁久闾氏传》，第507、508页；《北史》卷14《蠕蠕公主郁久闾氏传》，第517、518页。

⑤ 《北史》卷98《蠕蠕传》，第3265页。

⑥ 《北史》卷97《西域传》，第3231页。

妻，皆婆罗门姊妹也”，遂又“与部落谋叛𠹭哒”[①]。由婆罗门三姊妹皆为𠹭哒王妻可知，6 世纪以后，柔然上层社会不仅仍然认可和存在多妻制，并且郁久闾氏贵族女性有时亦不免因服从家族或政权利益而与姊妹或与其他女性共侍一夫[②]。

三、收继婚

柔然社会盛行收继婚。所谓收继婚，又称烝母报嫂婚，是一种妇女在丈夫死后改嫁其兄弟或继子的婚俗。古代游牧社会的收继婚习俗由来已久，并且以逝者的兄弟收继寡嫂或儿子收继继母的形式为主，鲜有长辈收继晚辈的现象。从现有资料来看，柔然收继婚“似乎显示，长辈无权收继晚辈之未亡人，收继只能在未亡人与同辈或晚辈之间进行”，与突厥收继婚“唯尊者不得下淫”有一定类似之处[③]。

据《北史·蠕蠕传》记载，豆崘遇弑后，那盖子伏图收继豆崘妻候吕陵氏，并生有丑奴和阿那瓌等六人[④]。候吕陵氏以豆崘未亡人身份嫁其从兄弟伏图，则他们的婚姻属同辈之间的收继，是收继婚的典型形态之一。一般认为，妇女在中国古代北方草原游牧社会的地位相对较高，不仅拥有继承亡夫许多权力和财产的权利，同时能够在很多问题上得到自己所在家族或氏族的实力支持，因而收继婚的实质既是未亡人夫家防止

---

① 《北史》卷 98《蠕蠕传》，第 3261、3262 页。

② 《魏书·西域传》谓𠹭哒“其俗兄弟共一妻，夫无兄弟者其妻带一角帽，若有兄弟者依其多少之数，更加角焉”。据此，𠹭哒当有一妻多夫的习俗，与《魏书》及《北史·蠕蠕传》史文所见𠹭哒王多妻现象截然相反。余太山认为，一妻多夫可能“并不是𠹭哒人的习俗，至少不是他们的固有习俗”。《魏书·西域传》久已亡佚，今本是传系后人据北史补缀者。对比可知，《北史·西域传》涉及𠹭哒的内容对周、隋二史相关史文均有抄录，故其所反映并非同一时代的史事。《魏书·西域传》称𠹭哒“与突厥风俗略同”，但突厥并无此俗；又谓𠹭哒“无城邑，依随水草，以毡为屋，夏迁凉土，冬逐暖处。分其诸妻，各在别所，相去或二百、三百里。其王巡历而行，每月一处。冬寒之时，三月不徙”，亦与同传载其一妻多夫风俗相悖。《魏书》卷 102《西域传》，第 2379 页；《周书》卷 50《𠹭哒传》，第 918 页；《隋书》卷 83《西域传》，第 1854 页；《北史》卷 97《西域传》，第 3231 页；余太山：《𠹭哒史研究》，齐鲁书社，1986 年，第 27 页。

③ 曹永年：《古代北方民族史丛考》，第 126 页。

④ 《北史》卷 98《蠕蠕传》，第 3257、3258 页。

权力、财产所有权流向其他家族或氏族的手段，同时是继续与未亡人所在家族或氏族保持既有姻亲关系的需要。从后来候吕陵氏能够绞杀丑奴的可贺敦是豆浑地万，并联合朝臣弑杀丑奴、改立新君等情况来看①，她对柔然政局的影响力不可小觑，而这种影响力实际上是“可汗的姻族势力在政治上的反映”②。伏图收继候吕陵氏,应与其觊觎候吕陵氏的权力和财富，同时需要和维持和候吕陵氏家族或氏族势力的关系有关。

东魏权臣高欢子高澄与其继母“蠕蠕公主”的婚姻，则具有典型的“父死，妻其后母”的特征。史书记载，在东魏兰陵公主与菴罗辰、高欢子高湛与菴罗辰女邻和公主成婚以后不久，高欢又“令杜弼使蠕蠕为世子求婚”，被阿那瓌回以“高王自娶则可”。由于高欢试图借巩固和进一步强化与柔然的姻亲关系来维护其对东魏政权的统治，并借此来牵制西魏方面，遂在尉景及娄昭君、高澄等“并劝请”的情况下，于东魏武定三年（545）正式迎娶了“蠕蠕公主”③。至于阿那瓌提议由高欢来迎娶“蠕蠕公主”，则不无通过借此制造血亲事实使东魏将来成为“外孙之国”和“宗法附庸”之意④。《北史》所载“阿那瓌使其弟秃突佳来送女,且报娉，仍报曰：‘待见外孙，然后返国’”，高欢在患病“不得往公主所”的情况下，仍要顾忌“秃突佳怨恚”，“自射堂舆疾就公主”，即此明证⑤。高欢死后，子高澄烝“蠕蠕公主”，并育有一女⑥。如果基于北方草原游牧社会的历史传统来看，似可表明高澄收继“蠕蠕公主”之事使其在继承其父高欢权力和财富的同时，也继承了“蠕蠕公主”丈夫的身份。然而，这种做法显然有悖于中原制度文化的传统。虽然高欢家族属鲜卑化的汉人，但据《北史·蠕蠕公主传》关于“神武崩，文襄从蠕蠕国法，蒸公主”的记载，可知这种做法并非东魏北齐时期河洛以东原北魏统治区内

---

① 《北史》卷98《蠕蠕传》，第3258页。

② 肖爱民：《试析柔然汗位的继承制度》，《内蒙古民族大学学报》（社会科学版）2009年第4期。

③ 《北史》卷14《蠕蠕公主郁久闾氏传》，第517、518页。

④ 张晓东：《析魏晋南北朝时期和亲的特点——兼与汉唐等不同历史时期比较》，《上海师范大学学报》（哲学社会科学版）2004年第6期。

⑤ 《北史》卷14《蠕蠕公主郁久闾氏传》，第517页。

⑥ 《北史》卷14《蠕蠕公主郁久闾氏传》，第517、518页。

的既有风俗，而是柔然社会广泛盛行的婚姻法则。

高澄遵从“蠕蠕国法”收继“蠕蠕公主”，应与其试图安定北边，进而得到柔然方面的支持，以进一步维护和巩固高氏家族在高欢死后对东魏实际控制权的需要有关。《北史·齐本纪》记载：“武定四年十一月，神武西讨，不豫，班师……五年正月丙午，神武崩，秘不发丧。辛亥，司徒侯景据河南反，颍州刺史司马世云以城应之。景诱执豫州刺史高元成、襄州刺史李密、广州刺史暴显等。遣司空韩轨率众讨之。”[①]高欢死后，东魏政局不稳的情况由此可见一斑。由于彼时东魏内有侯景叛乱带来的动荡，加之外有强敌西魏、萧梁的军事威胁，故而迫切需要稳定的北部边疆。如果能够继续维持并加强与柔然的姻亲关系，不但可保北疆安宁，甚至可以借柔然之势来牵制西魏。另据《北史·齐宗室诸王传》，可知高欢十五子皆非“蠕蠕公主”所出[②]。高欢死后，柔然试图通过“蠕蠕公主”与高欢的婚姻将东魏演变为“外孙之国”和“宗法附庸”的目的即已落空；而“蠕蠕公主”如果能够根据“蠕蠕国法”再嫁高澄，则可使此目的来日可期。由此可见，高欢迎娶“蠕蠕公主”和高澄收继作为其“后母”的“蠕蠕公主”之事，与柔然和东魏高氏集团的各自利益密切相关；收继婚既为“蠕蠕国法”，则高澄以此法收继“蠕蠕公主”显然应该得到了柔然方面的允许和支持，甚至不无可能是柔然方面的主动要求。

柔然婚姻习俗还具有重视彩礼、嫁妆和门第等特征。柔然婚嫁，男方迎亲一般需要向女方交付聘礼，女方出嫁则备有相应的嫁妆。婚嫁的彩礼或嫁妆，多以马、牛、羊、驼等牲畜为主。贵族婚嫁，作为彩礼或嫁妆的牲畜数量较多，有时还会伴有随嫁人员。社崘与姚兴和亲时，曾向后秦“送马八千匹”[③]；斛律女与冯跋“将为交婚”，有人曾提出过以大臣之女为媵的建议[④]；元宝炬迎娶阿那瓌长女为后，柔然方面以车七百乘和大量牲畜作为嫁妆[⑤]；阿那瓌为其子菴罗辰迎娶东魏兰陵公主，“奉马

① 《北史》卷6《齐本纪上》，第233页。

② 《北史》卷51《齐宗室诸王传上》，第1859页。

③ 《魏书》卷28《贺狄干传》，第685页。

④ 《北史》卷98《蠕蠕传》，第3251页。

⑤ 《北史》卷13《文帝悼皇后郁久闾氏传》，第507页。

千匹，以为聘礼”[①]。平民婚嫁，彩礼或嫁妆所用牲畜数量应较此为少。另据《周书·突厥传》记载，突厥首领土门向柔然方面请婚时，因突厥此前“为茹茹铁工”的身份遭到阿那瓌的斥责，成为此后土门起兵击败柔然，建立突厥汗国的导火索之一[②]。可见，柔然贵族耻于同地位低微的氏族或部落联姻，门第观念比较浓厚。

第三节　姓氏、语言文字、原始信仰与宗教

文献史料还记载了一些有关柔然文化习俗的其他内容，涉及姓氏、语言文字和原始信仰与宗教等多个方面。探讨和研究这些问题，有助于更为清晰完整全面地认识柔然历史及其文化。

一、姓氏

史书记载，柔然始祖被拓跋部掳掠时年纪尚幼，因“忘其本名”，拓跋鲜卑贵族遂根据此幼童“发始齐眉”的特征，给予了其具有“首秃”之义的“木骨闾”之名；由于“‘木骨闾’与‘郁久闾’声相近”，后世子孙遂“因以为氏”[③]。《魏书·蠕蠕传》称柔然为“东胡之苗裔也”[④]。在东胡系民族早期的历史上，多有“氏姓无常，以大人健者名字为姓”现象[⑤]。柔然可汗家族姓郁久闾氏，事实上就是木骨闾后裔以其名字为姓氏的现象。另据唐代编纂的《元和姓纂》记载，茹茹氏“其生蠕，为突厥所破，归中国”[⑥]；“又蠕蠕入中国，亦为茹氏，音去声”[⑦]。可见，茹氏和茹茹氏也是柔然人迁居中原后的常用姓氏。隋《郁久闾伏仁专志》（以下简称《专志》）称伏仁“本姓茹茹”[⑧]，唐《忠武将军茹公神道碑》称茹义

① 《北史》卷98《蠕蠕传》，第3265页。
② 《周书》卷50《突厥传》，第908、909页。
③ 《北史》卷98《蠕蠕传》，第3249页。
④ 《魏书》卷103《蠕蠕传》，第2289页。
⑤ 《三国志》卷30《乌丸鲜卑列传》注引《魏书》，第832页。
⑥ 《元和姓纂》卷2，第225页。
⑦ 《元和姓纂》卷8《茹》，第1206页。
⑧ 赵万里《汉魏南北朝墓志集释》图版599《郁久闾伏仁专志》，《石刻资料新编·第三辑》（四），第359页。

忠先世“在昔帝轩之裔，有控带绝，拥据群雄，殆于斯万年，得茹茹之部”[①],则茹茹氏及“蠕蠕入中国”之茹氏,亦当有柔然郁久闾氏后裔。此外，北朝时期还有不少迁居中原的郁久闾氏后裔改姓闾氏的现象。

见诸史书及石刻资料的闾姓柔然人,有闾大肥[②]、闾毗兄妹[③]、闾炫[④]、闾伯昇[⑤]等。20世纪中叶，姚薇元曾根据《魏书的高宗纪》《皇后传》《闾毗传》等与闾毗兄妹事迹相关纪传的记载，指出“代郡闾氏，本郁久闾氏，蠕蠕国主之后也”[⑥]。另据东魏《闾伯昇暨妻元仲英墓志》,伯昇系“河南洛阳人也”，其高祖则是“率部归化”的“茹茹主之第二子”[⑦]。可见，洛阳闾氏亦源自柔然郁久闾氏。前引《专志》称“魏晋已来，世长漠北……太和之时，值魏南徙，始为河南洛阳人，改姓郁久闾氏”[⑧]。据此，则柔然郁久闾氏后裔以河南洛阳为籍当始于北魏“太和改制”以后。但《专志》言柔然“茹茹氏”在“值魏南迁”之际“改姓郁久闾氏”，显然与《魏书》及《北史·蠕蠕传》相关史文相悖。“郁久闾”（魏晋南北朝时期读若 *ʔok-ki̯u-li̯ɔ）即因鲜卑语有“首秃”之义的“木骨闾”（魏晋南北朝时期读若 *mok-kuɐt-li̯ɔ）读音相近而为姓氏，则其应非北魏迁都洛阳以后所改。况且，所谓“改姓郁久闾氏”之说，也与《魏书·官氏志》所载诸“胡姓”的改姓义例不合[⑨]。据前引《元和姓纂》关于“茹茹氏”的记载，可知所谓郁久闾伏仁家族“本姓茹茹”应为其先世迁居中

---

① （北宋）李昉等:《文苑英华》卷909，中华书局，1966年，第4782页。

② 《魏书》卷30《闾大肥传》，第728、729页。

③ 《魏书》卷5《高宗纪》，第111页;《北史》卷13《景穆恭皇后郁久闾氏传》，第494、495页;《北史》卷80《闾毗传》，第2674、2675页。

④ 赵万里:《汉魏南北朝墓志集释》图版345《赫连子悦妻闾炫墓志》,《石刻资料新编·第三辑》(四)，第14页。

⑤ 赵万里:《汉魏南北朝墓志集释》图版591《闾伯昇暨妻元仲英墓志》,《石刻资料新编·第三辑》(四)，第349页。

⑥ 姚薇元:《北朝胡姓考》，中华书局，1962年，第260页。

⑦ 赵万里:《汉魏南北朝墓志集释》图版591《闾伯昇暨妻元仲英墓志》,《石刻资料新编·第三辑》(四)，第349页。

⑧ 赵万里:《汉魏南北朝墓志集释》图版599《郁久闾伏仁专志》,《石刻资料新编·第三辑》(四)，第359页。

⑨ 《魏书》卷113《官氏志》，第3005—3015页。

原后所改，此前其家族成员亦当姓郁久间氏。事实上，《专志》称伏仁先世“太和之时”改姓氏及籍贯，确与史实相符，但其姓氏却是由茹茹氏改为闾氏而非郁久闾氏。至于伏仁家族恢复郁久闾姓氏，或与北魏后期恢复胡姓的现象已蔚然成风，以及西魏至北周时期统治者又多次“赐复胡姓”的历史潮流有关。

研究认为，包括柔然在内的蒙古高原诸北方游牧民族政权，大都属于“相当庞杂的联合体”，其政治结构可归纳为核心部分、主体部分和非主体部分等三个系列①。郁久闾氏是柔然汗国政治地位最为显赫的家族，属其第一系列，即主体部分；非郁久闾氏的柔然人属于第二系列，即核心部分；柔然汗国治下的其他民族或部落属民属第三系列，即非主体部分。因此，除郁久闾氏（闾氏）、茹茹氏、茹氏外，柔然汗国时期还有不少来源、族属各异，历史发展轨迹氏也各不相同其他氏族、部落和姓氏。其中，既有本属柔然的俟吕邻氏（候吕陵氏）、尔绵氏、阿伏干氏、胏渥氏等，又有原属东胡鲜卑的拓跋氏、丘敦氏、树洛干氏、吐谷浑氏等，原属于敕勒的乙旃氏、斛律部（氏）等，以及拔也稽部、龙氏、阿史那氏、淳于氏等一些原来分属于匈奴、西域、突厥和汉族的氏族、部落或姓氏②。

二、语言文字

从广义上讲，中国古代北方民族的族系可以划分为匈奴、东胡、突厥、肃慎和西域各族等五个系统，而蒙古高原上的诸游牧民族和部落则主要来源于匈奴、突厥和东胡这三个系统③。上述各个系统除西域各族外，多为持阿尔泰语系语言的民族或部落。前文已证，从部分具有明确文献释义的柔然可汗号、职官名称和人名及其特点来判断，柔然语与阿尔泰语系语言存在密切关系是确定无疑的。

史书记载和不少研究结果均表明，契丹语、鲜卑语、室韦语同蒙古语具有共同的祖源④。既然柔然统治贵族郁久闾氏来源于东胡鲜卑系民

① 孟古托力：《蒙古高原诸族政权及其递嬗——兼论中国北部边疆问题》，《中国边疆史地研究》1994 年第 3 期。

② 周伟洲：《敕勒与柔然》，第 97—108 页。

③ 林幹：《中国古代北方民族通论》，第 3、4 页。

④ 张久和：《原蒙古人的历史：室韦—达怛研究》，第 100 页。

族，则其语言与蒙古语具有一定的渊源关系，两者属东胡后裔诸语言的一种。运用部分蒙古语词汇与文献记载的一些有明确的释义的部分柔然语词汇进行勘同虽然具有一定的合理因素，但这种工作必须在科学的前提下进行，否则注定是要失败的。例如，白鸟库吉等随意将文献著录的柔然语词汇与蒙古语及其他一些语言强行比附的做法[①]，即“在历史文献学和音韵学细节上出现了一系列不应有的疏忽”[②],致使其最终结论出现不少错谬。我们认为，从事此类研究，在辨析记录了柔然语词汇的文献史料的基础上，需利用汉语音韵学的手段构拟出汉字音写的相关词汇的古代音值，阐释其时汉字译写北方民族语言的规则和惯例，并注意考察相应民族语言文字的特点、规律、发音和变化规则等一系列问题[③]。部分研究者将文献记载的缺乏明确释义的柔然语词汇与蒙古语（特别是现代蒙古语）强行训释的做法，以及把柔然语同其他任何一种语言随意堪同的行为，都是缺乏科学依据的臆测，其结论自然难以取信于人。正如亦邻真所指出的那样：“柔然语言是在乌兰察布高原脱离于拓跋国的鲜卑人的语言基础上形成的4—6世纪的古代语言，虽然与蒙古语相近，却不是原蒙古语。在9世纪回鹘汗国灭亡以后，蒙古语诸族进入蒙古高原，东胡语源的原蒙古语受突厥影响较大，产生了古代蒙古语。这不是从柔然直接继承而来的。愈是把柔然语牵强附会地解释成蒙古语词汇，无疑就愈会远离真相。”[④]

据《宋书·芮芮传》记载，柔然“不识文书，刻木以记事，其后渐知书契，至今颇有学者”[⑤]。《北史·蠕蠕传》称柔然“无文记，将帅以羊屎粗记兵数，后颇知刻木为记”[⑥]。此二书皆直言柔然初无文字，曾刻木为记，表明此为确切反映了柔然早期历史实际状况的记载，应无疑义。两者有所不同的是，南朝方面的记载明确了至晚于刘宋时期（420—479

① 〔日〕白鸟库吉著，方壮猷译：《东胡民族考》下编《蠕蠕考》，第65—85页。
② 聂鸿音：《鲜卑语言解读述论》，《民族研究》2001年第1期。
③ 张久和：《原蒙古人的历史：室韦—达怛研究》，第115、116页。
④ 亦邻真著，希都日古译：《柔然拾零》，《元史及民族与边疆研究集刊》（第23辑），第182页。
⑤ 《宋书》卷95《芮芮传》，第2357页。
⑥ 《北史》卷98《蠕蠕传》，第3250页。

年）柔然已知“书契”的历史，北朝方面则未就此作有直接的记载。另据《南齐书·芮芮虏传》记载，柔然可汗予成曾致信南朝“欲共伐魏虏”，且著录了柔然国相致萧道成的表文[①]；《魏书·张伦传》亦载有柔然可汗丑奴“抗敌国之书”的史事[②]。可见，柔然方面后来的确应该是已知“书契”的，并且在与中原南北政权的交往中有往来的外交文书。然而，柔然的“书契”是由其自创的文字写就，还是借用了汉字抑或其他文字，却殊难确定。《南齐书·芮芮虏传》称柔然国相希利垔“通胡、汉语”[③]。有研究认为，“《宋书》所云渐知之‘书契’就是汉文，而颇有之学者，当不止希利垔一人”[④]。一般来说，语言产生的时代要远早于文字，而且并非每一种语言都有记录它的文字。对此，瑞士语言学家费尔迪南·德·索绪尔认为：“语言和文字是两种不同的符号系统，后者唯一的存在理由是在于表现前者……所以语言有一种不依赖于文字的口耳相传的传统。”[⑤]与古东胡语和拓跋鲜卑语言存在密切渊源关系的不同于汉语的柔然语言虽然客观存在着[⑥]，但《南齐书》传文所载“胡语”是否就是柔然语言[⑦]，柔然究竟有无自己的文字，以及柔然如果有文字的话又有何特征等问题，至今仍然无法确定。因此，在没有确切史料依据和实物证据以前，对上述诸问题不宜轻率地给出结论。

---

① 《南齐书》卷 59《芮芮虏传》，第 1023—1025 页。

② 《魏书》卷 24《张伦传》，第 617 页。

③ 《南齐书》卷 59《芮芮虏传》，第 1023 页。

④ 曹永年：《关于柔然自号“皇芮”并宣称“光复中华”——兼论十六国时期北方各族豪酋“俱僭大号，各建正朔”的潮流》，《中华文史论丛》2015 年第 2 期。

⑤ 〔瑞士〕费尔迪南·德·索绪尔著，高名凯译：《普通语言学教程》，商务印书馆，2004 年。

⑥ 据《北史》记载：“公主性严毅，一生不肯华言。”《北史》卷 14《蠕蠕公主传》，第 518 页。

⑦ 六朝以后，历史文献虽然“所用‘胡’字”，多“不以之斥北狄而以之斥西戎”，但据魏晋时期既以“杂胡”谓“与匈奴有关的各部”，加之《南齐书》传文又称柔然为“杂胡”，则南朝方面应仍有以“胡”谓柔然的现象。《南齐书》卷 59《芮芮虏传》，第 1023 页；王国维：《观堂集林》卷 13《史林吾·西胡考上》，中华书局，1959 年，第 607、608 页；唐长孺：《魏晋杂胡考》，《魏晋南北朝史论丛》，第 320 页。

三、原始信仰与宗教

中国古代北方民族崇拜天地、日月、星辰、鬼神的历史由来已久[①]。4—6世纪中叶，活跃在蒙古高原及周邻地区各民族信仰巫术、崇拜自然的习俗仍然广泛盛行于柔然社会（图一二）。这种文化习俗的长期传承，有着深刻的社会历史根源。其一，由于蒙古高原的自然环境和地理条件对包括柔然在内的中国古代北方游牧民族的生产生活影响较大，所以他们敬畏上天，崇拜自然，相信“万物有灵”，并且“祈求通过崇拜而得到

图一二　河北磁县茹茹公主墓出土萨满巫师彩陶俑

（朱全升等：《河北磁县东魏茹茹公主墓发掘简报》，《文物》1984年第4期）

① 史书记载，匈奴即“五月，大会茏城，祭其先、天地、鬼神……而单于朝出营，拜日之始生，夕拜月”；乌桓、鲜卑等民族亦有崇拜太阳的习俗，故“以穹庐为宅，皆东向”。《史记》卷110《匈奴列传》，第2892页；《三国志》卷30《乌丸鲜卑东夷传》，第832页。

佑护与幸福”[①]。其二，各级贵族出于维护和巩固统治的需要，也极力提倡和推崇自然崇拜和巫术信仰，以宣示其权力来源于上天，同时希望自己的统治能够得到上天的保佑和眷顾。正因如此，“天命论”思想在柔然汗国的政治和社会生活中多有体现。

据《北史·蠕蠕传》记载，柔然吴提号“敕连可汗”，有“神圣”之义[②]。白鸟库吉认为，“敕连”系蒙古语“tengri”的对音，意为“天神”[③]。对比可知，以“敕连”音写“tengri”符合南北朝时期汉语语音特征[④]。另据《汉书·匈奴传》记载，匈奴单于号称“撑犁孤涂单于”，有“天子”之义[⑤]。“撑犁”即“tengri”的对音。无独有偶，5世纪下半叶，柔然国相邢基祇罗回在致齐高帝萧道成的外交文书中，曾宣称柔然“百代一族，大业天固”，并要对北魏“龚行天罚”[⑥]。可见，柔然方面亦将其统治集团的权力归结于上天所授，与中原王朝宣扬的“君权神授”和帝王权力“受命于天”的思想有异曲同工之处。如前所述，柔然可汗的自我政治定位不仅是草原游牧民族政权的君主，同时是“得华夏正统”的皇帝。因此，柔然的“天命论”思想，“既是对我国封建传统观念的承袭，同时也根植于柔然统治集团对宇宙、人生和政治的根本观点”[⑦]。然而，“天命论”思想在大多数情况下虽然能够起到维护和巩固可汗权威以及各级贵族统

---

① 张碧波、董国尧主编：《中国古代北方民族文化史·专题文化卷》，第264页。

② 《北史》卷98《蠕蠕传》，第3253页。

③ 〔日〕白鸟库吉著，方壮猷译：《东胡民族考》下编《蠕蠕考》，第75页。

④ 先秦至唐代以前，“彻［ʈ‘］”母汉字一直包含于透“［t‘］”母汉字当中，直到唐玄宗天宝年间（742—756年）“彻［ʈ‘］”母才从“［t‘］”母分化出来。如魏晋南北朝时期的“敕勒”，在隋唐时期文献中作“铁勒”。研究指出，“‘敕勒’变成‘铁勒’，应与‘敕’字的语音变化有关……‘敕’字在南北朝时期仍读透母，至多在某些方言里读彻母。”铁，他结切，透屑开四，魏晋南北朝时期读若*t‘iæt；敕，耻力切，彻职开三，魏晋南北朝时期读若*t‘i̯ək。两者音值相近，只是铁字系-t韵尾的入声字，与敕为-k韵尾的入声字有所不同，其对应关系和规律如何尚有待进一步研究，但“敕”的声母原为［t‘］辅音却殆无疑义。王力：《汉语语音史》，第166页；包文胜：《铁勒族名考———兼谈史料中的狄系诸族名》，《西北民族研究》2014年第1期。

⑤ 《汉书》卷94《匈奴传上》，第3751页。

⑥ 《南齐书》卷59《芮芮虏传》，第1024页。

⑦ 曹永年：《古代北方民族史丛考》，第129页。

治的既有秩序的作用，但有时也会成为某些贵族成员用以发动政变、夺取最高政治军事权力的工具。5世纪80年代末90年代初，柔然伏古敦可汗豆崘刚愎自用，“性残暴好杀”，与各部贵族积怨日深；由于豆崘后来在与“高车国”的战争中，“频为阿伏至罗所败”，其叔那盖则“累有胜捷”，于是“国人咸以为那盖为天所助，欲推那盖为主”[①]。宣称“那盖为天所助”尽管只是一些柔然贵族废黜豆崘、拥戴那盖的需要，但却不难看出在一定历史条件下，“天命论”在柔然已经“成为大汗废立之依据”[②]。

柔然社会还盛行巫术。《梁书》记载：“其国能以术祭天而致风雪，前对皎日，后则泥潦横流，故其战败莫能追及。”[③]6世纪初，善巫术并能“假托鬼神”的是豆浑地万在匿祖惠后，言“此儿今在天上”，并通过“施法”来“祈请天神”的手段使祖惠回到丑奴母子身边，为自己赢得了利益[④]。史书关于柔然“祭天而致风雪”，以及是豆浑地万假托天神等史事的记载，表明其时柔然巫术已与人们对天神的信仰结合在了一起，是其原始信仰的重要组成部分。由于崇拜天神，信奉巫术，巫觋在柔然享有很高的社会地位，他们不仅肩负着宗教职责和行医的作用，有时甚至还能参与枢机，影响可汗的决策，进而左右政局。《南齐书·芮芮虏传》记载：“宋世其国相希利垔解星算数术。”[⑤]所谓“星算数术”，“似乎主要就是萨满的原始巫术”[⑥]。医巫是豆浑地万成为可贺敦后，“既挟左道，亦是有姿色，丑奴甚加爱重，信用其言，乱其国政”，最终导致在敕勒副伏罗部西迁建立“高车国”后已经日渐衰落的柔然汗国，因丑奴大败“高车国”、擒杀弥俄突出现的第一次复兴机遇在内乱中戛然而止。善“星算数术”的希利垔官至国相，是豆浑地万则深得丑奴信任并成为能够干预国政的“可贺敦”，均可证巫觋在柔然社会和政治中所发挥的影响力非比寻常。

史称柔然“俗以东为贵”[⑦]。6世纪30年代，先前出使柔然被阿那瓌

---

① 《北史》卷98《蠕蠕传》，第3256、3257页。

② 曹永年：《古代北方民族史丛考》，第129页。

③ 《梁书》卷54《芮芮传》，第817页。

④ 《北史》卷98《蠕蠕传》，第3256、3257页。

⑤ 《南齐书》卷59《芮芮虏传》，第1023页。

⑥ 曹永年：《古代北方民族史丛考》，第129页。

⑦ 《北史》卷13《文帝悼皇后郁久闾氏传》，第507页。

扣留的北魏宗室元孚“复从孝武帝入关，除尚书左仆射、扶风郡王”[①]。西魏文帝元宝炬迎娶阿那瓌长女为后时，即以“扶风王孚受使奉迎”；元孚至黑盐池（今陕西省榆林市定边县西北），见“营幕户席，一皆东向”，遂“奏请正南面”，被阿那瓌长女回以“我未见魏主，故蠕蠕女也。魏仗向南，我自东面”[②]。古代北方游牧民族这种营幕东开的习俗，即与他们咸“敬日之所出也”的自然崇拜有关[③]。

5世纪初以后，柔然势力扩张并开始着力经略西域，逐渐控制了地处西域东北的高昌、伊吾等地，并通过武力手段迫使西域数国接受其羁縻统治，加之又与中原的南北朝诸政权往来频繁，使佛教从以上几个方面传入柔然境内成为可能[④]。例如，新疆维吾尔自治区吐鲁番地区发现的《莲华经》写本残卷署有柔然“永康”年号[⑤]，山西省大同云冈石窟则刊有《茹茹造像碑题记》[⑥]。由于不少柔然贵族也开始信仰佛教，漠北草原吸引了不少外地僧侣的目光，前往传教或以之为通往西域部分地区的中转之地者甚多。据《高僧传·释法献传》记载，法献于刘宋元徽三年（475）“发踵金陵，西游巴蜀，路出河南，道经芮芮”[⑦]。此路线正与柔然与南朝使者往来之路合。另据同书《高僧传·释法瑗传》记载：“释法瑗，姓辛，陇西人……第二兄法爱，亦为沙门。皆经论兼数术，为芮芮国师，奉以三千户。”[⑧]可见，柔然汗国时期佛教僧侣的地位亦颇为尊贵，并且深得柔然统治集团的信任，甚至能够出任要职，干预汗庭政务。南齐永明七年（489）释法瑗卒，享年八十有一，则其应生于东晋义熙四年（408）。据此，法爱应生于4世纪末5世纪初，其出任柔然国师事当早于5世纪80年代末以前。部分佛教僧侣在柔然汗国的内政外交中发挥作用的历史一直持续到6世纪初以后。《北史·蠕蠕传》记载：“永平四年九

---

① 《北史》卷16《元孚传》，第614页。

② 《北史》卷13《文帝悼皇后郁久闾氏传》，第507页。

③ 《周书》卷50《突厥传》，第910页。

④ 周伟洲：《敕勒与柔然》，第159页。

⑤ 《吐鲁番出土文书》（第二册），第4页。

⑥ 冯家昇：《蠕蠕国号考》，《禹贡半月刊》1937年第7卷第8、9合期。

⑦ （梁）释慧皎撰，汤用彤校注、汤一玄整理：《高僧传》卷13《齐上定林寺释法献传》，中华书局，1992年，第488页。

⑧ 《高僧传》卷8《齐京师灵根寺释法瑗传》，中华书局，1992年，第312页。

月，丑奴遣沙门洪宣奉献珠像。”[①] 正是由于佛教在柔然社会具有比较广泛的影响力，信众较多，直到柔然汗国灭亡前夕，仍有不少外地的佛教僧侣试图前往柔然境内“弘法”[②]。此外，有研究认为，柔然弥偶可社句可汗名婆罗门，亦与佛教在柔然的传播不无关系[③]。

总之，柔然在衣食住行、婚姻、姓氏、语言、原始信仰与宗教等文化习俗的多各方面或极具草原游牧社会特色，或深受中原及周边其他民族文化的影响。通过系统考察和总结柔然文化习俗及其特点，有助于进一步深刻全面地认识柔然历史。

“重视历史、研究历史、借鉴历史是中华民族 5000 多年文明史的一个优良传统。当代中国是历史中国的延续和发展。”[④] 中华民族的悠久历史和灿烂文明，是由中国历史上的各个民族共同创造的。柔然是中国古代历史文化的创造者之一，柔然史是中国古代史的重要组成部分。作为 4 世纪初始见于汉文献记载并逐步兴起，5 世纪初在蒙古高原上建立游牧民族政权的中国古代北方游牧民族，柔然与南北朝诸政权和相邻民族在政治、经济、军事和文化上具有广泛而深刻的联系，不仅在制度文化方面对后世的中国北方民族及其政权的制度建设产生了一系列重要影响，而且在一定程度上直接或间接地影响了整个中国历史的发展进程。

柔然汗国的政治军事制度上承匈奴、鲜卑之余绪，又在此基础上有所损益和创新。它的一些政治名号与社会管理形式多被后世相继在蒙古高原上称雄的突厥、回鹘、契丹、蒙古等草原游牧民族或直接或间接地继承与发展。特别是 5 世纪初柔然君主采用“可汗”（qaγan）政治名号

---

① 《北史》卷 98《蠕蠕传》，第 3257 页。

② 《续高僧传·那连提黎耶舍》记载：“那连提黎耶舍，隋言尊称，北天竺乌场国人……循路东指，到芮芮国。值突厥乱，西路不通。反乡意绝，乃随流转……彼既不安，远投齐境，天保七年届于京邺。”（唐）道宣撰、郭绍林点校：《续高僧传》卷 2《隋西京大兴善寺北天竺沙门那连提黎耶舍传一》，中华书局，2014 年，第 33、34 页。

③ 周伟洲：《敕勒与柔然》，第 160 页。

④ 习近平：《习近平致中国社会科学院中国历史研究院成立的贺信》，《历史研究》2019 年第 1 期。

以后，这一原本作为东胡—鲜卑系民族君长的称谓最终取代匈奴时期“单于”名号的政治内涵[①]，成为蒙古高原及周邻地区许多游牧民族中地位最为显赫尊贵和最具影响力的政治名号。与此同时，柔然汗国还为“可汗”名号赋予了新的政治内涵。柔然可汗“僭称大号，与中国亢礼”[②]，并效仿中原皇帝建年号、立正朔[③]，将“华夏正统”作为其自我政治定位[④]，更是在中国民族史上具有开创性意义的举措。此外，柔然还仿照中原制度文化建立了一系列职官名号、典章制度和“外交”礼仪[⑤]。这既是立行国于漠北的柔然主动吸收、借鉴中原文化并积极融入华夏文明的体现，也是历史时期中华民族向心力与凝聚力的具体体现，更是中国古代北方游牧民族与中原农耕民族在长期的历史发展过程中互动与交融的必然结果。

两晋之际，北方人口的大量南迁促进了江南地区的经济开发，推动了经济重心的逐步南移，至刘宋时期（420—479年），统治者关注民生、劝课农桑，使江南经济在孙吴、东晋以来的基础上得到进一步发展。柔然汗国总体上采取“远交近攻”的策略，与南朝诸政权及吐谷浑等建立友好关系，与北朝诸政权则更多处于对峙和军事交锋的状态。“太和改制”以前，北魏“在历史发展上还是处于一种特殊阶段而出现的先封建社会”[⑥]，甚至未能建立俸禄制[⑦]，拓跋氏贵族和不甘恪守清贫的官吏多依靠非常手段来牟利，较早占据江南富庶之地势必会对那里的经济发展产生一些不利影响。在“北强南弱”的南北军事格局逐渐形成以后，北魏仍难以攻灭南朝政权，一定程度上即与柔然对北魏军力的牵制作用不无关系。就历史发展的大趋势而言，柔然的军事牵制虽然在一定程度上迟滞了北方政权完成南北统一的历史进程，具有消极作用，但却也在某种

---

① 罗新：《匈奴单于号研究》，《中国史研究》2006年第2期。

② 《宋书》卷95《芮芮虏传》，第2357页。

③ 《北史》卷98《蠕蠕传》，第3255—3257页。

④ 曹永年：《关于柔然自号“皇芮”并宣称“光复中华”——兼论十六国时期北方各族豪酋“俱僭大号，各建正朔”的潮流》，《中华文史论丛》2015年第2期。

⑤ 《北史》卷98《蠕蠕传》，第3265、3266页。

⑥ 王仲荦：《魏晋南北朝史》，上海人民出版社，2016年，第483页。

⑦ 《廿二史札记》卷14《后魏百官无禄》，第269页。

程度上为江南地区社会经济的平稳健康发展创造了有利条件，客观上有助于隋唐实现大一统后江南地区仍能继续保持经济上的繁荣与稳定，并最终促使南北经济共同呈现盛世景象。

需要指出的是，北魏最初构筑“六镇”边防体系的目的，在于有效应对柔然的军事威胁、拱卫首都平城。北魏分裂后，柔然方面的政治态度则又决定了东魏、北齐和西魏、北周北疆局势的稳定与否，牵动着其后相当长一段时期内黄河流域军事政治形式的变化。6 世纪以后，很多“六镇”军人及其后裔开始在中国历史舞台上崭露头角。其中，建立北齐政权的高氏家族出自怀朔镇（故址在今内蒙古包头市固阳县城圐圙古城）；分别创建北周、隋、唐三朝的宇文氏家族、杨氏家族和李氏家族，则均出自武川镇。可见，柔然与北魏的军事对抗还逐渐催生了怀朔高氏集团和武川军人集团，间接影响了此后四百余年间中国历史的走向。

柔然部形成后，即开始通过“朝贡”的形式，用所产畜牧和狩猎产品换取拓跋鲜卑及其他黄河流域诸区域政权的物质资源[①]。5 世纪初，柔然汗国将经略触角伸向西域以后，迫使很多西域地方政权或游牧民族接受其羁縻[②]，直接和间接控制了草原丝绸之路和绿洲丝绸之路的很多重要节点，遂发挥其地缘优势，发展与周边地区的交换贸易，以此所有易彼所无。柔然汗国用于与周邻地区实现交换贸易的物品，既有马、牛、羊、驼等畜产，又有借此从其他地区交换来的稀有物资。据《南齐书·芮芮虏传》记载，予成曾遣使向萧道成赠予“皮如虎皮”“色白毛短”的“师子皮袴褶”[③]。“师子”，即狮子，由于此典型热带草原动物并非蒙古高原所固有，所以予成所赠者应非柔然的狩猎产品，而是以其方物换取的稀有之物，并试图借此来换取南朝方面其他的丰厚物质资源和巩固双方之间的军事同盟。可见，柔然在 4—6 世纪中叶中国境内各民族间和东西方之间的经济文化交流方面发挥了积极作用，在中国古代民族关系史和东西经济文化交流史上也占有重要地位。

综观柔然汗国的历史发展脉络，不难发现，其兴亡勃忽的一百五十

---

① 《北史》98《蠕蠕传》，第 3249 页。

② 《北史》98《蠕蠕传》，第 3251 页。

③ 《南齐书》卷 59《芮芮虏传》，第 1024 页。

余年，在浩瀚历史长河中只是短暂一瞬，从柔然始祖木骨闾由拓跋鲜卑分离算起，到邓叔子集团最终亡于突厥，此民族前后存续的时间也只有两个多世纪。然而，柔然却在4—6世纪中叶这段有限的发展时间里，创造了不少辉煌，留下了很多闪光的历史足迹，对中国北方民族史乃至中国古代史的发展起到了不小的作用。研究和探讨包括柔然历史在内的中国古代北方民族史，有助于正确认识北方游牧民族在中国历史发展过程中的地位、作用与贡献，总结历史的发展规律，促进当今中国境内的各个民族筑牢中华民族共同意识，从而“深刻把握人类发展历史规律，在对历史的深入思考中汲取智慧、走向未来”[①]。古今中外，已有不少研究者为柔然史研究做出过有益贡献，取得了显著成绩，但时至今日，柔然历史在很多方面仍留存着一些悬而未决或争议颇大的问题，有待于研究者今后做进一步深入探讨。因此，柔然历史相关研究在可预见的时期内，仍将是中国古代北方民族史研究中一片大有可为的领域。

① 习近平:《习近平致中国社会科学院中国历史研究院成立的贺信》,《历史研究》2019年第1期。

参 考 书 目

一、古籍

（西汉）司马迁：《史记》，中华书局点校本，1982 年。

（东汉）班固：《汉书》，中华书局点校本，1962 年。

（东汉）蔡邕：《独断》，《四部丛刊三编》本。

（南朝宋）范晔撰，（唐）李贤等注：《后汉书》，中华书局点校本，1965 年。

（西晋）陈寿撰，陈乃乾校点：《三国志》，中华书局点校本，1959 年。

（晋）郭璞注，（北宋）邢昺疏，王世伟整理：《尔雅注疏》，上海古籍出版社，2010 年。

（北齐）魏收：《魏书》，中华书局点校本，1974 年。

（北齐）魏收：《魏书》，中华书局点校修订本，2017 年。

（南朝梁）沈约：《宋书》，中华书局点校本，1974 年。

（南朝梁）萧子显：《南齐书》，中华书局点校本，1972 年。

（南朝梁）释慧皎撰，汤用彤校注，汤一玄整理：《高僧传》，中华书局，1992 年。

（唐）道宣撰，郭绍林点校：《续高僧传》，中华书局，2014 年。

（唐）杜佑撰，王文锦、王永兴、刘俊文等点校：《通典》，中华书局点校本，1988 年。

（唐）房玄龄等：《晋书》，中华书局点校本，1974 年。

（唐）李百药：《北齐书》，中华书局点校本，1972 年。

（唐）李德裕：《会昌一品集》，四部丛刊本。

（唐）李吉甫撰，贺次君点校：《元和郡县图志》，中华书局点校本，1983 年。

（唐）李林甫等撰，陈仲夫点校：《唐六典》，中华书局，1992 年。

（唐）李延寿：《北史》，中华书局点校本，1974年。

（唐）李延寿：《南史》，中华书局点校本，1975年。

（唐）林宝撰，岑仲勉校记：《元和姓纂》，中华书局，1994年。

（唐）令狐德棻等：《周书》，中华书局点校本，1971年。

（唐）刘禹锡：《刘梦得文集》，四部丛刊本。

（唐）刘知己著，（清）浦起龙通释：《史通通释》，上海古籍出版社，2009年。

（唐）欧阳询等撰，汪绍楹点校：《艺文类聚》，中华书局，1965年。

（唐）魏徵、令狐德棻：《隋书》，中华书局点校本，1973年。

（唐）许嵩撰，张忱石点校：《建康实录》，北京：中华书局，1986年。

（唐）姚思廉：《梁书》，中华书局点校本，1973年。

（后晋）刘昫等：《旧唐书》，中华书局点校本，1975年。

（北宋）陈彭年：《宋本广韵》，中国书店影印本，1982年。

（北宋）陈彭年等：《宋本玉篇》，中国书店影印本，1983年。

（北宋）李昉等：《太平御览》，中华书局影印本，1985年。

（北史）李昉等编：《文苑英华》，中华书局影印本，1966年。

（北宋）欧阳修、宋祁：《新唐书》，中华书局点校本，1975年。

（北宋）沈括：《梦溪笔谈》，岳麓书社，1998年。

（北宋）司马光编著，（元）胡三省音注：《资治通鉴》，中华书局点校本，1956年。

（北宋）王钦若等：《册府元龟》，中华书局影印本，1960年。

（北宋）乐史撰，王文楚等点校：《太平寰宇记》，中华书局点校本，2007年。

（南宋）史炤：《资治通鉴释文》，清光绪五年（1879）《十万卷楼丛书》本。

（南宋）郑樵：《通志》，中华书局影印本，1987年。

（南宋）朱熹：《资治通鉴纲目》，宋嘉定十二年（1219）真德秀温陵郡刻本。

（元）马端临：《文献通考》，中华书局影印本，1986年。

（元）耶律铸：《双溪醉隐集》，清乾隆四十九年（1784）吴长元抄本。

（明）刘昺：《刘彦昺集》，清文渊阁四库全书本。

（明）宋应星：《天工开物》，明崇祯十年（1637）涂绍煃刻本。
（明）王夫之：《读通鉴论》，中华书局点校本，1975 年。
（明）吴节：《吴竹坡先生诗集》，清雍正三年（1725）吴琦刻本。
（清）顾祖禹撰，贺次君、施和金点校：《读史方舆纪要》，中华书局点校本，2005 年。
（清）何秋涛：《朔方备乘》，清光绪七年（1881）畿辅通志局刊本。
（清）钱大昕撰，陈文和、张连生、曹明升校点：《廿二史考异》，凤凰出版社，2008 年。
（清）钱大昕著，杨勇军整理：《十驾斋养新录》，上海书店出版社，2011 年。
（清）汤球：《十六国春秋辑补》，商务印书馆，1936 年。
（清）王鸣盛撰，陈文和、王永平、张连生等校点：《十七史商榷》，凤凰出版社，2008 年。
（清）王念孙，钟宇训点校：《广雅疏证》，中华书局，1983 年。
（清）赵翼：《陔余丛考》，中华书局，1963 年。
（清）赵翼：《廿二史札记》，上海古籍出版社，2011 年。

二、专著

（一）中文专著

曹永年：《古代北方民族史丛考》，上海古籍出版社，2012 年。
陈高华、陈智超等：《中国古代史史料学》，北京出版社，1983 年。
崔明德：《中国古代和亲通史》，人民出版社，2007 年。
丁谦：《梁书夷貊传地理考证》，《浙江图书馆丛书》（第一集），1915 年浙江图书馆校刊。
段连勤：《丁零、高车与铁勒》，广西师范大学出版社，2006 年。
额灯套格套：《游牧社会形态论》，辽宁民族出版社，2013 年。
耿世民：《古代突厥文碑铭研究》，中央民族大学出版社，2005 年。
郭锡良：《汉字古音手册》，商务印书馆，2010 年。
国家文物局古文献研究室、新疆维吾尔自治区博物馆、武汉大学历史系编：《吐鲁番出土文书》（第二册），文物出版社，1981 年。

韩茂莉：《中国历史农业地理》，北京大学出版社，2012 年。

韩儒林：《穹庐集——元史及西北民族史研究》，上海人民出版社，1982 年。

薛海洋、陈辉：《茹茹公主墓志》，河北美术出版社，1997 年。

胡玉春：《大夏国史研究》，内蒙古大学出版社，2016 年。

姜伯勤：《敦煌吐鲁番文书与丝绸之路》，文物出版社，1994 年。

林幹：《东胡史》，内蒙古人民出版社，2007 年。

林幹：《匈奴史》，内蒙古人民出版社，2007 年。

林幹：《中国古代北方民族通论》，内蒙古人民出版社，2007 年。

林联通、郑张尚芳：《汉字字音演变大词典》，江西教育出版社，2012 年。

梁启超：《国史研究六篇》卷 2《中国历史上民族之研究》，中华书局，1944 年，第 28 页。

吕思勉：《中国民族史》，中国大百科全书出版社，1987 年。

潘国键：《北魏与蠕蠕关系研究》，台湾商务印书馆，1988 年。

荣新江、李肖、孟宪实主编：《新获吐鲁番出土文献》，中华书局，2008 年。

荣新江：《丝绸之路与东西文化交流》，北京大学出版社，2015 年。

苏日巴达拉哈：《蒙古族族源新考》，民族出版社，1986 年。

孙仁秀、孙进已、郑德英等：《室韦史研究》，北方文物杂志社，1985 年。

谭其骧：《长水集》，人民出版社，2011 年。

陶克涛：《毡乡春秋·柔然篇》，内蒙古人民出版社，1997 年。

田余庆：《拓跋史探》（修订本），生活·读书·新知三联书店，2011 年。

王国维：《观堂集林》，中华书局，1959 年。

王建革：《农牧生态与传统蒙古社会》，山东人民出版社，2006 年。

王力：《汉语音韵学》，中华书局，1956 年。

王力：《汉语语音史》，中国社会科学出版社，1985 年。

王明珂：《游牧者的抉择：面对汉帝国的北亚游牧部族》，广西师范大学出版社，2008 年。

王树枏：《新疆访古录》，聚珍仿宋书局，1918年。

王素：《高昌史稿·统治篇》，文物出版社，1998年。

王尧、陈践译注：《敦煌吐蕃文献选》，四川民族出版社，1983年。

王仲荦：《魏晋南北朝史》，上海人民出版社，2016年。

邬国义主编：《王国维全集》（第一一卷），浙江教育出版社，2009年。

肖爱民：《中国古代北方游牧民族两翼制度研究》，人民出版社，2007年。

辛德勇：《发现燕然山铭》，中华书局，2018年。

薛宗正：《突厥史》，中国社会科学出版社，1992年。

杨青山、高莎丽，李秀敏：《蒙古国地理》，东北师范大学出版社，1994年。

余太山：《嚈哒史研究》，齐鲁书社，1986年。

张碧波、董国尧主编：《中国古代北方民族文化史·民族文化卷》，黑龙江人民出版社，1993年。

张碧波、董国尧主编：《中国古代北方民族文化史·专题文化卷》，黑龙江人民出版社，1995年。

张久和：《原蒙古人的历史：室韦—达怛研究》，高等教育出版社，1998年。

张世林：《想念邓广铭》，新世界出版社，2012年。

赵万里：《汉魏南北朝墓志集释》，《石刻资料新编·第三辑》（四），新文丰出版公司，1986年。

中国科学院历史研究所史料编纂组：《柔然资料辑录》，中华书局，1962年。

周梦：《中国民族服饰变迁融合与创新研究》，中央民族大学出版社，2013年。

周伟洲：《敕勒与柔然》，上海人民出版社，1983年。

周伟洲：《敕勒与柔然》，广西师范大学出版社，2006年。

周伟洲：《新出土中古有关胡族文物研究》，社会科学文献出版社，2016年。

周一良：《魏晋南北朝史论集》，中华书局，1963年。

周一良：《魏晋南北朝史札记》，中华书局，2015年。

（二）译著

〔英〕巴克尔著，向达、黄静渊译：《鞑靼千年史》，商务印书馆，1936年。

〔日〕白鸟库吉著，方壮猷译：《东胡民族考》，商务印书馆，1934年。

〔法〕伯希和著，冯承钧译：《汉译突厥名称之起源》，《西域南海史地考证译丛二编》，商务印书馆，1962年。

〔法〕伯希和著，冯承钧译：《库蛮》，《西域南海史地考证译丛二编》，商务印书馆，1962年。

Chavannes E. 著，冯承钧译述：《西突厥史料》，商务印书馆，1934年。

〔德〕恩格斯：《家庭、私有制和国家的起源》，《马克思恩格斯选集》（第四卷），人民出版社，1972年。

〔美〕费正清著，张沛译：《中国：传统与变迁》，世界知识出版社，2002年。

〔瑞典〕高本汉著，潘悟云等编译：《汉文典》，上海辞书出版社，1997年。

〔德〕胡夫：《发现米诺斯王国》，中国社会出版社，2000年。

〔英〕吉本著，席代岳译：《罗马帝国衰亡史》（第4卷），吉林出版集团有限责任公司，2008年。

〔波斯〕拉施特著，余大钧、周建奇译：《史集》第一卷第一分册，商务印书馆，2014年。

〔美〕拉铁摩尔著，唐晓峰译：《中国的亚洲内陆边疆》，江苏人民出版社，2010年。

〔美〕摩尔根著，杨东莼、马雍、马巨译：《古代社会》，商务印书馆，1971年。

〔瑞士〕索绪尔著，高名凯译：《普通语言学教程》，商务印书馆，2004年。

〔日〕前田正名著，李凭等译：《平城历史地理学研究》，上海古籍出版社，2012年。

〔日〕松田寿男著，陈俊谋译：《古代天山的历史地理学研究》，中央民族学院出版社，1987年。

〔日〕護雅夫：《古代トルコ民族史研究Ⅲ》，山川出版社，1997年。

〔日〕護雅夫：《古代トルコ民族史研究Ⅰ》，山川出版社，1967年。

〔日〕護雅夫：《古代トルコ民族史研究Ⅱ》，山川出版社，1992年。

〔日〕護雅夫：《古代遊牧帝国》，中央公論社，1976年。

〔日〕内田吟風：《北アジア史研究·鮮卑柔然突厥篇》，同朋社，1975年。

〔日〕杉山正明：《遊牧民から見た世界史》，日本経済新聞社，1997年。

〔日〕藤田豊八：《東西交涉史の研究》卷下“西域篇及附篇”，荻原星文馆，1943年。

〔日〕藤田豊八：《蠕蠕の国號及び可汗號につきて》，《東洋学報》1923年第13卷第1号。

三、论文

（一）中文论文

包文胜：《铁勒族名考——兼谈史料中的狄系诸族名》，《西北民族研究》2014年第1期。

曹永年：《关于柔然人的民族成分——答〈蒙古族源之新探〉》，《内蒙古师大学报》1985年第2期。

曹永年：《关于柔然自号“皇芮”并宣称“光复中华”——兼论十六国时期北方各族豪酋“俱僭大号，各建正朔”的潮流》，《中华文史论丛》2015年第2期。

曹永年：《柔然源于杂胡考》，《历史研究》1981年第2期。

陈发源：《柔然族源探讨》，《学术月刊》1985年第11期。

陈勇：《拓跋嗣与姚兴联姻考》，《文史哲》2017年第5期。

储泰松、张爱云：《“处可寒”语源考》，《安徽师范大学学报》（人文社会科学版）2018年第3期。

磁县文化馆：《河北磁县东魏茹茹公主墓发掘简报》，《文物》1984年第4期。

杜晓宇：《柔然官号中的“军将幢帅大人使人与国相国师”》，《内蒙古社会科学》（汉文版）2010年第5期。

范正生：《“楼兰”与“柔然”考辨》，《泰山学院学报》2017年第1期。

方壮猷：《鞑靼起源考》，《国学季刊》1932年第3卷第2期。

冯家昇：《蠕蠕国号考》，《禹贡半月刊》1937年第7卷第8、9合期。

韩雪松：《北魏外交制度研究》，吉林大学博士学位论文，2009年。

靳生禾、谢鸿喜：《北魏〈皇帝南巡之颂〉碑考察报告》，《山西大学学报》（哲学社会科学版）1994年第2期。

靳生禾、谢鸿喜：《北魏〈皇帝南巡之颂〉碑考察清理报告》，《文物季刊》1995年第3期。

李树辉：《尉犁地名和柔然源流考》，《新疆大学学报》（哲学·人文社会科学版）2007年第2期。

留金锁：《古代蒙古及蒙古汗国的建立》，《内蒙古社会科学》1980年第1期。

罗新：《高昌文书中的柔然政治名号》，《吐鲁番学研究》2008年第1期。

罗新：《可汗号之性质——兼论早期政治组织制度形式的演化》，《中国社会科学》2005年第2期。

罗新：《柔然官制续考》，《中华文史论丛》2007年第1期。

罗新：《匈奴单于号研究》，《中国史研究》2006年第2期。

罗新：《虞弘墓志所见的柔然官制》，《北大史学》，北京大学出版社，2007年。

马长寿：《论突厥人和突厥汗国的社会变革（上）》，《历史研究》1958年第3期。

马长寿：《论突厥人和突厥汗国的社会变革（下）》，《历史研究》1958年第4期。

米文平：《鲜卑石室的发现与初步研究》，《文物》1981年第2期。

那顺乌力吉：《尼鲁温蒙古与柔然》，《内蒙古民族大学学报》（社会科学版）2006年第4期。

内蒙古自治区文物考古研究所、蒙古国游牧文化研究国际学院：

《2014年蒙古国后杭爱省乌贵诺尔苏木和日门塔拉城址IA-M1发掘简报》,《草原文物》2015年第2期。

内蒙古自治区文物考古研究所、蒙古国游牧文化研究国际学院:《蒙古国布尔干省达欣其楞苏木詹和硕遗址发掘简报》,《草原文物》2015年第2期。

倪润安:《拓跋南迁匈奴故地研究述评》,《东北史地》2012年第1期。

聂鸿音:《西夏文献中的“柔然”》,《宁夏师范学院学报》(社会科学)2010年第5期。

聂鸿音:《鲜卑语言解读述论》,《民族研究》2001年第1期。

潘其风:《柔然邻和公主遗骨的人类学研究》,《考古》1991年第5期。

秦坚、张勇:《群队:柔然汗国的滥觞》,《中央民族大学学报》(哲学社会科学版)2006年第2期。

山西省考古研究所、灵丘县文物局:《山西灵丘北魏文成帝〈南巡碑〉》,《文物》1997年第12期。

苏日巴达拉哈:《蒙古族源之新探》,《内蒙古社会科学》1981年第5期。

唐长孺:《魏晋杂胡考》,《魏晋南北朝史论丛》,武汉大学出版社,2013年。

肖爱民:《试析柔然汗位的继承制度》,《内蒙古民族大学学报》(社会科学版)2009年第4期。

宿白:《东北、内蒙古地区的鲜卑遗迹——鲜卑遗迹辑录之一》,《文物》1977年第5期。

徐美莉:《论北魏与柔然的外交之礼》,《北朝研究》(第六辑),科学出版社,2008年。

杨泓:《骑兵和甲骑具装——中国古代军事装备札记之二》,《文物》1977年第10期。

姚大力:《成吉思汗,还是“成吉思合罕”?——兼论〈元朝秘史〉的成书年代问题》,《蒙元史暨民族史论集——纪念翁独健先生诞辰一百周年》,社会科学文献出版社,2006年。

亦邻真：《成吉思汗与蒙古民族共同体的形成》,《内蒙古大学学报》（社会科学）1962 年第 1 期。

亦邻真：《中国北方民族与蒙古族族源》,《内蒙古大学学报》（哲学社会科学版）1979 年第 Z2 期。

亦邻真：《柔然拾零》，希都日古译，《元史及民族与边疆研究集刊》（第 23 辑），上海古籍出版社，2011 年。

袁刚：《柔然经略西域的若干史事探讨》,《东洋学》（第 76 辑），韩国檀国大学校东洋学研究院，2019 年。

袁刚：《柔然与西域相关的几个问题》,《内蒙古社会科学》（汉文版）2018 年第 3 期。

张久和、傅宁：《东胡系各族发式考辨》,《内蒙古社会科学》1990 年第 5 期。

张久和：《东胡系各族族名研究及其存在问题——兼谈译名研究的可行性条件》,《内蒙古大学学报》（哲学社会科学版）1996 年第 1 期。

张晓东：《析魏晋南北朝时期和亲的特点——兼与汉唐等不同历史时期比较》,《上海师范大学学报》（哲学社会科学版）2004 年第 6 期。

张越：《论中国近代史学的开端与转变》,《史学理论研究》2017 年第 4 期。

周建奇：《柔然族名试释》,《内蒙古大学学报》（哲学社会科学版）1988 年第 1 期。

周建奇：《释“木骨闾”》,《内蒙古大学学报》（哲学社会科学版）1987 年第 1 期。

（二）汉译论文

〔蒙〕苏和巴特尔：《关于蒙古人的民族起源问题》，陈弘法译，《民族译丛》1985 年第 2 期。

四、外文文献

Compiled by Alnn P. Cohen, *Selected Works of Peter A. Boodberg*. University of California Press Berkeley and Los Angeles, California University of California Press, Ltd.1979.

Haussig H W. Die Quellen über die zentralasiatische Herkunft der europäischen Awaren, *Central Asiatic Journal.*II,1956.

Haussig H W. Theophylakts Exkurs über die Skythischen Völker, Byzantion, XXIII, 1953.

Joseph De Guignes. *Histoire générale des Huns, des Turcs, des Mongols et des autres Tartares occidentaux.* Avec Approbation Privilége du Roi. Chez Desaint & Saillant, 1758.

Liu Mau-tsai. Die Chinesischen Nachrichten zur Geschichte der Ost-Türken(T'u-Küe).OTTO HARRASSOWITZ · WIESBADEN,1958.

Marquart J. *Eranšāhr nach der Geographie des Ps. Moses Xorenaci.* Berlin, 1901.

Г. Сүхбаатар, Монгол Нирун улс(330-555), Улаанбаатар, 1992 он.

索　引

S

T

W

X

Y

Z

Abstract

Rouran（柔然）was a northern nomadic group that first appeared in the historical records of the Northern and Southern Dynasties under various names. At the beginning of the 5th century, the chief of Rouran, Yujiulü Shelun, conquered all the tribes of Chi'le and remnant tribes of Xiongnu, establishing the Khanate of Rouran, which initiated a long-term rule by the ethnic groups of the Donghu on the Mongolian Steppe. Although Chinese and foreign researchers have paid much attention to the history and related issues of Rouran and obtained many achievements, the overall research work is still weak. Therefore, it is necessary to fully absorb and draw on the previous research results and sort out, investigate, and study further on the history of Rouran. This book is a historical work that comprehensively studies the history of Rouran on the basis of fully mastering research materials and critically absorbing the relevant research results of predecessors.

There are six chapters of this book.

Chapter one has a comparative analysis of the basic historical data of Rouran, including the biographies of Rouran in the histories of the Southern and Northern Dynasties, and items in the books of systems, geography, local chronicles, and encyclopedia. They had various values among the historical data because of the differences of times and details so that this part had summarized and evaluated the Chinese and foreign research results.

Chapter two studies the ethnic name and its origin. 芮芮，蠕蠕，and 茹茹 were the Chinese transliterations of the same ethnic name, and 柔然 was the special one. Through analyzing historical data, language, customs, characteristics of the physical anthropology of Rouran, it further confirms the mainstream theory that Rouran came from Donghu-Xianbei. The theory of Various Hu People Beyond the Great Wall reflected the actual situation that it had complex components with many ethnicities under the rule of the Khanate of Rouran.

Chapter three describes the history from the earliest ancestor Mugulü separating from Tuoba Xianbei, to Rouran establishing a tribe and regime, and perishing at the end. The historical context has been expounded clearly.

Chapter four discusses the systems of bureaucracy, succession, two-wing enfeoffment, and military, with the Khan as the center. It suggests that Rouran took Khan—a northern nomadic characteristic title—as the Chinese orthodox emperor, by assimilation and utilization of previous research achievements. Heir succeeded to the throne when his father died. The changes in the internal and external situations would affect the forms of succession.

Chapter five studies the industries and the positions of animal husbandry, hunting, handicraft, agriculture, and commerce in society and economy based on historical documents and archaeological data. Animal husbandry was the main economy, and hunting was the secondary, but the others played an important role as well.

Chapter six expounds on the cultures and customs and their features, such as basic necessities, marriage, language, surname, and religion.

Rouran had extensive and profound connections with the regimes of the Northern and Southern Dynasties and the surrounding ethnicities in politics, economy, military, and culture. It not only had a series of important effects on later northern ethnicities and regimes in ancient China but also influenced the development of Chinese history to a certain extent. Rouran was one of the creators and significant components of ancient Chinese history and culture.

后　记

在《中国古代北方民族史·柔然卷》即将定稿交付出版之际，我备感欣喜。回想撰写书稿的点点滴滴，内心感慨颇多，久久难以平静。能够承担《柔然卷》的撰写任务，我既深感荣幸，又颇有压力。对于一个初窥史学门径的年轻人而言，面对史料缺漏严重、前人观点又多有抵牾的柔然史研究状况，“白手起家”撰写一部关于柔然历史的系统性学术著作，无疑困难重重、信心不足。幸赖有学识渊博的老师提携后进，时时为我们答疑解惑、指点迷津；有团结协作的编写成员相互切磋、彼此砥砺。进展中又能通过召开多次学术研讨会、集中封闭统稿等方式来及时解决遇到或出现的问题，弥补了我的很多不足之处。从 2017 年 8 月领受《柔然卷》的撰写任务，到 2019 年 9 月完成书稿，前后历时两年。我的生活因撰写此书而丰富，认识问题、看待问题的深度和广度得到拓展，思考问题、解决问题的方式方法得到锻炼，学术视野也由此得以开阔。可以说，《柔然卷》撰写工作在过去几年的岁月里与我的学习、生活和工作相伴相生，水乳交融。

本书的顺利完成，离不开“蒙古族源与元朝帝陵综合研究”项目组的大力支持，离不开各位老师的亲自指导和无私奉献，离不开编写团队成员之间的通力协作，离不开工作组各位同仁和科学出版社编辑老师们的辛勤工作。在此，谨向在本书撰写过程中给予我帮助、支持的单位和个人致以最诚挚的感谢！限于本人科研能力有限、学术积累和写作经验不足，书中肯定存在一些缺点、不足和错讹，敬请学界同仁纠谬指正。

袁　刚

2021 年 6 月

总后记

在十卷本《中国古代北方民族史》即将出版之际，我们感觉有一些与全书有关的人和事应该记下来，权做一个交代和备忘。

2011年春季，由时任内蒙古自治区呼伦贝尔市委常委、统战部部长孟松林同志召集，中国社会科学院考古研究所内蒙古第一工作队队长刘国祥研究员、呼伦贝尔民族博物院院长白劲松研究员具体组织，辽宁师范大学历史文化旅游学院院长田广林教授、内蒙古大学历史与旅游文化学院院长张久和研究员等人参加，在海拉尔落实论证由时任十一届全国政协副主席、中国社会科学院院长、党组书记陈奎元同志倡议的“蒙古族源与元朝帝陵综合研究”项目方案，填报立项申报书，通过中国社会科学院科研局，报送至全国哲学社会科学规划办公室。2012年8月，“蒙古族源与元朝帝陵综合研究”被列为国家社会科学基金重大委托项目（批准号为12@ZH014），研究周期为10年。中国社会科学院科研局作为项目主管单位，中国社会科学院考古研究所、内蒙古自治区文物局、呼伦贝尔市人民政府作为项目联合实施单位，内蒙古大学历史与旅游文化学院作为项目协作单位之一。王巍、孟松林二位先生担任项目首席专家，设北京和呼伦贝尔两个项目办公室，刘国祥、白劲松分别担任主任，组织全国相关科研机构和高校研究人员，以考古学为主，结合历史学、民族学、人类学、社会学、地理学等开展综合研究，力争取得具有国际影响力的学术成果。根据工作计划，2013—2014年，刘国祥作为考古领队主持发掘了海拉尔区谢尔塔拉、陈巴尔虎旗岗嘎两处墓地，经过研究确认这两处墓地均为室韦人遗存。谢尔塔拉和岗嘎墓地的发现、识别和初步研究，为室韦史、北方民族史研究提供了丰富、直观的珍贵资料，对研究蒙古族族源问题具有重要学术价值。该重大委托项目的设立、室韦考古学文化遗存的发现与识别、共同的学术追求和多年来建立的深厚友谊，为我们开展相关合作研究奠定了坚实基础。

2017年6月末，项目组在海拉尔召开学术研讨会，经过讨论，我们认为组织编写一套北方民族史著作的时机和条件基本成熟，根据项目实施计划，需要编写出版一部系统性的、与蒙古族起源史具有密切关系的历史学研究成果。于是，决定主要依托内蒙古大学培养的北方民族史科研力量组成学术团队编写《中国古代北方民族史》，并作为国家社会科学基金重大委托项目“蒙古族源与元朝帝陵综合研究”的子课题。达成共识后，经过准备，2017年8月16日即在内蒙古大学召开了第一次“中国古代北方民族历史与考古系列学术研讨会”。在这次会议上，组建编写组，确定张久和、刘国祥为主编，何天明、白劲松为副主编，胡玉春、何天明、梁云与白劲松、袁刚、包文胜、吴飞、王洁、冯科、王丽娟、张久和与刘国祥为各卷作者，形成了老中青结合的学术团队。讨论了编写大纲、撰写内容、人员分工、全书体例和编纂要求等事项，标志着该项研究工作的正式启动。考虑到北方民族历史发展的连续性、诸北方民族的重要历史地位、与学界蒙古族起源说有关的北方民族、团队成员的科研主攻方向和前期的学术成果积累等因素，确定了以匈奴、乌桓、拓跋鲜卑、柔然、突厥、回鹘、黠戛斯、契丹、库莫奚和室韦这十个北方民族为研究对象，按族别史体例，一族一卷，形成十卷本的《中国古代北方民族史》。此后，十卷作者分别进入了研究和撰写阶段。

从研究工作启动，截至2021年1月，编写组以“中国古代北方民族历史与考古系列学术研讨会”的名义又召开了六次以推进研究、解决问题为主要目的务实会议。2017年11月11—12日，第二次“中国古代北方民族历史与考古系列学术研讨会”在海拉尔召开，各卷著者就第一部分试写稿内容及相关事宜做了说明，与会人员充分讨论并提出了修改完善建议，并进一步讨论细化了各卷大纲。2018年7月31日—8月1日，第三次会议在内蒙古大学召开，以各卷撰写进展汇报为主题，与会专家围绕各卷完成的基本内容、学术创新、难点等展开了深入的学术研讨。2019年2月16—17日，第四次会议在科学出版社召开，社领导高度重视，专门为每卷书稿选定一位编辑，个别卷甚至配备了两位编辑，开始与各卷作者对接。此次会议以撰写进展汇报为主要议题，作者、编辑和相关专家学者等与会人员围绕编写内容、编写进度、主旨思想、学术重点、学术规范、出版规范等内容进行了深入细致的研讨。

在第四次会议上基本确定了各卷完成和上交初稿的时间段。为了提高效率、保证质量，决定组成由张久和、何天明、冯科、曹磊、王石雨、任翔为主要成员的统稿小组，远离喧嚣闹市，摆脱杂事干扰，进行封闭集中统稿。2019 年 3 月 25—30 日，统稿小组在赤峰市红山区赤峰宾馆进行了第一次统稿，统阅胡玉春《匈奴卷》、王洁《黠戛斯卷》、王丽娟《库莫奚卷》三部书稿。中国社会科学院考古研究所内蒙古第一工作队承担了后勤保障工作。2019 年 4 月 8—13 日，在山西省朔州市右玉县进行了第二次统稿，得到右玉县文史学者王泽民先生的热情接待和周到安排。本次集中统阅何天明《乌桓卷》，梁云、白劲松《拓跋鲜卑卷》和张久和、刘国祥《室韦卷》三部书稿。2019 年 5 月 6—11 日，在赤峰市敖汉旗进行了第三次统稿。统阅袁刚《柔然卷》、包文胜《突厥卷》、吴飞《回鹘卷》、冯科《契丹卷》四部书稿。中国社会科学院考古研究所内蒙古第一工作队负责后勤保障工作，内蒙古史前文化博物馆田彦国馆长给予了热情支持。实际上，每一次统稿所用时间并不止于一周，每次回到呼和浩特后，统稿、校对人员各自又费时十余天才完成了相关工作。统稿小组诸位成员不辞辛苦，认真投入，指出和改正了书稿中存在的一些具体问题，提出了整体修改完善建议，在充分保证学术质量的同时，有效推进了编纂工作。

2019 年 7 月 13—14 日，第五次会议在中国社会科学院考古研究所召开，主要就全书的统稿情况，各卷的作者简介、内容简介、内容摘要翻译、配图、索引，出版阶段的有关问题及解决方案、下半年工作计划等进行讨论，做出了安排和要求，对此前整体工作做了总结。总体而言，五次会议就全书编写提纲、体例、结构、内容、编纂要求、进展等相关工作展开充分讨论，及时解决出现的问题，为整体工作的顺利进行起到了良好作用，推动了编纂进度，提高了内容质量。在第五次研讨会成果基础上，各卷作者用时近两个月完成相关工作内容，十卷书稿于 2019 年 9 月一次性交付出版社，正式进入编辑出版程序。至 2020 年 9 月，各卷先后审完作者样。

2020 年 9 月 7—12 日，第六次“中国古代北方民族历史与考古系列学术研讨会”在海拉尔召开，各卷作者、部分项目组专家、出版社编辑等参会，讨论确定了各卷作者样、索引、英文摘要、后记等最后上交期限以及后期编辑、出版方面的问题，对整体工作做了总结，对下一步工作做了安排。

2021年1月27日，第七次“中国古代北方民族历史与考古系列学术研讨会”通过线上方式举办，本次会议以《中国古代北方民族史》十卷本书稿的外审意见反馈沟通为主要议题，各卷作者与编辑人员围绕相关建议进行研讨，并就书稿进一步的修改与编校深入交流意见。与会专家一致认为，送审意见既体现了对国家有关政策的深入理解，又有对具体写作表述细节的精准见解，是进一步开展书稿修改编校的工作指南，落实好上级部门的送审意见是书籍能够高质量面世的重要前提。各卷作者表示，一定会认真领会送审意见，与责编紧密配合，做好书稿修改工作，用优质学术成果回馈社会。张久和研究员在发言中指出，本套书全体撰写、编辑人员在实际工作中要始终贯彻好“铸牢中华民族共同体意识”的要求，一定要根据送审意见全面解决还存在的各种学术和技术问题，对于一些难点问题可以再次进行讨论，找到最佳解决方案，确保书籍质量。刘国祥研究员在会议总结时强调，习近平总书记在哲学社会科学工作座谈会上的讲话、致中国历史研究院成立的贺信以及2020年9月28日在中央政治局第二十三次集体学习时发表的《建设中国特色中国风格中国气派的考古学　更好认识源远流长博大精深的中华文明》的重要讲话，为历史学研究和考古学研究提供了科学指引，也为我们的工作注入了强劲的动力。在各卷编写的过程中均注重吸收最新的考古学研究成果，促进了历史学与考古学的融合发展，提升了该项成果的学术价值和创新价值。

自决定编写《中国古代北方民族史》开始，从论证体例、结构，斟酌目录、编纂要求，到试写内容的讨论、完成初稿，再到统稿中的增删修改、核对史料、提出总体建议、修改完善书稿，直到选图配图、编制索引、校对书稿等，整个过程大家各尽其责，团结协作，体现了应有的专业素养和团队意识。应该说我们尽了很大努力去组织全书的编纂，各卷作者也克服困难、夜以继日地工作，但从2017年8月启动，到2019年9月正式交稿，撰写时间毕竟太短，作者又各有学习、教学、科研甚至行政工作任务，投入的时间和精力难以保证；加之成果积累程度不同，其中半数有博士论文作基础，有数年或十余年的积淀，编纂起来相对容易；有的纯粹白手起家，从收集分析史料、总结归纳前人成果做起，再进行研究，工作量和难度确实很大；有的作者年轻，刚刚踏入史学门槛，想法稚嫩，功力尚浅，难免存在许多缺陷。吸收青年学人加入团队，也是抱着锻炼、培养和带动他们成长的目的。因此，虽然全书整体体例、编写要求等大体一致，但在内容论述深度、提出和解决问题等方面还各存差异，在学术上尚存在很大的提升和完善空间，一定会有许多不足和遗憾之处。考虑到“蒙古族源与元朝帝陵综合研究”重大委托项目的迫切需要，以及国内外尚无一次性推出以族别史为体例的多卷本北方民族史成果的现实，我们不揣浅陋，把十卷本《中国古代北方民族史》作为一项团队研究北方民族史的阶段性学术成果呈现出来，供学界同仁批评指正，以达到抛砖引玉，锻炼队伍，增进交流，推动研究的目的。

从启动编写到正式出版，费时四年。我们能够顺利完成这项研究工作，离不开各位领导、学界同仁、出版社编辑和媒体记者朋友的大力支持和鞭策。“蒙古族源与元朝帝陵综合研究”重大委托项目首席专家王巍先生、孟松林先生宏观指导、鼎力支持，同意将《中国古代北方民族史》列为重大委托项目子课题资助研究。孟松林院长每次会议均到场致辞，亲切关怀，热情鼓励，增强了编写组成员的信心。内蒙古大学党委书记朱炳文同志，校长陈国庆教授，副校长张吉维教授、高光来教授、额尔很巴雅尔教授始终关心关注这项工作，多次询问研究、出版进展，学校并以“双一流”建设经费予以科研资助。中共呼伦贝尔市委书记于立新同志对该项目给予了高度重视和大力支持，多次听取项目组工作汇报，帮助解决诸多实际困难，有力保障了该项目的顺利实施。内蒙古自治区社会科学院院长李春林研究员亲临研讨会，给予指导帮助。中国社会科学院考古研究所的各位领导对该项目始终给予关心和支持，陈星灿所长多次听取项目工作汇报，积极推动本套书的编辑和出版工作。中国历史研究院副院长李国强研究员对该项目给予了学术指导和热情帮助。中国科技出版传媒股份有限公司（科学出版社）副总经理闫向东先生、文物考古分社副社长孙莉女士，高度重视项目进程，并在2017年底将项目确立为出版社的重大项目，极大鼓舞了编写者的士气。同时还为每本图书配备了优秀编辑，积极协调出版事宜，为图书出版提供了有力保障。各卷责任编辑审读校阅，纠错证谬，确保了出版质量。新华通讯社记者李贺、中国新闻社记者孙自法、人民政协报记者付裕、中国社会科学网记者齐泽垚、中国社会科学报记者杨阳、中国文物报记者郭晓蓉等不辞辛劳，追踪项目进展，连续深度报道，提升了该项目的学术和社会影响力。工作组精心组织，周到安排，辛勤付出，全力配合，使历次研讨会成功举办，统稿工作顺利进行，摘要英译、选图配图等取得良好效果，为整体研究工作的顺利进展提供了坚强有力的保障。各卷的英文摘要由中国社会科学院考古研究所蒙古族源研究中心学术秘书王珏女士翻译，美国华盛顿大学王海城副教授审定，特此致谢！总之，在编写该书过程中，支持帮助过我们的人还有很多，难免挂一漏万，要讲的话也一时言不尽意，在此，我们一并表达崇高的敬意和由衷的谢忱！

历史的机缘、共同的学术志趣使我们成为合作者。值得欣慰的是，在收获学术果实的同时，我们也收获了友情、亲情。这一过程中的耳闻目睹、酸甜苦辣丰富了我们的人生阅历和感受，团结融洽、勇于担当、相互砥砺、理解包容成为我们共同的精神财富。

《中国古代北方民族史》编写组

2021年6月